Dagainian Tonglingxia De
Gaozhong Huaxue
Jiaoxue Shijian Anliji

大概念统领下的
高中化学
教学实践案例集

黄晓丹 刘会敏 金汝俊 编著

中央民族大学出版社
China Minzu University Press

图书在版编目（CIP）数据

大概念统领下的高中化学教学实践案例集 / 黄晓丹，刘会敏，金汝俊编著. --北京：中央民族大学出版社，2025.3. --ISBN 978-7-5660-2442-8

Ⅰ.G633.82

中国国家版本馆CIP数据核字第2024YP9928号

大概念统领下的高中化学教学实践案例集

编　　著	黄晓丹　刘会敏　金汝俊
责任编辑	罗丹阳
特约编辑	毕俊峰
责任校对	陈小红
封面设计	舒刚卫
出版发行	中央民族大学出版社
	北京市海淀区中关村南大街27号　邮编：100081
	电话：（010）68472815（发行部）　传真：（010）68933757（发行部）
	（010）68932218（总编室）　　　　（010）68932447（办公室）
经 销 者	全国各地新华书店
印 刷 厂	北京鑫宇图源印刷科技有限公司
开　　本	787×1092　1/16　印张：18.25
字　　数	336千字
版　　次	2025年3月第1版　2025年3月第1次印刷
书　　号	ISBN 978-7-5660-2442-8
定　　价	90.00元

版权所有　翻印必究

《大概念统领下的高中化学教学实践案例集》
编写委员会

组织编写： 贵州师范大学附属中学

编　　著： 黄晓丹　刘会敏　金汝俊

编写人员：（以姓氏笔画为序）

　　　　　　吕　军　刘会敏　李　丽　李　露　李嵌问
　　　　　　邱阳飞　张　军　金汝俊　罗占丽　罗滨会
　　　　　　钟　婷　姬东琴　黄晓丹

（本书可作为高中化学教学参考用书）

序

我是一名从事化学教学30年的特级教师，近几年我和本组老师一直在思考，在新课程标准背景下，如何从教知识转向教能力，怎样培养学生能够运用所学去创造性地解决问题，实现知识和技能的双层迁移。大概念的理论为我们指明了方向。大概念教学引领我们不断探索，激发我们的热情。在教学设计中"用专家的思想去构建知识体系，用专家的知识体系去解决实际问题"。新课程标准中明确指出，以学科教育概念为教育的核心内容，使得课程内容呈现出大概念结构化的特点。我们力求在教学设计中落实现阶段中基于大概念的单元教学设计的核心理念，有效突破当前化学教学的瓶颈。老师们重新认识教学设计，科学合理设计出相应的教学方案，提高每一节课的教学效率，提升学生的学科素养。

我们研读新课程标准。在《普通高中化学课程标准》（2017年版2020年修订）中明确指出了化学学科核心素养包含的重要内容，这既是教学的重点内容，也是学生在成长过程中所需要提高的方面。我们在教学中，尝试以学科大概念为核心的整体的课程教学，充分呈现出大概念结构化的特点。强化在进行教学设计的过程中，以单元为整体，在教学中突破知识点之间的分离性现状，用大概念视角统领各知识点之间的联系性。

我们钻研大概念核心理念。在大概念的教育前提下，引导学生在学习的过程中将各个知识能够有效联系起来，这也是学生进行学科学习过程中最有价值的环节。同时大概念也是在教育的过程中所抽离出来的、有意义的概念，具有一定的中心性和迁移性，这些特征也是我们开展大概念教学的重要依据。在整体的教育中要求我们能够认识到大概念教育的重要性，需要我们引导学生在学习中反思，将概念联系起来形成更大的概念，使得学生的知识学习得以延伸，真正发挥化学学科教育的作用。

我们创新教学设计时，首先是确定大概念。结合研究课程标准，在标准中能够明确了解大概念的具体特点。高中化学课程主要是对宏观知识以及微观的解释提出了结构性的观念，因此在课程中能够更多体现出一定的概念性。其次，在教育的过程中也要求我们能够结合当前现有的大概念的观念，能够进一步了解到化学学科的特点，对于同一个主题或者是内容能够提出多个问题。比如在设计"化学电源"这一节内容时，我们指导学生思考学习化学电源的原因，以及研究化学电源的目的，带领学生初步了解生产生活中不同类型化学电源的广泛应用，要求学生在学习过程中能够从概念方面深入思考。最后，我们不断反思，在整体的教育中要求我们能够正确面对不断出现的新问题，引导学生对问题进行思考，确定大概念的能量守恒的目标体系。

我们关注学生的成长。新课程标准实际上更加强调关注学生核心素养的培养。在实际的教学过程中，依据大概念确定的教学过程，需要培养学生的核心素养。为了达成这一目标，学生需要进行大概念的学习，并达到相关的要求。但是大概念的学习并不是在短时间内就能完成的，还要求教师能够设定明确的教育目标，以基本问题为教育的切入点。在整体的教学过程中，要求我们能够认真结合当前的教育过程，帮助学生有效找出教学中存在的突出问题。在目标确立的过程中，也需要面向全体学生，我们在教学过程中容易忽略整体学生的学习成果。因此，在整体的课程目标的确立阶段中，应该正视大概念的特点，能够将其与整体的学科教学内容相融合，带给学生更为广泛的学习环境。

我们时时评估教学成果。在整体的教学目标确立之后，如何评估学生是否达到教师所预期的效果呢？这也是教师在教育中需要深刻思考的问题。这要求教师在真正的教学过程中，注意观察班级学生的整体学习情况。在大概念的教育背景下，教师能够有效选择相关的评估方式。通过对课堂中教师所提出问题的回答情况，检测学生的学习情况。如果学生能顺利答出的话，教师可以借助于更高难度的问题，进一步修正和完善学生的认知结果。实际上，在教学评估的过程中，教师应当能够真正地将学生的反馈信息落实到教学评估改进之中，不断发现问题、解决问题，提高课堂教学效率。

总而言之，在当前高中化学的教育背景下，我们应该正视教育过程中出现的问题，并且能够通过课程教学形式的调整，为学生提供良好的教育环境；更应该在大概念的背景下，有效抓住当前教育改革的契机，能够对学生的学习提出更高明的见解。当然高中化学作为学科学习的重要方面，需要教师在教学的过程中，客观面对存在的问题，通过教育理念的进一步更新，创建良好的学习氛围。我们应该重视提高学生的核心素养，深入挖掘学科知识，把握其中的重要教育目标，切实提高课堂教学质量。

吕军

2023年秋

目 录

导论　认识大概念 001

　　一、新阶段学习的变化 001

　　二、认识大概念 002

第一章　氧化还原反应　单元设计 007

　　一、单元整体设计 008

　　二、"氧化还原反应"教学设计示例 016

　　三、单元教学反思 024

第二章　氯及其化合物　单元设计 029

　　一、单元整体设计 030

　　二、"物质类别和元素价态影响氯及其化合物的性质"教学设计示例 035

　　三、单元教学反思 038

第三章　物质的量　教学案例 041

　　一、单元整体设计 042

　　二、"物质的量"教学设计示例 048

　　三、单元教学反思 051

第四章　铁及其化合物　单元设计 057

　　一、单元整体设计 058

二、"铁及其重要化合物"教学设计示例 ……………………………………………… 062

三、单元教学反思 ……………………………………………………………………… 066

第五章 物质结构 元素周期律 单元设计 …………………………………………… 069

一、单元整体设计 ……………………………………………………………………… 070

二、"元素周期表"教学设计示例 …………………………………………………… 077

三、单元教学反思 ……………………………………………………………………… 080

第六章 化工生产中的重要非金属元素 单元设计
——以"硫及其化合物"为例 ……………………………………………… 083

一、单元整体设计 ……………………………………………………………………… 084

二、"硫及其化合物"教学设计示例 ………………………………………………… 090

三、单元教学反思 ……………………………………………………………………… 098

第七章 化学反应的速率与限度 单元教学设计 …………………………………… 101

一、单元整体设计 ……………………………………………………………………… 102

二、"化学反应速率与限度"教学设计示例 ………………………………………… 109

三、单元教学反思 ……………………………………………………………………… 114

第八章 乙醇与乙酸 单元教学设计 …………………………………………………… 117

一、单元整体设计 ……………………………………………………………………… 118

二、"乙醇与乙酸"教学设计示例 …………………………………………………… 124

三、单元教学反思 ……………………………………………………………………… 130

第九章 化学与可持续发展 单元教学设计 …………………………………………… 135

一、单元整体设计 ……………………………………………………………………… 136

二、"化学与自然资源的合理开发利用"教学设计示例 …………………………… 140

三、单元教学反思 ……………………………………………………………………… 143

第十章 盐类水解 单元教学设计 ……………………………………………… 147
一、单元整体设计 ………………………………………………………… 148
二、"盐类的水解"教学设计示例 ………………………………………… 152
三、单元教学反思 ………………………………………………………… 155

第十一章 电化学 单元设计 ……………………………………………… 157
一、单元整体设计 ………………………………………………………… 158
二、"原电池工作原理"教学设计示例 …………………………………… 163
三、"化学电源"教学设计示例 …………………………………………… 165
四、单元教学反思 ………………………………………………………… 168

第十二章 化学反应与电能 单元教学设计
——以"金属的腐蚀与防护"为例 ………………………………… 171
一、单元整体设计 ………………………………………………………… 172
二、"金属的腐蚀与防护"教学设计示例 ………………………………… 179
三、单元教学反思 ………………………………………………………… 190

第十三章 原子结构与性质 单元设计 …………………………………… 195
一、单元整体设计 ………………………………………………………… 196
二、"原子结构"教学设计示例 …………………………………………… 201
三、单元教学反思 ………………………………………………………… 206

第十四章 分子结构与性质 单元设计 …………………………………… 209
一、单元整体设计 ………………………………………………………… 210
二、"微粒间的相互作用与物质的性质"教学设计示例 ………………… 217
三、单元教学反思 ………………………………………………………… 219

第十五章 晶体结构与性质 单元教学案例 ……………………………… 223
一、单元整体设计 ………………………………………………………… 224

二、"微粒间的相互作用与物质的性质"教学设计示例 …………………… 232

　　三、单元教学反思 …………………………………………………………… 235

第十六章　醇　酚　单元设计 ……………………………………………… 239

　　一、单元整体设计 …………………………………………………………… 240

　　二、"醇 酚"教学设计示例 ………………………………………………… 245

　　三、单元教学反思 …………………………………………………………… 249

第十七章　烃的衍生物　单元设计
——羧酸 羧酸衍生物教学设计 …………………………………………… 251

　　一、单元整体设计 …………………………………………………………… 252

　　二、"羧酸及其衍生物"教学设计示例 …………………………………… 257

　　三、单元教学反思 …………………………………………………………… 262

第十八章　合成高分子　单元设计 ………………………………………… 265

　　一、单元整体设计 …………………………………………………………… 266

　　二、"合成高分子"教学设计示例 ………………………………………… 270

　　三、单元教学反思 …………………………………………………………… 275

导论　认识大概念

一、新阶段学习的变化

《中国教育现代化2035》指出，当今世界正处于大发展大变革大调整时期，世界多极化、经济全球化、社会信息化、文化多样化深入发展，挑战与机遇并存。随着新时代的来临，我们的生活、工作和社会环境正在经历着巨大的变革。其中，学习也受到了深刻的影响。当前世界的变化需要培养什么样的人？我们需要学习哪些内容？应当如何去学习？中共中央办公厅、国务院办公厅在2017年印发的《关于深化教育体制机制改革的意见》中指出，要注重培养支撑终身发展、适应时代要求的关键能力。在培养学生基础知识和基本技能的过程中，强化学生关键能力培养，培养认知能力，引导学生具备独立思考、逻辑推理、信息加工、学会学习、语言表达和文字写作的素养，养成终身学习的意识和能力。2018年，习近平总书记在全国教育大会上指出，要努力构建德智体美劳全面培养的教育体系，形成更高水平的人才培养体系。2019年教育部考试中心制定的《中国高考评价体系》将应考查的素质教育目标凝练为核心价值、学科素养、关键能力、必备知识的四层考查内容。可以看出，新时代的中国教育更加注重全面发展，更加注重终身学习，实现教育融合发展。学生不仅仅要习得基础知识，还要具备关键能力。

《普通高中课程标准》（2017年版2020年修订）指出，普通高中课程是在义务教育的基础上，进一步提升学生综合素质，着力发展学生核心素养，使学生成为有理想、有本领、有担当的时代新人。培养目标以及学习内容的变化意味着学习方式的转变。近年来，理论界和实践界都将目光集中在了大概念上，初步形成了"大概念是落实素养导向教学的抓手"的共识。《普通高中课程标准》（2017年版2020年修订）提到，新的课程标准进一步精选了学科内容，重视以学科大概念为核心，使课程内容结构化；以主题为引领，使课程内容情境化，促进学科核心素养的落实。

二、认识大概念

（一）为什么需要大概念？

在信息时代，人工智能的发展给教育带来了新的挑战。工作对人提出了更高的要求，人们需要具备更高的技能和智慧才能更好地应对工作中可能出现的复杂问题。因此，学校应该注重培养学生运用知识去创造性解决问题的能力与素养。这样的教育理念将会更好地适应信息时代的发展趋势，为学生成长和未来的职业发展打下坚实的基础。能力与素养很难像知识与技能一样现学现用，需要经历一个长期的垒筑过程，科学教学在此过程中应该发挥积极的促进作用。

科学教学通常被认为是一项复杂的任务。从课程内容的角度看，科学课程因为缺乏内部联系而时常受到质疑。在科学教学中，经常出现的孤立事实和事件会使学生在学习过程中形成相对琐碎的认知结构，从而难以发展成为核心的能力与素养。从学生学习的角度看，专注于对孤立事实和事件的学习会分散学生对"科学之美"的注意力，会引致学生错过科学理解的"大局"，可能使他们对科学的积极态度有所减少。在试图解决上述问题的过程中，人们愈发认识到科学教育应该重视"大概念"，将其作为一种能够解释广泛科学事实和现象的思想或观念传递给学生，使学生能够看到不同科学知识之间的联系。哈伦等人（Harlen，2015）认为，具有联系性的知识在新的场景中运用的会比不具联系性的知识更容易。因此，科学教学中大概念的引入能够将离散或琐碎的不同主题和知识"有意义"地整合在一起，帮助学生阐释和预测较大范围的科学事实和现象，形成有组织、有系统的认知结构。知识的联结网络有助于促进学生针对不同的挑战情境进行适应性调整，从而实现问题解决能力的提升以及学科核心素养的发展。

（二）什么是大概念？

（1）何为大概念？威金斯和麦克泰格指出，大概念的"大"的内涵不是庞大，也不是指"基础"，而是"核心"。这里所谓的"核心"指的是"高位"或者"上位"，具有很强的迁移价值。也就是说，"上位"的概念才更有迁移价值。新时代的教育要关注学生的全面发展成长，更要关注学生的未来。学生要习得的不仅仅是科学的结论，更是科学的思维方式，是具备面对未知困难解决实际问题的能力。因此，教育的价值体现在走出学校之后。从迁移的角度来看，如果仅仅是习得了基础的书面知识，那么当学生离开学校之后，这些知识绝大部分有可能被遗忘。而大概念可以建立连接学校教育与现实世界的桥梁，学生靠大概念学习的内容会在其未来的学习和生活中持续发挥作用。例如离子反应和氧化还原反应两节内容的大概念是"透过现象看本质",通过离子反应方程式和氧化还原反应方程式等化学符号不仅构建起了宏观和微观之间的桥梁,还揭示了离子反应和氧化还原反应的特征规律,在此基础上,学生可以预测可能发生的变化及现象,从而达成了知识和能力的迁移。

(2)大概念中的"概念"并不仅仅是狭义上的概念,它可以是一个关键性的词语、一个结论性的句子或者一个挑战性的问题。由于大概念起到的是促进理解和迁移的作用,所以一般不是词语而多为一个句子的形式。例如氧化剂和还原剂是氧化还原反应部分重要的概念,但仅仅是单一的词语很难起到帮助学生理解和知识迁移的作用。而利用"透过现象看本质,本质反映现象"这个大概念,帮助学生理解氧化还原反应的特征和规律,学生就从感知和思维两个方面构建起了化学中的宏观与微观相结合的重要学科思想。

(3)大概念具有不同的层次。从宏观的角度看有跨学科大概念和学科大概念,从微观的角度看有单元大概念和课时大概念。

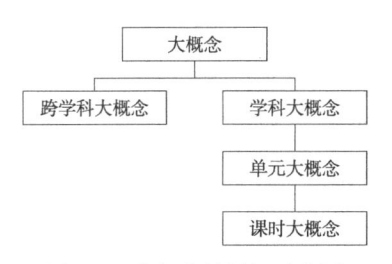

图0-1 大概念的层级示意图

跨学科大概念是指不同学科之间相互关联、相互影响的概念或观念,通常涉及多个学科的知识内容。例如"能量守恒"是一个跨学科的大概念,它涉及多个科学领域,能够帮助学生理解不同学科之间的内在联系。在力学中,能量可以表示为动能和势能的总和,能量从一种形式转变为另一种形式的过程中是守恒的;在化学反应中,由于化学键断裂时释放能量且化学键形成时吸收能量,任何化学变化都会吸收或者放出能量,在这个过程中,依旧遵循能量守恒定律。

化学学科大概念是高中化学课程中最重要的概念,是化学学科知识体系的主干和基石。例如"化学反应与能量转化"是高中化学中一个最基本、最核心的概念,它涵盖了化学反应中的物质变化、能量转化形式和化学反应中的能量守恒等重要内容。任何化学变化都伴随着物质变化和能量变化,同时遵循着质量守恒定律和能量守恒定律。在高中阶段,化学反应中的能量变化,主要体现为热能和电能。能量的转化是有规律的,它与反应中的物质类别、物质的聚集状态及物质的用量密切相关。

（三）如何提炼大概念？

对于一线教师而言，大概念提炼的难点在于教师能否依据学科课程标准、学科核心素养、教材等标准型的文献，立足学情，找出学习中的重难点，结合学科价值与生产生活实际准确理解和提炼大概念。

1. 大概念的确定必须依据学科课程标准

《普通高中化学课程标准》（2017年版2020年修订）在化学教学过程中具有重要的地位和作用，它既规定了面向全体学生的内容要求和学习目标，为教师提供了教学策略、学习活动和情境素材，指导教材的编写和课程实施建议，同时也提供了评估学生学习成果的依据，是极具指导性和纲领性的文件。因此大概念的提取可以参考课程标准中每个主题学习的内容要求。例如，在化学反应原理模块，主题1：化学反应与能量部分的内容要求第一条"认识化学能可以与热能、电能等其他形式的能量之间相互转化，能量的转化遵循能量守恒定律"就可以直接作为本单元的单元大概念。

2. 大概念的确定应当围绕学科核心素养

在新一轮的课程改革中明确提出了核心素养导向的教学目标。课程方案中指出：普通高中的培养目标是进一步提升学生综合素质，着力发展核心素养，使学生具有理想信念和社会责任感，具有科学文化素养和终身学习能力，具有自主发展能力和沟通合作能力。因此，大概念也可以从学科核心素养中提取。化学核心素养包括"宏观辨识与微观探析""变化观念与平衡思想""证据推理与模型认知""科学探究与创新意识""科学精神与社会责任"5个维度。其中"宏观辨识与微观探析"要求学生能从宏观和微观相结合的视角分析与解决实际问题，这就可以作为学科大概念。

3. 大概念的提取需要参照教材

对于一线教师而言，教材是最直接、最重要的教学资源，因此大概念的获取需要对教材进行重点分析。在教材每一章的结尾处都设置了"整理与提升"栏目，该栏目将本章主要概念、内容以图表或者图文的形式呈现出来，言简意赅，一目了然。如人教版选择性必修1第四章"化学反应与能量"的"整理与提升"栏目就画出了原电池与电解池之间的关系。由图可知，原电池和电解池就是两种通过氧化还原反应实现化学能和电能相互转化的装置。另外，教材中的一些栏目也为我们确定大概念提供了指引。如第二章"化学反应速率与化学平衡"中设置了实验探究"定性与定量研究影响化学反应速率的因素"，突出了控制变量的思想。

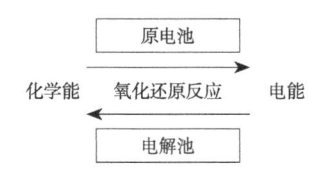

图 0-2　原电池与电解池的关系示意图

【参考文献】

[1] 王晶，毕华林.普通高中教科书化学必修1化学反应原理[M].北京：人民教育出版社，2023.

[2] 王晶，毕华林.普通高中教科书化学必修2化学反应原理[M].北京：人民教育出版社，2023.

[3] 范楼珍，吴海建.普通高中教科书化学选择性必修1化学反应原理[M].北京：人民教育出版社，2020.

[4] 中华人民共和国教育部制定.普通高中课程标准（2017年版2020年修订）[S].北京：人民教育出版社，2023.

[5] 中华人民共和国教育部制定.普通高中化学课程标准（2017年版2020年修订）[S].北京：人民教育出版社，2023.

[6] 解慧明，罗理想，贾文，等.大概念大单元教学[M].北京：中国人民大学出版社，2022.

[7] 刘徽.大概念教学：素养导向的单元整体设计[M].北京：教育科学出版社，2022.

[8] 刘徽."大概念"视角下的单元整体教学构型——兼论素养导向的课堂变革[J].教育研究，2020，41（6）：64-77.

[9] Duschl, R., Maeng, S., Sezen, A. Learning Progressions and Teaching Sequences: A Review and Analysis[J]. Studies in Science Education, 2011, 47（2）: 123-182.

[10] Osborne, J. Science Education for the Twenty First Century[J]. Eurasia Journal of Mathematics, Science and Technology Education, 2007, 3（3）: 173-184.

[11] Reiss, M. What Place does Science Have in an Aims-based Curriculum?[J]. School Science Review, 2014, 95（352）: 9-14.

[12] Metz, S. Big Ideas[J]. The Science Teacher, 2012, 79（5）: 6.

[13] Harlen, W. Towards Big Ideas of Science Education[J]. School Science Review, 2015, 97（359）: 97-107.

第一章
氧化还原反应单元设计

"氧化还原反应"是安排在高中化学第一册第一章"物质及其变化"中的第三节的部分,在中学阶段的基本概念、基础理论知识中,"氧化还原反应"占有极其重要的地位,其贯穿于中学化学教材的始终,是中学化学教学的重点和难点之一。在中学阶段将学习许多重要元素及其化合物的相关知识,凡是有元素化合价变化的反应都是氧化还原反应,可以据此来解释和预测物质的化学性质,并且设计物质间的转化途径。只有让学生掌握氧化还原反应的基本概念,才能使他们理解这些反应的实质,学生对本节内容掌握的好坏程度直接影响着其以后对化学的学习。第一章第三节的内容不仅可以帮助我们回顾和巩固初中的关键反应,而且可以帮助我们更好地理解和掌握氧化还原反应的概念,并且这些内容还可能成为今后我们探索和研究化合物的桥梁。通过深入的研究,我们发现,学习氧化还原反应对于保护和改善材料的性能具有至关重要的作用。此外,它也被应用于各种领域,如工业、农业等,成了我们日常生活的一个组成部分。本节包含了丰富的化学知识,具有重要的社会意义。通过将学生带入真实的情境,可以帮助他们更好地理解化学的价值。例如,氧化和还原是两个相互对立且相辅相成的概念。通过认真地指导和引导学生,我们可以帮助他们更好地理解自然界中的规律,从而能够更准确地运用这些知识来学习化学。

一、单元整体设计

本节教材是人教版必修第一册第一章的内容。学生学习氧化还原反应是在初中原有认识的基础上来进行学习,熟悉的内容降低了学生对于新知识的畏难情绪,高中阶段的学习是对初中知识的扩展和对其本质的认识。在中学化学课程中,氧化还原反应扮演着至关重要的角色。这一概念不仅深入到了课程内容,而且在课程结构和实践操作过程中也起到了积极的指导作用。掌握这一概念,学生可以更好地理解和运用所学的知识。新课程标准要求学生能利用氧化还原反应对常见的反应进行分类和分析说明,并且能从物质类别、元素价态的角度,依据氧化还原反应原理,预测物质的化学性质和变化。氧化还原反应贯穿整个高中化学知识的始终,是以后学习元素化合物、元素周期律,尤其是电化学知识的前提和基础。

在知识方面,学生将学习氧化还原反应的基本概念和核心原理。通过化学方程式描述氧化还原反应,认识氧化还原反应在化学反应中的重要性和普遍性。

（1）由木炭还原氧化铜的化学反应，复习根据得、失氧来划分的还原反应和氧化反应，并从化合价入手，与学生共同探究氧化还原反应的本质，引导学生理解其本质。

（2）深入剖析，讲授双线桥法表示电子的转移及化合价的升降，使学生掌握双线桥法，能运用该法分析新的氧化还原反应。

（3）梳理氧化还原反应中各种概念及其相互联系，使学生能够在新的反应中区分各种概念，并指出其发生的反应。

（4）掌握氧化剂、还原剂，氧化性、还原性，被氧化、被还原，氧化反应、还原反应，氧化产物、还原产物五对概念。

在技能方面，将培养学生在实验设计和实验操作等方面的技能，将培养学生观察、推理和实验操作等关键技能。

（1）通过对氧化还原反应的特征和本质的分析，学习由表及里以及逻辑推理的思维方法。

（2）通过学生小组讨论，让学生参与合作的学习过程、探究的学习过程，开阔学生思维。

（3）通过学习氧化还原反应概念的演变，培养学生思维的深刻性，由此及彼培养思维的逻辑性，学会用发展的眼光、科学的态度、勇于探索的精神学习化学。通过对氧化还原反应的学习与研究，进一步理解科学探究的意义。

在能力方面，将培养学生对化学科学的兴趣、好奇心和探究精神，学会以科学的方式思考和解决问题。在合作学习和小组讨论中，将培养学生团队合作、沟通交流和批判性思维等能力。

（1）通过指引学生对氧化还原反应的深入学习，教给学生透过现象看本质，由宏观到微观的学习方法。

（2）让学生感受化学在生活中的作用，增强学生对化学学科的喜爱。

（3）要求学生感知事物的现象与本质的关系，学习对立统一的观点。

本单元包含的主要内容：

在化学反应方程式中，理解以反应前后有元素化合价的升降作为氧化还原反应的特征；掌握氧化还原反应的本质是有电子的转移（得失或偏转）且知道其与四大反应类型间的关系；识别氧化剂、还原剂、氧化产物、还原产物的概念；比较氧化剂、氧化产物的氧化性强弱，还原剂、还原产物的还原性强弱；能够将陌生化学反应方程式配平。

（一）课程标准内容要求

该知识单元位于课程标准必修课程主题2"常见的无机物及其应用"中。课程标准中对该部分内容的要求是：认识元素在物质中可以具有不同价态，可通过氧化还原反应实现含有不同价态同种元素的物质的相互转化。认识有化合价变化的反应是氧化还原反应，了解氧化还原反应的本质是电子的转移，知道常见的氧化剂和还原剂。

（二）单元知识与学科核心素养

本单元的主题是氧化还原反应，主要对发生氧化还原的实质、特征、类型、电子转移的方向进行介绍，对方程式中的氧化剂、还原剂、氧化产物、还原产物的氧化性还原性强弱的判断，以及对陌生化学方程式的配平进行讲解。在实际的教学过程中，通过旧识回顾，利用常见生活现象等方式引入新知识，充分体现了化学学科核心素养。

氧化还原反应单元知识网络如图1-1所示：

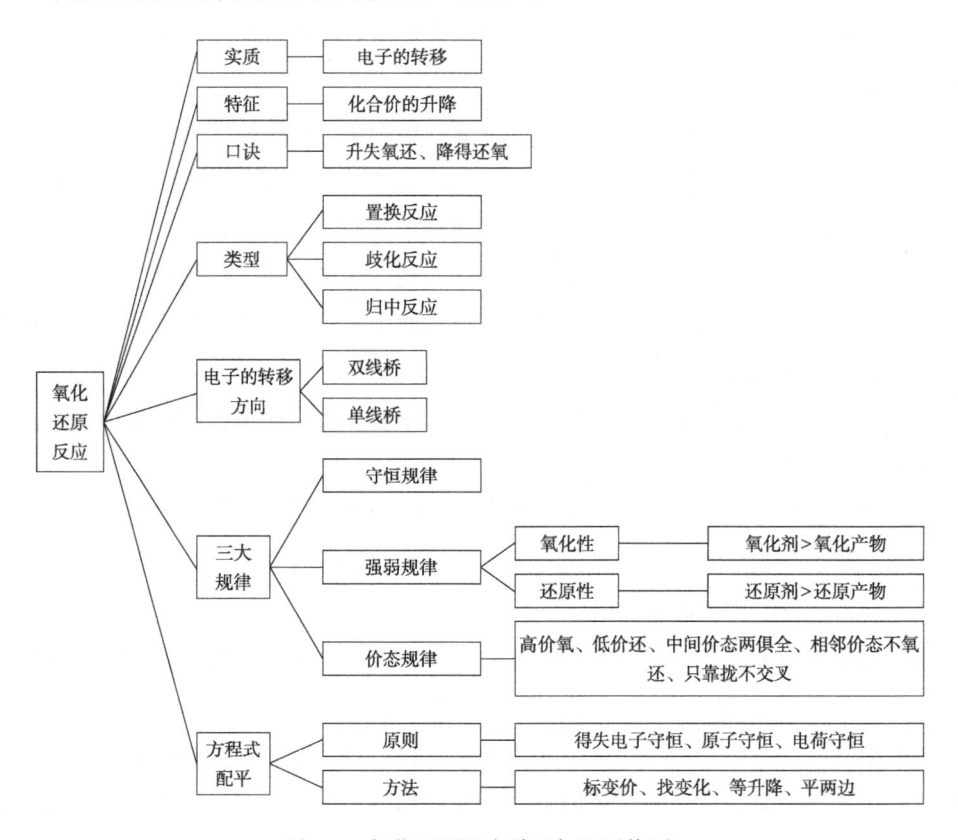

图1-1 氧化还原反应单元知识网络图

(三)大概念建构

大概念是学科中的核心概念,是基于事实基础抽象出来的深层次的、可迁移的概念。大概念并非化学学科中的某一部分知识的具体概念,它反映的是学科的本质以及核心观点,具有共识性和统领性。大概念在学科教学中具有重要意义,它源自现实,并且能被广泛转化为更广泛的应用。

本章教学设计的大概念是依据《普通高中化学课程标准》(2017年版2020年修订),从化学学科核心素养出发,在明确本章学习目标的基础上提炼出来的。本章内容蕴含的学科大概念是"氧化还原反应",对应本单元的主题"氧化还原反应和氧化剂、还原剂",进一步提取出本单元的课时大概念。

表1-1 "氧化还原反应"大概念层级

学科大概念	单元大概念	课时大概念
氧化还原反应	Ⅰ.氧化还原反应 Ⅱ.氧化剂与还原剂	Ⅰ.氧化还原反应的判断和本质 Ⅱ.氧化还原反应的相关概念和分析 Ⅲ.氧化还原反应的规律 Ⅳ.氧化还原反应的应用

"氧化还原反应"作为中学化学的核心知识之一,是贯穿中学化学知识系统的一条思想主线。依据课程标准中对有关氧化还原反应的内容要求以及结合教材中对相关知识的编排,从知识呈现的逻辑顺序上,探讨初高中化学有关氧化还原反应知识体系的建构和功能。

18世纪末,化学家在总结许多物质与氧的反应后,发现这类反应具有一些相似特征,由此提出了氧化还原反应的概念:与氧化合的反应,称为氧化反应;从含氧化合物中夺取氧的反应,称为还原反应。随着化学的发展,人们发现许多反应与经典定义上的氧化还原反应有类似特征,19世纪,化合价的概念被提出后,化合价升高的一类反应并入氧化反应,化合价降低的一类反应并入还原反应。20世纪初,成键的电子理论被建立,于是又将失电子的半反应称为氧化反应,得电子的半反应称为还原反应。

1948年,在价键理论和电负性的基础上,氧化数的概念被提出,1970年IUPAC对氧化数做出严格定义,氧化还原反应也得到了正式的定义:化学反应前后,元素的氧化数有变化的一类反应称作氧化还原反应。

氧化还原反应是高中化学的重要知识,"氧化还原反应"涉及守恒观、变化观、微粒观和能量观等重要的化学观念。围绕"氧化还原反应"开展教学可以促进学生思维认知由宏观、定性与孤立水平进阶到微观、定量与系统水平，对于学生了解微观和宏观世界、认识物质转化及其应用等方面具有重要意义。因此，学习"氧化还原反应"是关系学生化学学科核心素养发展水平的核心知识。

随着科技的发展，许多不同类型的金属可以通过不同的氧化还原反应来获取。在工业生产中所需要的各种各样的金属，很多都是通过氧化还原反应从矿石中提炼而得到的。如生产活泼的有色金属要用电解或置换的方法，生产黑色金属和一些有色金属都是用在高温条件下还原的方法，生产贵金属常用湿法还原，等等。许多重要化工产品的合成，如氨的合成、盐酸的合成、接触法制硫酸、氨氧化法制硝酸、食盐水电解制烧碱等等，也都有氧化还原反应的参与。石油化工里的催化去氢、催化加氢、链烃氧化制羧酸、环氧树脂的合成等等也都是氧化还原反应。在农业生产中，施入土壤的肥料的变化，如铵态氮转化为硝态氮等，虽然需要有细菌起作用，但就其实质来说，也是氧化还原反应。土壤里铁或锰的氧化数的变化直接影响着作物的营养，晒田和灌田主要就是为了控制土壤里氧化还原反应的进行。在能源方面，煤炭、石油、天然气等燃料的燃烧供给着人们生产和生活所必需的大量的能量。我们通常应用的干电池、蓄电池以及在空间技术上应用的高能电池都发生着氧化还原反应，否则就不可能把化学能变成电能，把电能变成化学能。由此可见，在许多领域里都涉及氧化还原反应，认识氧化还原反应的实质与规律，对人类的生产和生活都是有意义的。

氧化还原反应作为中学化学的核心概念之一，挖掘其潜在的价值，探究化学核心概念对学生的认识发展作用具有重要的实践意义。学习氧化还原反应及其相关概念的教育教学价值在于：对化学反应分类的新视角，对物质及其性质的新视角，研究物质性质思路和方法的新视角，分析实际现象和问题的新视角。其中，主要体现为以下四点。

1. 通过深入研究和实践，加强学生对化学反应及其应用的理解和掌握

通过研究氧化还原反应，我们能够从一个全新的、基于实际的角度来理解各种化合物的性质。这样一来，我们就不再只局限于简单的原子层次的分析，而应该从宏观的层面来深入了解各个不同的化合物。通过深入研究氧化还原反应，学生能够将其区分为氧化还原反应与非氧化还原反应，从而通过原子重新排列的过程来理解化学反应的本质，进一步加深他们的理解。

2. 促进学生对物质性质及其类别的认识

通过对核心概念的下位概念氧化性和还原性、氧化剂和还原剂概念的学习，学生可以形成认识物质性质和物质类别的新视角。学生对物质性质的原有认识局限于酸性和碱性，对化学反应局限于以酸碱盐为分类的物质类别之间的反应。

学习了氧化还原相关概念后，学生能对接触的物质建立氧化性和还原性的认识以及促进其对物质类别的认识，例如学生能认识到金属一般具有还原性，常常作还原剂。

3. 促进学生对研究物质性质思路和方法的认识

在学习氧化还原反应这部分内容之前，学生仅是从物质的种类出发去理解它们的性质。但是，经过一段时间的学习，他们可以更好地理解这些物质的氧化性和还原性，并且能够根据元素的化合价来预测它们的氧化性或还原性，从而更有效地选择合适的氧化剂或还原剂，设计出更加有效的实验来验证它们的性质。

4. 促进学生对实际现象和问题的分析

通过氧化还原反应内容的学习，提高学生在具体的实际情景中运用氧化还原反应的相关理论分析和解决问题的能力。例如，铁生锈、燃烧现象的解释；低价态硫物质转化为生产生活所需的高价态的硫酸；选择合适的还原剂还原自然界中高价元素的金属矿物质等。当然，也能解决其他实际问题。

因此，学习氧化还原反应对于生产生活具有重要的实际意义。

（四）学情分析

本单元的教学对象是高一的学生，在此之前学生对氧化还原反应已有了初步的认识。从知识层面看，知道得到氧的反应是氧化反应，失去氧的反应是还原反应，并且能根据化学式标出元素的化合价，初步知道化合价的升降与电子的转移有关。从能力上看，初步具备自主预习、积极思考的能力，具备一定的分析和解决问题的能力、交流与合作的能力、自学能力。尽管许多学生都还处于探索的阶段，但他们已经开始意识到，即使是同时存在的反应，如氧化还原反应，也可以有更深入的理解；此外，他们还开始探索化合价与电子之间的联系，以及它们与四大反应类型之间的复杂联系。

通过心理分析，发现以现有的知识为基础，可以在某种程度上缓解学生对新知识的恐惧，并且在老师的指导下，能够更轻松地掌握新的知识。学生在初中阶段已经学习过不同种类的化学反应，知道四大反应类型，通过对氧化还原反应的学习，教师引导学生总结四大反应类型中，哪些一定属于氧化还原反应、哪些可能属于氧化还原反应、哪些一定不属于氧化还原反应。

本节课将利用多媒体进行教学，教学方法采用旧识回顾、宏观与微观相结合、利用生活实例等形式，完善学生对知识不足部分的理解，提高学生学习的能力。

(五)单元学习目标与课时目标

(1)能依据物质类别和元素价态列举某种元素的典型代表物。能利用电离、离子反应、氧化还原反应等概念对常见的反应进行分类和分析说明。能用电离方程式表示某些酸、碱、盐的电离。能举例说明胶体的典型特征。

(2)能列举、描述、辨识典型物质重要的物理和化学性质及实验现象。能用化学方程式、离子方程式正确表示典型物质的主要化学性质。

(3)能从物质类别、元素价态的角度,依据复分解反应和氧化还原反应原理,预测物质的化学性质和变化,设计实验进行初步验证,并能分析、解释有关实验现象。

(4)能利用典型代表物的性质和反应,设计常见物质制备、分离、提纯、检验等简单任务的方案。能从物质类别和元素价态变化的视角说明物质的转化路径。

(5)能根据物质的性质分析实验室、生产生活及环境中的某些常见问题,说明妥善保存、合理使用化学品的常见方法。

(6)能说明常见元素及其化合物的应用(如金属冶炼、合成氨等)对社会发展的价值、对环境的影响。能有意识地运用所学的知识或寻求相关证据参与社会性议题的讨论(如酸雨和雾的防治、水体保护、食品安全等)。

表1-2 单元学习目标与课时学习目标

单元学习目标		课时学习目标
(1)能从元素化合价的角度认识氧化还原反应,并能从微观角度分析电子转移的方向和数目来认识氧化还原反应 (2)能辨别出氧化还原反应中的氧化剂和还原剂,并结合生活实例和化学知识总结常见氧化剂和还原剂 (3)能掌握氧化还原反应的规律,分析陌生反应能否发生,并配平相关氧化还原反应方程式	第1课时	(1)通过对化合价的分析,认识氧化还原反应,并对常见的反应分类 (2)基于化合价变化与电子转移的相关性,从微观上认识氧化还原反应
	第2课时	(1)能利用氧化还原反应概念判断物质的氧化性和还原性,归纳常见的氧化剂和还原剂 (2)能够从电子转移的视角分析氧化还原反应
	第3课时	(1)通过对化合价的分析,认识氧化还原反应的相关规律 (2)基于氧化还原反应的规律,判断氧化性和还原性的强弱 (3)基于氧化还原反应的规律,判断反应能否发生
	第4课时	(1)基于得失电子守恒,认识氧化还原反应方程式配平的依据 (2)学会用化学升降法配平简单的氧化还原反应方程式

第一章　氧化还原反应　单元设计

课时1　氧化还原反应的判断和本质活动设计

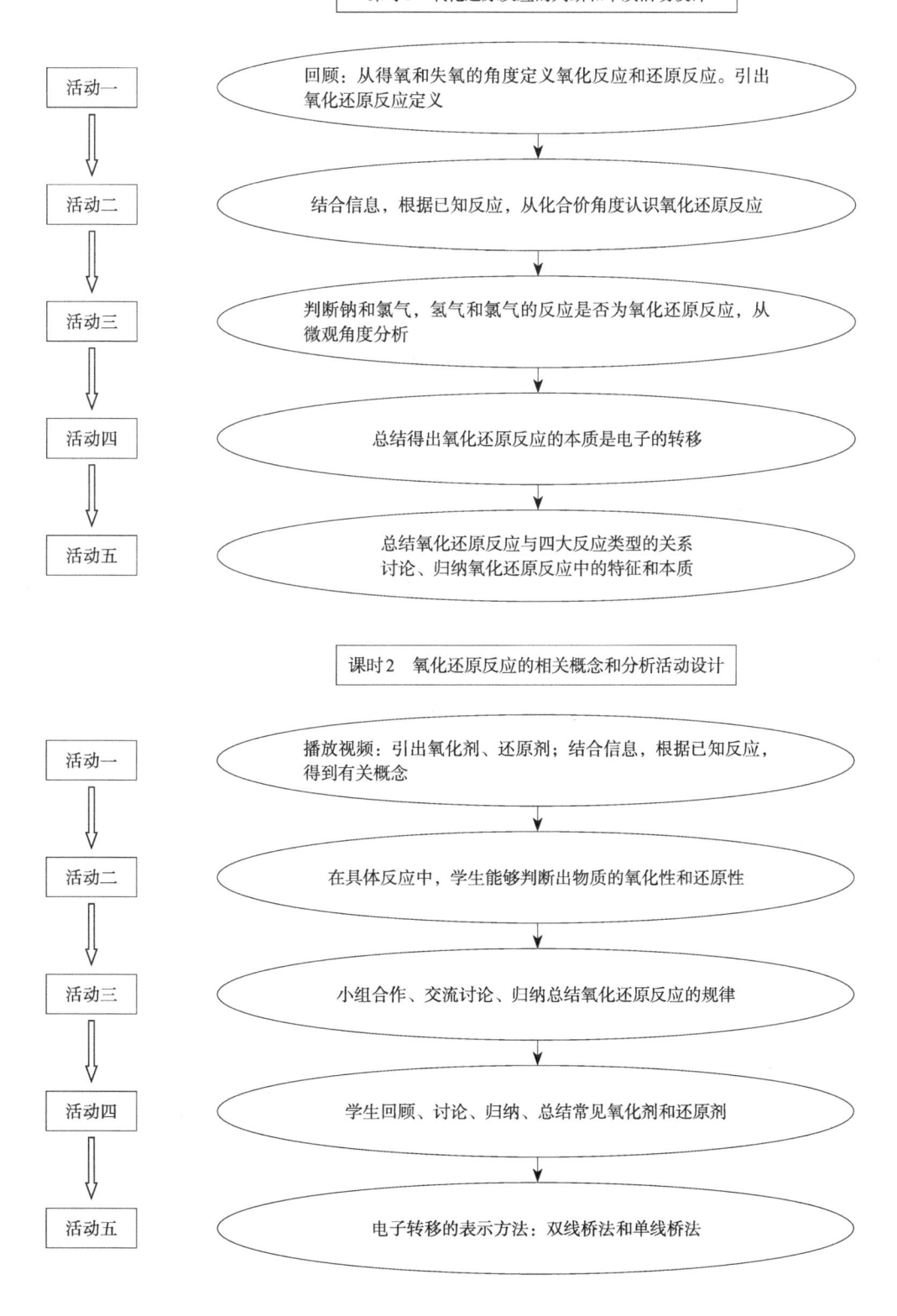

- **活动一**：回顾：从得氧和失氧的角度定义氧化反应和还原反应。引出氧化还原反应定义
- **活动二**：结合信息，根据已知反应，从化合价角度认识氧化还原反应
- **活动三**：判断钠和氯气，氢气和氯气的反应是否为氧化还原反应，从微观角度分析
- **活动四**：总结得出氧化还原反应的本质是电子的转移
- **活动五**：总结氧化还原反应与四大反应类型的关系　讨论、归纳氧化还原反应中的特征和本质

课时2　氧化还原反应的相关概念和分析活动设计

- **活动一**：播放视频：引出氧化剂、还原剂；结合信息，根据已知反应，得到有关概念
- **活动二**：在具体反应中，学生能够判断出物质的氧化性和还原性
- **活动三**：小组合作、交流讨论、归纳总结氧化还原反应的规律
- **活动四**：学生回顾、讨论、归纳、总结常见氧化剂和还原剂
- **活动五**：电子转移的表示方法：双线桥法和单线桥法

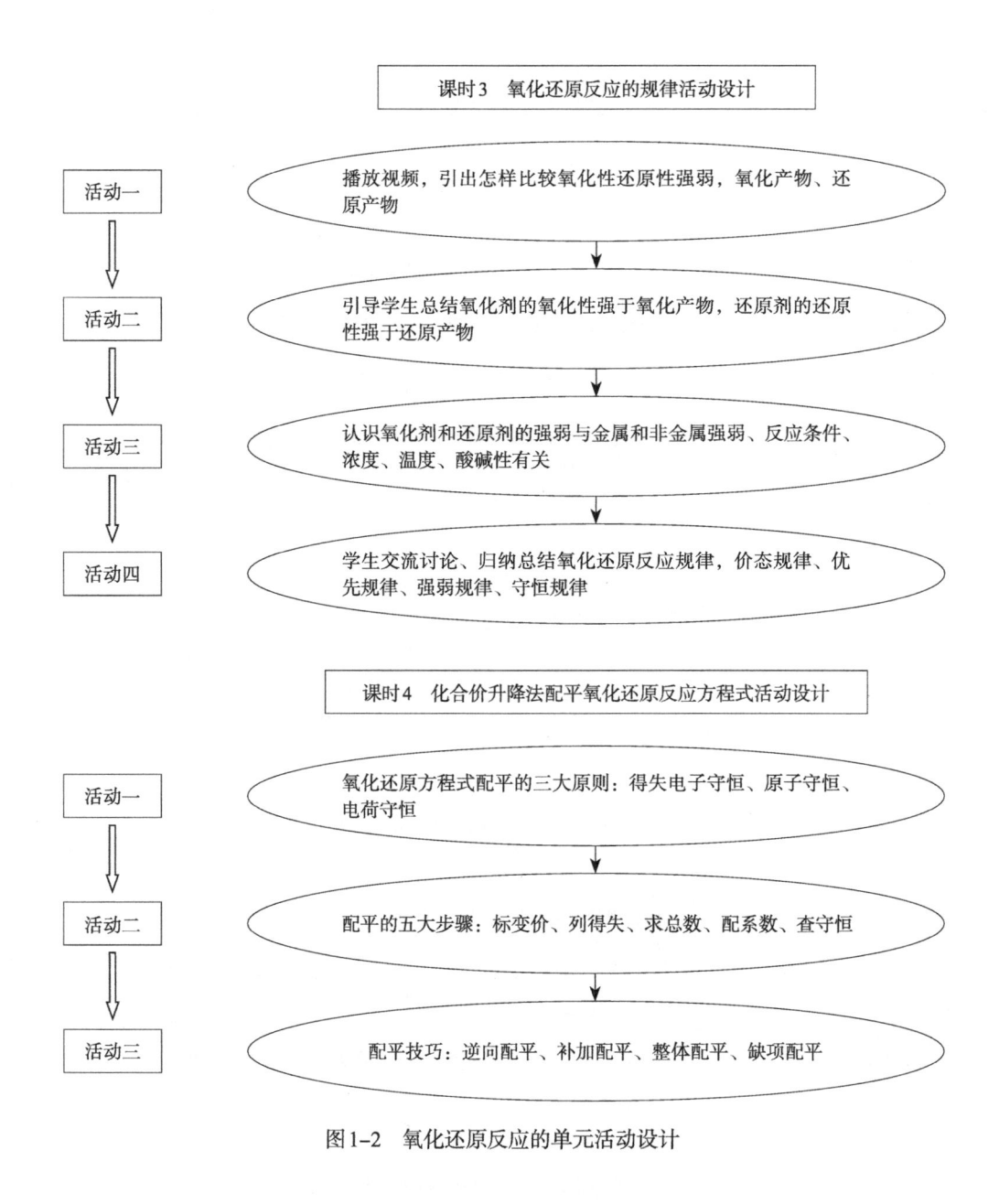

```
                    课时3  氧化还原反应的规律活动设计

┌──────┐      ┌─────────────────────────────────────────┐
│ 活动一 │ ───→ │ 播放视频,引出怎样比较氧化性还原性强弱,氧化产物、还原产物 │
└──────┘      └─────────────────────────────────────────┘
    ↓
┌──────┐      ┌─────────────────────────────────────────┐
│ 活动二 │ ───→ │ 引导学生总结氧化剂的氧化性强于氧化产物,还原剂的还原性强于还原产物 │
└──────┘      └─────────────────────────────────────────┘
    ↓
┌──────┐      ┌─────────────────────────────────────────┐
│ 活动三 │ ───→ │ 认识氧化剂和还原剂的强弱与金属和非金属强弱、反应条件、浓度、温度、酸碱性有关 │
└──────┘      └─────────────────────────────────────────┘
    ↓
┌──────┐      ┌─────────────────────────────────────────┐
│ 活动四 │ ───→ │ 学生交流讨论、归纳总结氧化还原反应规律,价态规律、优先规律、强弱规律、守恒规律 │
└──────┘      └─────────────────────────────────────────┘


                课时4  化合价升降法配平氧化还原反应方程式活动设计

┌──────┐      ┌─────────────────────────────────────────┐
│ 活动一 │ ───→ │ 氧化还原方程式配平的三大原则:得失电子守恒、原子守恒、电荷守恒 │
└──────┘      └─────────────────────────────────────────┘
    ↓
┌──────┐      ┌─────────────────────────────────────────┐
│ 活动二 │ ───→ │ 配平的五大步骤:标变价、列得失、求总数、配系数、查守恒 │
└──────┘      └─────────────────────────────────────────┘
    ↓
┌──────┐      ┌─────────────────────────────────────────┐
│ 活动三 │ ───→ │ 配平技巧:逆向配平、补加配平、整体配平、缺项配平 │
└──────┘      └─────────────────────────────────────────┘
```

图1-2 氧化还原反应的单元活动设计

二、"氧化还原反应"教学设计示例

以"氧化还原反应"为例进行单元大概念教学,对应课程标准中的氧化反应、还原反应、氧化剂、还原剂、氧化产物、还原产物等内容,课程目标是对氧化反应、还原反应,氧化剂、还原剂等得失电子,化合价升降、氧化性、还原性等相关知识的掌握。根据学习内容和相关内容的课程容量,完成本主题需要4个课时,第

1课时为"氧化还原反应的判断和本质",第2课时为"氧化还原反应的相关概念和分析",第3课时为"氧化还原反应的规律",第4课时为"化合价升降法配平氧化还原反应"。

(一)大概念析读

"氧化还原反应"内容包括氧化还原反应的判断和本质、氧化还原反应的相关概念和分析、氧化还原反应的规律、化合价升降法配平氧化还原反应。关注的重点是:依据在氧化还原反应中元素的化合价的升降和电子转移的方向,知道反应中元素化合价升高、失电子、发生氧化反应、被氧化、作还原剂;元素化合价降低、得电子、发生还原反应、被还原、作氧化剂。利用元素的性质,可以有效预防和减少生产生活中造成的环境污染和资源浪费,提高生产效益和促进环境保护。以上充分体现了化学原理和化学知识与我们的生活息息相关,化学与我们的生活紧密相连。

完成"氧化还原反应"大概念教学,需要结合真实情境让学生真切感受其中涉及的氧化反应和还原反应,通过生活实例,学生的感受和印象会更加深刻,更能理解其中发生的变化。教师再从微观角度来解析其中变化的实质是电子的偏转,让学生从宏观到微观来理解和感受其中的变化,有利于学生对氧化反应、还原反应、氧化剂、还原剂、氧化产物、还原产物的理解。

通过对以上几组概念和相关原理的学习,学生能够在工业生产、生活实际和能源利用等方面发挥一定的作用。本主题主要完成以下教学内容,最终达成课时大概念,指向单元大概念。

(1)氧化还原反应的判断和本质。

(2)氧化还原反应中相关概念和分析。

(3)氧化还原反应的规律。

(4)用化学升降法来配平氧化还原反应方程式。

(二)课时学习目标

(1)通过对化合价的分析,认识氧化还原反应,并对常见的反应分类,基于化合价变化与电子转移的相关性,从微观上认识氧化还原反应。

(2)了解氧化剂和还原剂的定义,学会判断物质的氧化性和还原性,培养基于证据的推理能力和模型思维,并在实验探索和创新方面发挥积极作用。能利用氧化还原反应概念判断物质的氧化性和还原性,归纳常见的氧化剂和还原剂。

(3)能够从电子转移的视角分析氧化还原反应,基于氧化还原反应的规律,判断氧化性和还原性的强弱。通过物质的氧化性、还原性探究活动,培养科学的态度和方法,提高科学探究的意识和能力。

(4)通过对氧化还原理论和应用的学习,感受化学的魅力和对人类社会发展的重要作用,激发学习兴趣,增强社会责任感。

(5)通过深入研究氧化还原反应的规律,培养学生的宏观视角、微观分析能力、变化的概念、平衡的思维、证据的分析、模型的建构、科学的探索、创新的思维以及科学的精神和社会责任感,从而让他们更好地体会到知识的实际应用价值。

(6)通过对化合价升降法的学习能够配平氧化还原反应方程式。

(三)学习重难点

◆学习重点

(1)氧化还原反应的本质以及电子转移的表示方法。

(2)氧化剂、还原剂与氧化性、还原性的判断。

(3)氧化还原反应的规律。

(4)化学升降法配平氧化还原反应方程式。

◆学习难点

(1)氧化剂、还原剂与氧化性、还原性的判断。

(2)化学升降法配平氧化还原反应方程式。

(四)教学过程设计

表1-3 第1课时 氧化还原反应的判断和本质

教学环节	活动线	问题线	知识线	素养线
环节一:回顾旧识、建立联系	活动一:1.回顾初中学过的反应和反应类 2.回顾学过的反应中得到氧和失去氧的反应	问题1:四大基本反应是哪些? 问题2:得到氧的是什么反应?	1.四大基本反应类型 2.初中对氧化反应和还原反应的初步认识和定义	从学生熟悉的知识入手,降低学生学习新知识的畏难情绪,有利于学生对新知识的学习

续表

教学环节	活动线	问题线	知识线	素养线
环节二：创设情境，以趣味实验激发学生学习兴趣、回顾旧知、建立联系	活动二：1.展示新切开的苹果和久置后的苹果颜色的变化 2.在清水中滴加碘伏，搅拌均匀后加生柠檬	问题1：久置后的苹果为什么会变黄？ 问题2：苹果发生了什么反应？ 问题3：碘水是什么颜色？ 问题4：为什么在碘水中加生柠檬后变成了无色？	1.生活中常见的发生氧化反应的实例（久置苹果变黄） 2.碘水中加柠檬，碘水颜色发生变化	结合常见生活实例和化学思维发现生活中的化学问题，发展学生核心素养
环节三：分析和回顾旧知，从学生熟悉的方程式入手	活动三： $2CuO + C \xrightarrow{\text{高温}} 2Cu + CO_2\uparrow$ $Fe_2O_3 + 3CO \xrightarrow{\text{高温}} 2Fe + 3CO_2$	问题1：两个反应方程式中，谁得到氧？谁失去氧？ 问题2：得到氧发生什么反应？失去氧发生什么反应？	氧化还原反应的定义：同一个反应中，氧化反应和还原反应同时发生	通过得氧、失氧讨论，得出氧化反应和还原反应同时发生的结论，发展证据推理能力
环节四：练习与巩固氧化反应和还原反应	活动四： 1. $Fe + CuSO_4 = FeSO_4 + Cu$ 2. $2CuO + C \xrightarrow{\text{高温}} 2Cu + CO_2\uparrow$ $Fe_2O_3 + 3CO \xrightarrow{\text{高温}} 2Fe + 3CO_2$	问题1：在活动四1中是否有氧化反应和还原反应发生？ 问题2：活动四1是否为氧化还原反应？ 问题3：有得氧失氧的反应才是氧化还原反应吗？ 问题4：能标出活动四2中元素的化合价吗？并用双线桥法标出活动四1中的化合价	1.并不是有得氧失氧的反应才是氧化还原反应 2.氧化还原反应的重要特征是：有元素化合价的升降。 3. 化合价升高 $\overset{0}{Fe} + \overset{+2}{Cu}SO_4 = \overset{+2}{Fe}SO_4 + \overset{0}{Cu}$ 化合价降低	通过标注确定的反应来标注化合价，感受氧化反应和还原反应与元素化合价的升降有关，提高学生的化学核心素养能力

续表

教学环节	活动线	问题线	知识线	素养线
环节五：从微观角度来寻找氧化还原反应的本质	活动五：以Na与Cl_2、H_2与Cl_2的反应为例，从原子结构的角度讨论氧化还原反应中电子得失、共用电子对偏移的情况	元素核外电子排布最外层为多少时最稳定？Na、Cl、H元素核外电子怎么排布？	1. （图示：$2Na + Cl_2 \xrightarrow{\Delta} 2NaCl$，失去$2×e^-$，化合价升高，被氧化；得到$2×e^-$，化合价降低，被还原） 2. 氧化还原反应的本质：一定存在着电子的转移（电子的得失或共用电子对的偏移） 3. 总结氧化反应：升、失、氧；还原反应：降、得、还	从原子结构的角度讨论氧化还原反应中电子得失、共用电子对偏移的情况，引导学生认识氧化还原反应中一定存在着电子转移，从而形成认识氧化还原反应的微观视角，体现"宏观辨识与微观探析"的化学核心素养
环节六：回顾学过的四大反应基本类型和氧化还原反应之间的关系	活动六：请回顾四大基本反应类型 活动二：小组讨论四大反应类型与氧化还原反应之间有什么关系	问题1：哪个反应类型一定属于氧化还原反应？哪个反应类型一定不属于氧化还原反应？哪些反应类型可能是氧化还原反应？ 问题2：你能用图示的方法展示出来吗？	（图示：化合反应、分解反应、置换反应、复分解反应与氧化还原反应的关系图）	构建思维模型，形成变化观念和模型认知的素养能力

表 1-4　第 2 课时　氧化还原反应的相关概念和分析活动设计

教学环节	活动线	问题线	知识线	素养线
环节一：掌握氧化剂、还原剂、氧化产物、还原产物的基本概念	活动一：播放多媒体视频，实测网络热门产品氧化酶和还原粉，引出氧化剂、还原剂，分析氧化剂对应的是还原产物，还原剂对应的是氧化产物	问题1：在氧化还原反应中，氧化剂、还原剂所含元素的化合价如何变化？得到还是失去电子（或电子对偏向）？ 问题2：还原剂或氧化剂被氧化或被还原生成的是氧化产物还是还原产物？氧化产物和还原产物是氧化剂或还原剂化合价升高还是降低元素对应的产物？	1.氧化剂、还原剂的性质决定了其在生产生活中的用途 2.氧化剂对应的是还原产物，还原剂对应的是氧化产物	从生活实例引出氧化剂、还原剂，便于学生对氧化剂及还原剂的理解，将化学融入生活，生活中体现化学，让学生感受化学与生活紧密相连，体会化学在生活中的应用
环节二：掌握氧化剂、还原剂、氧化产物、还原产物的氧化性和还原性强弱	活动二：在具体反应中，学生能够判断出物质的氧化性和还原性强弱	问题1：思考氧化剂、氧化产物是否具有氧化性？两者谁的氧化性强？ 问题2：还原剂、还原产物是否具有还原性？两者谁的还原性强？	1.氧化剂、氧化产物的氧化性强弱比较 2.还原剂、还原产物的还原性强弱比较	借助变化观，提高学生科学探究能力，提高创新意识
环节三：掌握氧化还原反应中氧化反应、还原反应的变化规律	活动三：小组合作、交流讨论、归纳总结氧化还原反应的规律，教师最后总结"八字口诀"	问题1：小组讨论过程中，能否归纳总结出你们认为最简单且便于记忆的方法或口诀？	升、失、氧、还 降、得、还、氧	学生交流与讨论，归纳与总结，构建物质转化思维模型，形成证据推理和模型认知的素养能力
环节四：根据已学知识，归纳总结常见的氧化剂、还原剂	活动四：学生回顾、讨论、归纳、总结常见氧化剂和还原剂	问题1：交流与讨论常见的氧化剂有哪些？ 问题2：基于本节内容的学习，你认为氧化剂、还原剂具有哪些特点？ 问题3：强弱氧化剂、还原剂有什么特点？	常见氧化剂、还原剂的物质类型及对应的还原产物和氧化产物	回顾旧知，检索已学知识，为学生的分析结果提供证据，同时培养学生用分类的思想学习研究物质的习惯的科学素养

教学环节	活动线	问题线	知识线	素养线
环节五：书写双线桥法的注意事项；单线桥法的表示方法	活动五：双线桥法的书写步骤；会用单线桥法标出反应电子转移的方向和数目	问题1：单线桥法和双线桥法有什么不同和本质的区别？	箭头由失电子原子指向得电子原子，线桥上只标电子转移的数目，不标"得""失"字样	利用不同方法表示，体现化学核心素养中的证据推理和模型认知

表1-5　第3课时　氧化还原反应的规律活动设计

教学环节	活动线	问题线	知识线	素养线
环节一：根据氧化还原反应方程式判断氧化剂对应还原产物和还原剂对应氧化产物的氧化性、还原性的强弱	活动一：播放视频，引入抗氧化成分哪家强？引出怎样比较氧化性和还原性的强弱	问题1：根据上节课知识，氧化剂的氧化性是否一定强于氧化产物？问题2：还原剂的还原性是否一定强于还原产物？	在同一氧化还原反应方程式中，氧化剂的氧化性强于氧化产物，还原剂的还原性强于还原产物	学会分析氧化还原反应的规律，培养学生证据推理与模型认知，变化观念与平衡思想的核心素养
环节二：非金属单质和金属单质的氧化性和还原性强弱的判断	活动二：根据金属性和非金属性活动顺序表	问题1：为什么不同金属、非金属单质的保存方式不同？问题2：体现了金属的什么性质？	金属性越强，还原性越强，对应离子的氧化性越弱；非金属单质的非金属性越强，氧化性越强，对应离子的还原性越弱。	利用已学知识，感受历史文化，体现化学理论模型的核心素养
环节三：氧化性、还原性的强弱受很多因素影响	活动三：认识氧化剂和还原剂的强弱与金属和非金属强弱、反应条件、浓度、温度、酸碱性、产物中变价元素的价态有关	问题1：反应条件要求越低，反应越剧烈，是否对应物质的氧化性或还原性就越强？问题2：同一种物质，条件越充分，是否其氧化性或还原性就越强？问题3：最低价和最高价分别体现什么性质？	氧化性、还原性强弱比较的影响因素。高价体现氧化性，低价体现还原性	培养学生对比概括、归纳推理的能力，培养学生证据推理与模型认知的核心素养

教学环节	活动线	问题线	知识线	素养线
环节四：氧化还原反应的规律	活动四：学生交流讨论、归纳总结氧化还原反应规律，价态规律、优先规律、强弱规律、守恒规律	问题1：利用这些规律时需要考虑哪些因素？ 问题2：如何利用这些守恒规律寻找氧化还原反应中物质间的定量关系？	价态规律、优先规律、强弱规律、守恒规律	应用化合价与物质的关系，推测氧化还原反应的产物，建立价态变化思维模型

表1-6 第4课时 化合价升降法配平氧化还原反应方程式活动设计

教学环节	活动线	问题线	知识线	素养线
环节一：知道氧化还原反应方程式配平的三大原则	活动一：小组讨论配平氧化还原反应方程式需要注意的问题	问题1：任何化学反应中宏观物质保持反应前后质量不变，从微观角度如何加以解释？ 问题2：基于对氧化还原反应的宏观特征与微观本质的了解，化合价的升降与电子转移之间又存在着怎样的定量关系？ 问题3：如何利用这些守恒规律寻找氧化还原反应中物质之间的定量关系？	得失电子守恒、原子守恒、电荷守恒	利用守恒思想解决问题，领会配平氧化还原反应方程式的方法和技巧，培养变化观念与平衡思想
环节二：熟悉氧化还原反应方程式配平的一般步骤	活动二：小组讨论配平氧化还原反应方程式的步骤	问题1：配平氧化还原反应方程式应该有哪些步骤？第一步是什么？最后一步是什么？	标变价、列得失、求总数、配系数、查守恒	学会归纳和使用思维模型，体会获得知识的过程和方法
环节三：掌握配平技巧	活动三：讨论配平陌生氧化还原反应方程式的方法和技巧	问题1：你认为配平陌生氧化还原反应方程式有哪些方法和技巧？	逆向配平、补加配平、整体配平、缺项配平	借助氧化还原反应理论模型，利用价态观、微粒观研究物质的变化规律，归纳思维模型，提高化学核心素养

三、单元教学反思

（一）主要亮点

（1）氧化还原反应原理广泛存在并应用于生产、生活中，从实验和生活角度出发，设计学习情境能帮助学生培养学习兴趣，紧扣问题，有利于培养学生解决实际问题的能力。课本上没有设计"实验探究"和"研究与实践"活动，本节课以实验室制氢气为依托，创设教学情境，设计探究实验，开展教学活动。运用氧化还原反应原理分析是学习元素化合物知识的重要方法，结合初中已有知识和认知水平，沿着得失氧到元素化合价变化再到电子转移这条主线；从宏观概念到微观结构，由表及里，步步深入，探析氧化还原反应的特征与本质，充分挖掘氧化还原反应这一知识载体所蕴含的化学学科核心素养，具有培养宏观辨识与微观探析素养的价值，对培养学生化学学科核心素养有很大帮助。本主题内容有理论模型、探究实验、合作学习活动等，把时间和空间更多地留给学生，展现了学生不一样的活力和热情。在以后的教学中设计更多的学生活动，会让课堂更精彩、更充实，学生学得既轻松又扎实，老师教得也更愉快。

（2）在已经建立了氧化还原概念的基础上，在教学过程中充分挖掘物质的分类依据，用辩证的观点认识氧化剂、还原剂、氧化性、还原性与价态以及电子转移之间的关系，完善氧化还原反应理论模型，培养学生证据推理与模型认知素养。合理选择教学素材和教学策略，引导学生分析、设计和完成实验探究任务，研究物质的氧化性和还原性，让学生亲身体验知识规律的形成过程和方法，从而在理解的基础上深化对氧化还原反应的认识，掌握氧化剂、还原剂的判断方法。让学生体会研究物质性质的一般程序，形成有序思维，为后面元素化合物的学习打下基础，具有培养科学态度与创新意识的作用。结合学生的认知发展水平设置情境、提出问题、完成任务，进行探究式教学，这样课堂空间留给了学生，课堂容量得以提升，使学生接受知识的同时认识生活中的化学，学生的能力和认知水平进一步得到提高，也能进一步培养学生科学的态度和创新意识，激发他们对化学的学习兴趣，提升其社会责任意识。

（3）在学生建立氧化还原理论模型的基础上，层层递进，探讨、归纳、总结氧化还原反应中的强弱规律、价态规律、优先规律、守恒规律，并设计问题情境和探究实验，为理论学习提供实验证据，引导学生由定性到定量建立守恒思想。在整个教学过程中，不断穿插氧化还原规律在实际生产、生活中的应用案例，促使学生在认识化学应用的同时深入理解氧化还原反应规律，构建化学思维模型，并学会应用化学模型。通过教学素材和策略的合理安排，引导学生分析、设计和完成实验探究任务，亲身体验知识的形成过程和方法，进一步熟悉研究物质性质的一般程序，培养其科学态度与创新意识，也能更好地培养学生的证据推理与模型认知、变化观念与平衡思想的化学核心素养。使学生在探索知识规律的过程中，体验化学科学对人类社会的贡献，进一步激发他们对化学的学习兴趣和主动性。

（二）存在不足

（1）抽象性较强：氧化还原反应涉及电子转移、原子价态等抽象的概念，对学生来说比较难以理解。教师在教学中需要使用生动的例子和实例进行解释，帮助学生建立起具体的形象思维。

（2）系统性不足：氧化还原反应是一个涉及多个概念和知识点的内容，但在教学时容易把重点放在具体的化学方程式和反应特点上，而忽略了系统性的学习和掌握。需要教师通过归纳总结的方式，帮助学生厘清氧化还原反应的基本规律和共性特点。

（3）缺乏实际应用：在教学中，可能侧重于理论知识的传授，而忽略了氧化还原反应在实际生活和工业中的应用。教师可以通过引入实际应用的案例，让学生认识到氧化还原反应的重要性和实用性。

（4）缺乏互动与实践：传统的教学模式可能限制了学生主动参与和实践的机会。教师可以通过实验、小组讨论或案例分析等方式，增加学生的互动参与，提高他们学习的积极性和主动性。

针对以上不足，教师应该注重学生的理解和应用能力的培养，引导学生进行探究性学习，关注实际应用和解决问题的能力。同时，教师应该灵活运用各种教学方法，提供多样化的教学资源和课堂活动，激发学生对氧化还原反应的兴趣和好奇心。

（三）再教设计

（1）引入生活和实际应用的案例：为了增加学生对氧化还原反应的兴趣和理解，可以引入生活中的例子和实际应用。例如，讨论电池的工作原理、金属的腐蚀过程等。鼓励学生思考和探索氧化还原反应在日常生活中的重要性和应用价值。

（2）探究性学习和实践活动：设计实验或实践活动，让学生亲自参与氧化还原反应的观察和实验，培养他们的实验技能和科学思维能力。通过实践活动，学生更容易理解氧化还原反应的概念和机制，并将理论应用于实际操作中。

（3）多媒体资源和互动工具：利用技术手段提供多媒体资源，如动画、模拟实验和互动演示等，以形象生动的方式展示氧化还原反应的过程和原理。这有助于学生更好地理解和记忆相关概念。

（4）合作学习和小组讨论：鼓励学生进行小组合作学习，进行问题解答、讨论和思考。通过互动和合作，学生能够深入交流和思考问题，促进对氧化还原反应的理解和运用。

（5）案例分析和解题能力训练：提供一些复杂的案例或问题，让学生运用所学的氧化还原反应知识进行分析和解决。这有助于培养学生的解题能力和应用能力，提高他们对氧化还原反应的理解和应用水平。

再教设计的关键在于从学生的角度出发，选择合适的教学策略和方法，以促进他们对氧化还原反应的深入理解和实际应用能力的培养。同时，教师应持续关注学生的学习情况和反馈，根据实际情况进行必要的调整和优化。

参考文献：

[1] 王晶，毕华林.普通高中教科书化学必修第一册[M].北京：人民教育出版社，2023.

[2] 中华人民共和国教育部制定.普通高中课程标准（2017年版2020年修订）[S].北京：人民教育出版社，2023.

[3] 王书红.氧化还原反应知识关联结构化模型的构建与相关知识网络的梳理[J].教学考试，2021（41）：21-25.

[4] 李刚，吕立杰.大概念课程设计：指向学科核心素养落实的课程架构[J].教育发展研究，2018，38（Z2）：35-42.

[5] 孙国辉，徐洁.基于化学学科理解的学科大概念统领主题教学的探索[J].吉林教育，2020（Z4）：13-17.

[6] 李俊.谈《普通高中化学课程标准》（2017年版）的特点[J].中学化学教学参考，2018（9）：6-8.

[7] 郭琦，周恺，刘晓红，等.浅谈人教版新旧教材中"氧化还原反应"的设计与教学[J].江苏教育学院学报（自然科学版），2008（2）：101-104.

[8] 胡久华.从课程标准到教材到教学——以高中化学新课程必修模块氧化还原反应内容为例[J].化学教育，2008，29（9）：14-18.

[9] 栗艳丽，袁振东.从"得失氧"到"极性翻转"：氧化还原反应概念的历史演变[J].化学通报，2022，85（10）：1267-1272.

[10] 毕笑维.构建微粒模型促进学生微观认识——以分子可以分为原子为例[J].云南化工，2019（S01）：3-5.

[11]张玉.基于化学核心素养培养的"氧化还原反应"教学[J].中学化学教学参考,2018(18):2.

[12]胡杨,王后雄."体验学习圈"在化学核心概念教学中的应用——以"氧化还原反应"为例[J].化学教学,2019(10):43-49.

第二章 氯及其化合物单元设计

"氯及其化合物"是高中化学必修课程中的核心内容之一，也是元素化合物知识教学中的重要组成部分。本节内容位于人教版高中化学第一册第二章第二节，该部分内容是对之前所学的物质的分类及转化、氧化还原反应、离子反应等知识的巩固运用，也是学生在系统学习了钠及其化合物，了解了研究金属及其化合物的思路和方法，初步构建起了同种元素的物质间转化关系之后，系统学习的第一种非金属元素。本节内容为后续其他非金属元素化合物的学习做铺垫，因此在整个高中元素化合物知识的教学中起到了承上启下的作用。此外，氯元素作为一种典型的变价非金属元素，其单质和化合物在生产生活中都有着极为广泛的应用，通过这部分内容的学习，能够帮助学生认识到化学与人类生活的密切联系，激发其对化学学习的热情和兴趣。

一、单元整体设计

教材内容以氯单质及其化合物为学习载体，从物质类别、元素价态等视角展现了含氯物质之间的相互转化，进而构建起非金属及其化合物的研究学习模型。教材内容以发现氯气的化学史引入对于氯的单质——氯气性质的探索，再根据氯原子的原子结构示意图预测其应具有的相关化学性质，从而梳理出结构决定性质的主题概念。氯气与金属、非金属、水、碱的反应，紧紧围绕氧化还原反应、离子反应的特征来分析。而氯气的实验室制法包含装置的选择、除杂的方式方法与尾气处理等实验室制备气体的一般过程，氯离子的检验则搭建起了离子检验的一般模型。最后通过含氯物质及其转化关系以及对氯及其化合物在生活中实际应用的学习，引导学生辩证认识事物的运用，进一步增强其合理使用化学品的意识，进行主题升华。

（一）课程标准内容要求

《普通高中化学课程标准》（2017年版2020年修订）中关于本单元内容要求为"结合真实情境中的应用案例或通过实验探究，了解氯及其化合物的主要性质，认识这些物质在生产生活中的应用和对生态环境的影响"。在情境素材中还提及了"含氯消毒剂的合理使用""氯气泄漏的处理"等探讨课题。可见，对于该部分知识的教学应通过解决真实情境中的问题来实现学科核心素养的落实，以达到润物无声的效果。

表2-1 "氯及其化合物"课程标准要求

内容要求	教学提示			学业要求
氯气及其化合物	教学策略	学习活动建议	情境素材建议	
结合真实情境或实验探究，了解氯及其化合物的主要性质，认识这些物质在生产生活中的应用和对生态环境的影响	1.发挥核心概念对元素化合物学习的指导作用 2.紧密联系生活实际，创设丰富多样的教学情境	1.氯气的制备及性质；氯水的性质及成分探究 2.讨论日常生活中含氯化合物的保存与使用	含氯消毒剂及其合理使用 氯气泄漏的处理	1.能根据物质类别和元素价态列举氯元素的典型代表物 2.能用化学方程式、离子反应方程式正确表示典型物质的主要化学性质 3.能根据物质的性质设计制备、检验等任务方案 4.能说明常见元素及其化合物对社会发展的价值和影响

（二）单元知识与学科核心素养

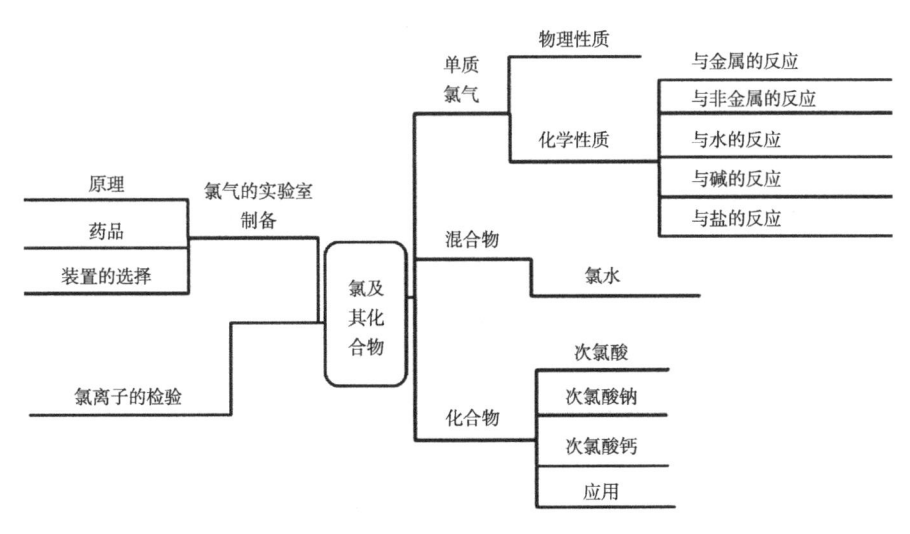

图2-1 氯及其化合物知识网络图

本节以氯及其化合物的性质、转化、制备与应用为学习的主线，设置真实的学习情境，以实验探究为主要手段展开教学，在对教学内容的处理与教学形式的呈现中，渗透化学学科的核心素养。如通过回顾金属钠的还原性本质猜想氯原子结构与其性质的关系，运用数字化的实验解释次氯酸光照分解的过程，不知不觉中引导学生将微观结构与宏观的现象或者性质相联系；再如基于非金属氯元素及其化合物之间相互转化关系建立价类二维图的过程，为学生了解新元素提供了不同思考角度；结合真实情境介绍含氯物质的利弊、危害与用途，在一定程度上发展了学生的批判性思维与正确的化学价值观念。

（三）大概念建构

课程标准是提取学科大概念的重要途径之一，也是提取素养目标与单元目标的重要依据，本节教学设计的大概念是依据《普通高中化学课程标准》（2017年版2020年修订），结合人教版高中化学教材各个板块，从化学学科核心素养出发，在考虑教学实际情况的基础上提炼而来的。

表 2-2 "氯及其化合物"部分大概念层级

学科大概念	单元大概念	课时大概念
结构决定性质，性质决定用途	物质类别和元素价态影响氯及其化合物的性质	Ⅰ.氯及其化合物的性质与用途 Ⅱ.从类别、价态角度建构氯及其化合物转化模型 Ⅲ.实验室制取气体中的绿色化学

"结构决定性质，性质决定用途"的思维具有普遍的迁移价值，在化学和材料科学中，这个观念被广泛应用，用来解释物质的特性和用途之间的关系。物质的结构对其性质有着深远的影响，而物质的性质又决定了它在各种领域中的具体用途。这种相互关联的理念，指导着许多领域的研究和应用，为科学技术的发展提供了重要的理论基础。建立非金属元素及其化合物的学习认知模型则需要通过从特殊到一般的过程。从物质类别与元素价态的两个角度分别分析两者的变化对元素化合物性质的影响：物质的类别决定了元素化合物的结构和组成，从而影响了其化学性质和物理性质；元素的价态决定了其与其他元素的化学结合方式和反应活性。从这两个角度分析，更全面地理解元素化合物性质的变化规律，为相关领域的研究和应用提供重要的理论基础。

（四）学情分析

在初中阶段，学生已经系统学习过原子的核外电子排布。结合之前所学的物质的转化思路和方法，以氧化还原反应原理与离子反应为理论基础，学生对于元素及其化合物的认识能够按照从单质到化合物、从物理性质到化学性质、从结构到性质再到用途的学习路径进行。因此，可以通过类比迁移的方式学习本节内容。但是，学生对于所学知识的灵活运用、概念理论的实际使用都处于一个刚起步的阶段，知识基础也较为零散薄弱，需要适当给予引导。

（五）单元学习目标与课时目标

表2-3　单元学习目标与课时学习目标

单元学习目标		课时学习目标
（1）能根据相关的科学史话、实验现象等证据推理提取出有效的信息 （2）能从物质的结构出发猜想其应具有的性质，再根据物质的性质推测其应具有的用途 （3）能从物质类别、元素价态、原子结构等角度对物质所具有的性质进行预测 （4）能发现和提出具有探究价值的问题，并能根据探究目的，设计并优化探究方案 （5）能辩证地认识氯及其化合物在生活中的实际运用，形成正确的科学态度和一定的社会责任感	第1课时	（1）通过资料提取学习氯气的相关物理性质，并能将所学性质运用于实际生活中，将化学知识与生活经验紧密联系 （2）通过分析氯原子的原子结构特点，从不同的角度预测氯气的化学性质，并进行实验的设计与优化，能根据实验现象书写相关反应的化学方程式或离子方程式 （3）通过对于氯气及其化合物的学习，辩证地认识物质的性质和其用途之间的关系
	第2课时	（1）通过对于漂白粉和漂白液的制取、失效、保存问题的讨论，了解其中漂白的作用原理，并能结合氧化还原、离子反应等知识书写出相对应的化学反应方程式 （2）通过典型离子Cl^-的检验学习，建立起微粒检验的思维模型 （3）通过含氯消毒液标签的制备活动，感受化学与生活的紧密联系以及其独特的魅力
	第3课时	（1）通过氯气的实验室制备的学习，建立起实验室中制取气体装置的选择和设计的一般思路和方法 （2）通过对氯气实验室制备装置的分析改进，了解气体制备中的绿色化学

（六）氯及其化合物单元活动设计

课时1 氯气的性质

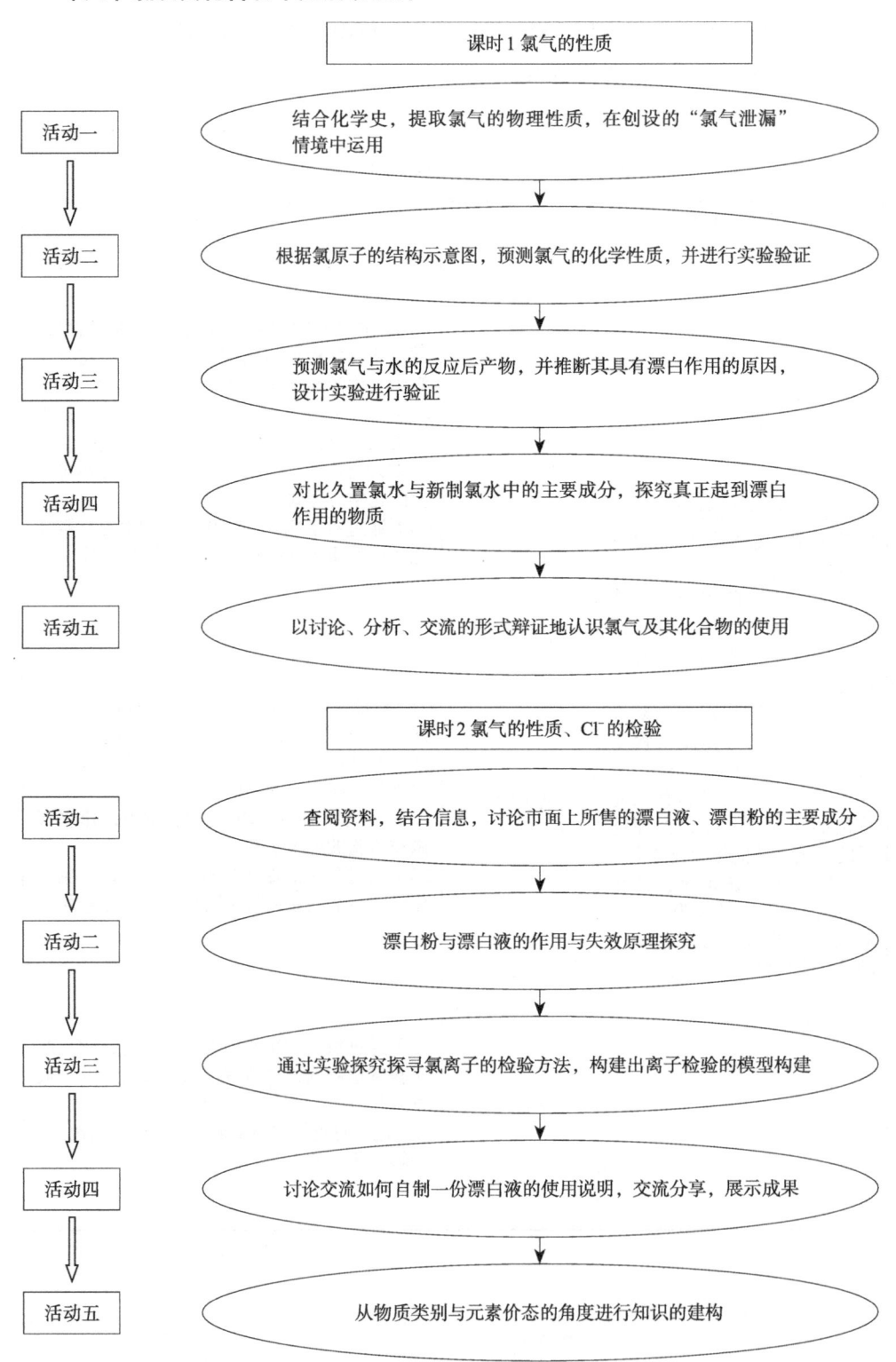

- 活动一：结合化学史，提取氯气的物理性质，在创设的"氯气泄漏"情境中运用
- 活动二：根据氯原子的结构示意图，预测氯气的化学性质，并进行实验验证
- 活动三：预测氯气与水的反应后产物，并推断其具有漂白作用的原因，设计实验进行验证
- 活动四：对比久置氯水与新制氯水中的主要成分，探究真正起到漂白作用的物质
- 活动五：以讨论、分析、交流的形式辩证地认识氯气及其化合物的使用

课时2 氯气的性质、Cl⁻的检验

- 活动一：查阅资料，结合信息，讨论市面上所售的漂白液、漂白粉的主要成分
- 活动二：漂白粉与漂白液的作用与失效原理探究
- 活动三：通过实验探究探寻氯离子的检验方法，构建出离子检验的模型构建
- 活动四：讨论交流如何自制一份漂白液的使用说明，交流分享，展示成果
- 活动五：从物质类别与元素价态的角度进行知识的建构

图2-2　氯及其化合物单元活动设计

二、"物质类别和元素价态影响氯及其化合物的性质"教学设计示例

本单元的大概念为"物质类别和元素价态影响氯及其化合物的性质",对应的课程标准为"结合真实情境中的应用实例或通过实验探究,了解氯及其化合物的主要性质,认识这些物质在生产中的应用和对生态环境的影响"。根据学习内容和课堂容量,本单元的学习需要3个课时,第1课时为"氯气的性质、氯气与水的反应";第2课时为"氯气与碱的反应、氯离子的检验";第3课时为"氯气的实验室制法"。

(一)大概念析读

通过"物质类别和元素价态影响氯及其化合物的性质"的大概念教学,初步形成基于物质类别与元素价态、原子结构与化学表征、氧化还原原理、离子反应原理、实验探究猜想的非元素及其化合物转化的学习脉络。通过含氯消毒剂的制备,将所学知识运用于实际生活,并形成正确的化学用品认知;通过实验室制备氯气、氯离子的检验建立起制备气体的一般思路,逐渐形成绿色化学的观念。为最终达到课时的大概念,本次课例主要的教学内容为:(1)氯及其化合物的性质及运用;(2)含氯物质的转化模型建构;(3)氯气的实验室制备。

(二)课时学习目标

(1)能从资料中提取有用信息,并将所学知识运用于实际生活解决真实问题。

(2)能从物质类别、元素价态、原子结构等角度对物质所具有的性质进行预测。

(3)辩证地认识事物具有的两面性,具有敢于质疑的批判精神。

(三)学习重难点

◆学习重点

(1)氯及其化合物的性质及用途。

(2)含氯物质的相互转化。

◆学习难点

(1)基于物质类别和元素价态的角度认识新元素。

(2)含氯物质的相互转化。

（四）教学过程设计

表 2-4　课时 1　氯气的性质

教学环节	活动线	问题线	知识线	素养线
环节一：氯气的物理性质探究及其实际运用	活动1：结合给出的化学史，提取氯气的物理性质，在创设的"氯气泄漏"情境中运用	问题1：根据资料卡片，氯气的存在形式、颜色状态、密度等物理性质与熟知的氧气有何差异？ 问题2：假如你身处一处"氯气泄漏"的环境中，应当如何进行自救？	1.氯气的密度、溶解性等性质决定该种气体的制备与储存方法 2.所学理论知识与实际生活的联系运用	提取信息的能力，利用化学知识解决真实问题的思维构建
环节二：氯气的化学性质预测及探究	活动2：根据氯原子的结构示意图，预测氯气的化学性质，小组讨论如何进行验证	问题1：金属钠具有强还原性的本质是什么？ 问题2：根据氯原子结构示意图，推测氯气会有怎样的化学性质？ 问题3：怎样验证你的猜想？	1.结构决定性质 2.新旧知识的迁移运用	从结构的角度建立结构决定性质的认识思维模型
环节三：氯气与水的反应产物探究	活动3：预测氯气与水反应的产物，推断其具有漂白作用的原因，进行实验验证	问题1：氯气与水的反应产物中包含的微粒有哪些？ 问题2：氯水具有漂白作用的原因是什么？ 问题3：如何设计实验进行验证？	1.氧化还原知识的运用 2.氯气与水反应过程化学方程式书写 3.验证性实验的设计与实施	构建物质转化思维模型，形成变化观念和模型认知的素养能力
环节四：氯水的漂白作用探究	活动4：对比久置氯水与新制氯水中的主要成分，探究真正起到漂白作用的物质	问题1：新制氯水与久置氯水微粒成分有何差距？ 问题2：久置氯水的漂白性为何消失？	1.离子反应的书写与微粒分析 2.次氯酸性质的梳理与其不稳定性的学习	宏观的现象与微观离子分析结合
环节五：辩证地认识氯及其化合物的使用	活动5：讨论、分析、交流辩证地认识氯气及其化合物的使用	问题1：氯气作为一种有毒的气体，在生活中有无实际的运用？ 问题2：认识一种新物质时，是否仅能片面判断？	多角度分析、评价相对复杂的实际问题	氯气及其化合物的用途，利用化学知识对化学议题做出合理解释

表 2-5　课时 2　氯气的性质、氯离子的检验

教学环节	活动线	问题线	知识线	素养线
环节一：了解漂白液与漂白粉的主要成分	活动1：查阅资料，结合信息，讨论市面上所售的漂白液、漂白粉的主要成分	问题1：市面所售漂白液与漂白粉的主要成分是什么？ 问题2：为何不能直接用次氯酸做漂白剂？	1.漂白粉与漂白液的主要成分 2.化学与生活的实际联系	发现生活中的化学，体会化学在生活中的应用
环节二：漂白粉和漂白液的漂白与失效原理的探究	活动2：漂白粉与漂白液的作用与失效原理探究	问题1：漂白液的作用原理是什么？ 问题2：为何漂白粉置于空气中一段时间后会变质失效？ 问题3：漂白粉与漂白液的保存方法是什么？	1.氯气与碱反应的化学方程式书写 2.漂白粉、漂白液的作用与失效的原因	借助氧化还原理论，初步建立物质转化的理论模型
环节三：氯离子的检验	活动3：通过实验探究氯离子的检验方法，构建出离子检验的模型	问题1：氯气与NaOH溶液反应后的溶液中有Cl⁻的存在吗？如何进行检验呢？ 问题2：中学阶段离子检验的原理是什么？	1.离子检验方法及试剂选择 2.离子检验的一般思路	离子检验的思维模型构建，从特殊到一般方法的迁移运用
环节四：漂白液使用说明书的制作	活动4：讨论交流如何自制一份漂白液的使用说明，交流分享，展示成果	问题1：消毒液为何不能与洁厕灵进行混用？ 问题2：漂白粉、漂白液使用过程中有哪些注意事项？	1.消毒液与洁厕灵不能混用的常识 2.漂白粉、漂白液使用说明书的设计	紧密联系实际生活与化学原理
环节五：建构氯及其化合物的转化思维模型	活动5：从物质类别与元素价态的角度进行知识的建构	梳理本单元所学氯及其化合物，你能从物质类别与元素价态角度构建一张价—类二维图吗？	1.物质转化的思维模型 3.元素价类二维图的构建	构建物质转化思维模型

三、单元教学反思

（一）主要亮点

"氯及其化合物"是人教版高中化学必修第一册的重要内容，作为学生在高中化学学习过程中认识的第一个非金属元素，该部分内容的学习可以帮助学生提升从个性到共性、从特殊到一般的分析归纳能力。从学科概念构建方面来说，也能帮助学生建构起从结构到性质再到用途的思维模型，因此该部分内容在整个高中化学的学习中起到举足轻重的作用。《普通高中化学课程标准》（2017版2020年修订）要求结合真实情境中的应用实例，了解氯及其化合物的主要性质，课标中明确了该节内容要围绕真实的案例展开，故本单元课例的设计皆是以情境为主线，从发现氯气的化学史出发提取出氯气的物理性质，再将所学内容运用于实际的"氯气泄漏"处理方案的情境中去，达到学以致用的目的。氯气与碱的反应的教学过程中通过对消毒液的成分、作用原理、失效条件的探究，以消毒液使用标签的制作将课时知识点串联，感受元素及其化合物的使用价值与生活的密切联系。其次，考虑到氯及其化合物单元知识点冗杂、物质转化关系及对应的化学方程式繁多，本次单元设计中将氯元素及其化合物通过"价—类"两个维度呈现出其中的知识逻辑性与结构化，将所学的新物质进行系统归纳的处理。在教学过程中，为了提高学生课堂的参与度与积极性，采取驱动型问题的形式，引起学生的思考讨论，进行头脑风暴式的思维碰撞，并在实验探究中逐渐渗透非金属元素及其化合物学习的一般思路。

（二）存在不足

本次案例设计也存在不足与待优化之处。氯气与水的反应是学生高中学习过程中所接触的第一个可逆的反应，因在后续学习中会系统学习该种反应类型，故此处并未着重解释。这就导致分析氯水中含有的主要微粒与对比新制与久置氯水成分差异时，学生不能够明白其中根本缘由，对于该部分内容仅是进行了简单记忆，并未理解。

（三）再教设计

本单元是学生系统学习非金属及其化合物的开端，对之后学习氮元素、硫元素等非金属元素都有一定的铺垫作用，因而对于本单元的学习应该跳脱出具体的知识点而着重于初步建立探究思维、举一反三能力的培养。在教学环节方面，应当梳理出一条主要的脉络涵盖结构到性质再到用途。将氯的单质、化合物穿插到真实的情境中，生成一系列的探究问题，引导学生主动自发地进行归纳总结，完成知识建构；在教学方法方面，应充分体现出学生的主体地位与教师的引导作用。如学生对于氯气溶于水的产物的猜想，基于已有的氧化还原与离子反应等知识经验自主设计验证实验，帮助学生建立联系——预测——设计的思维模型；在教学内容方面，将所学的氯及其化合物从类别和价态角度分类整理，加深对知识的记忆。

参考文献：

[1] 王晶，毕华林.普通高中教科书化学必修第二册[M].北京：人民教育出版社.2021.

[2] 中华人民共和国教育部制定.普通高中课程标准（2017年版2020年修订）[S].北京：人民教育出版社，2023.

[3] 张亚君.基于STEAM教育理念的氯及其化合物的教学设计——"为某日化企业设计84消毒液的生产工艺"项目[J].化学教育（中英文），2022，43（1）：127.

[4] 陈新华.指向深度学习的高三化学深度备课——以氯、溴、碘及其化合物的单元复习为例[J].化学教育（中英文），2019，40（1）：17-22.

[5] 袁瑜，陈迪妹，叶剑强."五线一体"的"氯及其化合物"教学[J].中学化学教学参考，2023（12）：14-17.

[6] 鄢斌，陈航，陈前龙.基于模型认知的"氯及其化合物"项目式教学——研制"84"消毒液的使用说明书[J].中学化学教学参考，2023（16）：21-25.

[7] 孙夕礼.走进生活学以致用——"氯气的性质"教学设计及点评[J].化学教育，2010，31（10）：13-15.

[8] 苏贤英，钟雪莲.基于化学学科核心素养下"氯及其化合物"教学设计探究[J].广州化工，2022，50（4）：128-130.

第三章
物质的量教学案例

化学学科的主要任务是"研究物质的组成，研究物质的结构，研究物质的性质"，另外在研究的同时去探索，根据已发现的去探索、推理未发现的。

在人教版高中化学必修第一册，"物质的量"安排在第二章"海水中的重要元素——钠和氯"的第三节中。虽然物质的量只是作为一个小节的知识内容，但它是初中化学进入高中化学学习的重要切入点之一，在物质计量表述方面，也是高中化学对初中化学的重要拓展点。物质的量是高中化学的重要基础知识之一，对高中化学知识体系而言，几乎每一个化学知识点、化学问题都会涉及物质的量的理解与应用。物质的量是开启高中化学学习之门的钥匙，并贯穿整个高中化学学习过程。

一、单元整体设计

将教材当中相互关联的知识和内容进行整合、统筹，找出知识相通点，以其作为核心，再由此拓展出其他相关内容。这样的方式与常规按教材依序教学相比，更有助于加强、丰富知识点之间立体的联系，提升课堂效率，便于学生学习与记忆。参照这样的思路，针对化学计量的教学，将其作为一个大单元，让学生体验到不同类型的物质可以有丰富多样的化学计量方式，有助于学生建立高中阶段的各类计算方法模型。在"物质的量"教学中，可以从宏观物质由微观微粒组成出发，尝试对微观粒子的定量方法问题进行提问、猜想、假设，再设计实验、实施实验，对获得的结果进行分析解释，交流评价，最后得出结论，确定定量方法的模型。

（一）课程标准内容要求

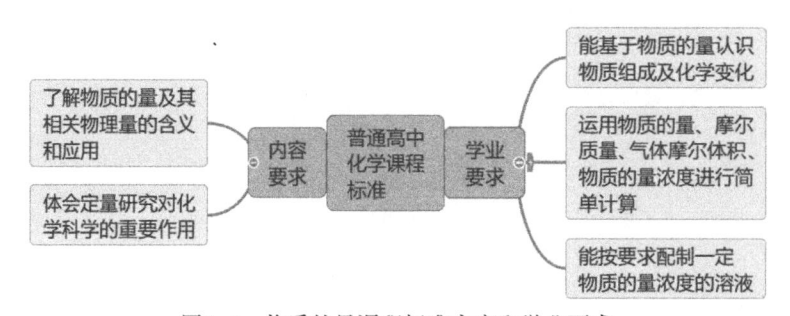

图3-1 物质的量课程标准内容和学业要求

从已具备的初中计算知识基础及生活经验出发，接触物质的量这一新的物理量。了解物质的量、摩尔质量、气体摩尔体积、物质的量浓度这一系列物理量的含义并能实际应用。认识到定量研究对化学科学和日常生产生活的重要性。

（二）单元知识与学科核心素养

在化学计量大单元的教学中，物质的量自始至终几乎与每个单元的学习都有关系，并且在科学研究活动、化学实验计算中都有着不可替代的作用。在对物质的量这一单元进行教学时，渗透化学学科核心素养，不仅有助于学生知识点的学习，还能培养他们相关的核心素养，进而促进其成长。

化学计量大单元中"物质的量"教学单元核心素养规划模型如下图所示：

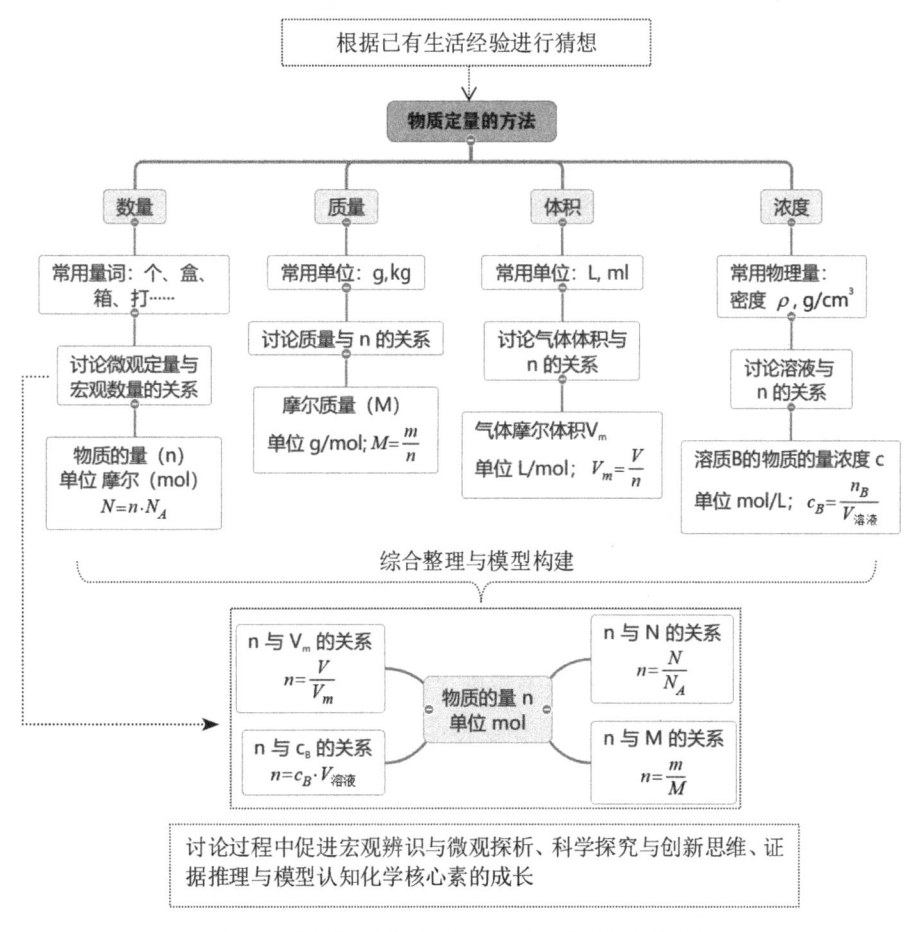

图3-2 "物质的量"教学单元核心素养规划模型图

（三）大概念建构

表 3-1　物质的量单元教学大概念层级

学科大概念	单元大概念	课时大概念
化学计量与科学研究和工业生产	物质的量在高中化学计量中的应用	1. 物质的量与数量和质量 2. 物质的量与气体摩尔体积 3. 物质的量与物质的量浓度 4. 配制一定物质的量浓度的溶液

大概念教学是指教师在教学中以一种抽象、概括的方式来介绍知识点，使学生能够理解和掌握知识的整体框架和内在联系。通过大概念教学，学生可以更好地理解知识点之间的逻辑关系和相互作用，从而提高学习效果和思维能力。大概念教学的特点包括：强调知识的整体性和系统性，注重培养学生的归纳、概括和抽象思维能力；能够提高学生的学习兴趣和主动性，有助于学生建立知识结构和解决问题的能力。同时，大概念教学也要求教师注重知识的层次性和衔接性，通过多种教学手段和方法，引导学生理解和掌握知识的整体框架和内涵。进而探讨、优化整个教学过程的可行性并完整地进行教学讲授。

本单元以"物质的量在高中化学计量中的应用"为单元大概念。利用概念迁移的方式帮助学生更透彻地理解为什么以"物质的量"作为微观粒子的计量物理量。进而以"物质的量"为核心，逐步掌握课时概念中 N_A、M、V_M、C 与 n 的内在联系，并引导学生建立与"物质的量"相关的知识体系，完善微观粒子的基础计算模型。

（四）学情分析

初中阶段，学生在学习和生活中已接触过宏观层面常见的计量方法和计量物理量以及单位，其中主要以"质量"与"相对分子质量"的比例关系进行计算。然而在进入高中化学的学习后，仅局限于质量"克"与微观的"相对分子质量"的比例关系并不能很好地解决和表达复杂化学反应过程中的量变关系。所以在熟悉日常所用的计量方法和单位后，学习化学对微观层面更多的计量方法和物理量以及单位：物质的量（mol）、摩尔质量（g/mol）、气体摩尔体积（L/mol）、物质的量浓度（mol/L），进而建立成熟的计算模型，能丰富学生的知识体系，并有助于今后化学知识的学习与理解。

根据以上分析，为了促进学生的宏观辨识与微观探析、科学探究与创新思维、证据推理与模型认知、科学态度与社会责任化学核心素养的形成与发展，在以学习物质的量为目标时，主要采用以实际生活的例子作引导的生活情景教学法；在以学习摩尔质量为目标时，主要采用创设质量与数量的关系问题展开的问题情景教学法；在以学习气体摩尔体积为目标时，主要采用设计气球膨胀、针管压缩配合气压探测器直观从多媒体上观察和感受气体体积的相关影响因素的直观情景教学法；在以学习物质的量浓度为目标时，主要采用以使用容量瓶等实验器材，配制一定物质的量浓度氢氧化钠溶液实验的实验情景教学法。

物质的量的相关知识点是基于人教版必修第一册（2019）第二章第三节"物质的量"。对现阶段的教学起点分析如下：

表 3-2　物质的量部分教学起点及应对策略

教学起点	相应的应用及解决策略
已有的相关知识： 1.初中时期，已认识常见微观粒子有分子、原子、离子、中子、质子、电子，并熟悉它们的基础性质 2.对于微观粒子的定量已学会用质量和数量进行表达 3.基础运算上已学会质量与相对分子质量间的比例计算	1.基于微观粒子的认识基础，利用"苹果"不同环境下多样化的计数方式，激发学生的认识迁移，丰富知识成长，促进科学探究与创新意识的发展 2.学习物理量之间的计算时，可从概念与单位出发，利用证据推理类比推导计算式，再应用模型认知构建固定的计算方法
可能的学习困难： 1."物质的量"这一物理量的名词表达对初学者而言会毫无头绪，可能出现排斥心理 2.阿伏加德罗常数过大，难以形成具体化的概念 3.摩尔质量与质量、相对分子质量的关系，气体体积与气体摩尔体积的关系，物质的量与物质的量浓度的关系，由于名称相似，可能在理解上混淆不清	从"物质的量"这一名词的来源"amount of substance"能较直观地理解和解释其本质意义。再对应解释"amount"，就能顺利地理解阿伏加德罗常数及其数值 对于易混淆的物理量，从它们的概念出发，引导学生多方面举例应用，即能厘清混淆的缘由，进而透彻理解相关内容。在此过程中体会知识增长的快乐与满足感，建立稳固的基础计算模型

（五）单元学习目标与课时目标

化学计量大单元教学中的初步目标主要涉及四个新物理量的认识。（1）物质的量。物质的量作为化学计算中的核心物理量，对于它的理解程度直接影响其他新物理量的学习；（2）摩尔质量。在理解了物质的量之后，进一步理解摩尔质量，有助于学生掌握物质的量与质量间的深层关联；（3）气体摩尔体积。理解摩尔质量与物质的量后，利用概念迁移的方式能帮助学生学习理解物质的量与气体摩尔体积的内在联系；（4）物质的量浓度。在透彻理解物质的量、摩尔质量、气体摩尔体积后，再利用类比的方式即可顺利地理解物质的量浓度与物质的量的关系。

完成初步目标后，最终要引领学生能综合理解和应用物质的量、摩尔质量、气体摩尔体积、物质的量浓度的计量关系，建立它们之间的计算模型，并能在实验操作中按要求配制一定物质的量浓度的溶液。为完成以上教学目标，主要以真实的生活经验为引导，再渗透相关课堂、书本知识，促进宏观辨识与微观探析、科学探究与创新思维、证据推理与模型认知、科学态度与社会责任学科核心素养的形成。

表 3-3　单元目标与课时教学目标

单元目标	课时	课时教学目标
1.从对数量的认知出发，透彻理解描述一定量微观粒子集合体的物理量：物质的量。并构建出物质的量与数量的转换模型；理解摩尔质量概念，并根据相同粒子质量相同的特点，建立摩尔质量与物质的量之间的计算与应用模型	课时1	1.1 初步理解物质的量的概念，掌握物质的量与数量间的转换关系 1.2 理解摩尔质量的概念，并掌握摩尔质量与物质的量的计算关系
2.由微观层面切入，理解气体体积的影响因素包含温度、压强、分子间距、分子大小；理解在恒温恒压下，气体体积与气体分子数的关系，理解并建立气体摩尔体积与物质的量之间的计算与应用模型	课时2	2.1 分析、理解气体体积的影响因素 2.2 理解气体摩尔体积的概念，并掌握气体摩尔体积与物质的量之间的计算关系
3.综合理解物质的量与物质的量浓度的关系，建立它们之间的计算模型，并应用到一定物质的量浓度溶液的配制	课时3	3.1 理解物质的量浓度的概念，并掌握物质的量浓度与物质的量之间的计算关系 3.2 能设计配制一定物质的量浓度溶液的实验过程
4.认识配制一定物质的量浓度溶液所需要的实验器材；熟悉配制溶液的实验操作过程，并能进行实际操作；避免实验过程中出现错误操作，能对实验误差进行合理分析	课时4	4.1 认识配制一定物质的量浓度溶液的实验器材 4.2 按要求配制一定物质的量浓度溶液

（六）单元活动设计

为了实现学生了解物质的量及其单位的基础目标，以及掌握物质的量与摩尔质量、气体摩尔体积、物质的量浓度之间的计算关系式，熟悉一定物质的量浓度溶液的配制方法和过程。基于单元教学规划，现在对本单元的教学内容作如下规划。

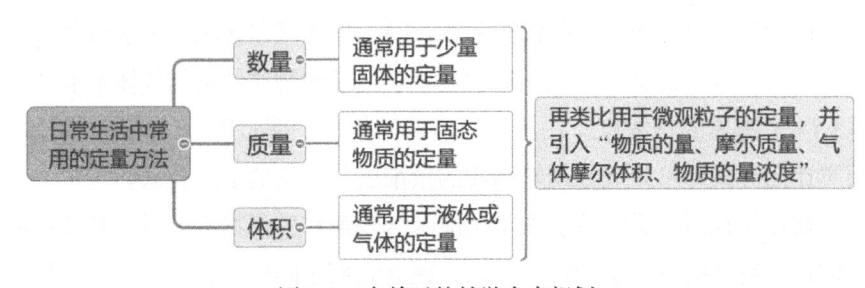

图 3-3　本单元的教学内容规划

根据"物质的量"单元教学活动规划,各课时学习活动设计如下。

课时 1 物质的量及其单位——摩尔

课时1:物质的量及其单位——摩尔

- **任务1:** 列举日常生活中常用的定量方法
  - 总结用于微观粒子的定量方式
- **任务2:** 观察卡车运输苹果的图片,思考如何给苹果计数更合理
  - 总结出大量微观粒子不适用以"个"作单位计量
- **任务3:** 观看阿伏加德罗常数视频,查阅资料解释这个数的来由
  - 透彻理解阿伏加德罗常数,利于物质的量的理解
- **任务4:** 总结数量与物质的量的关系
  - 整理出数量与物质的量的转换计算式
- **任务5:** 分析数量与质量的关系解释摩尔质量的概念
  - 整理出物质的量与摩尔质量的计算关系式

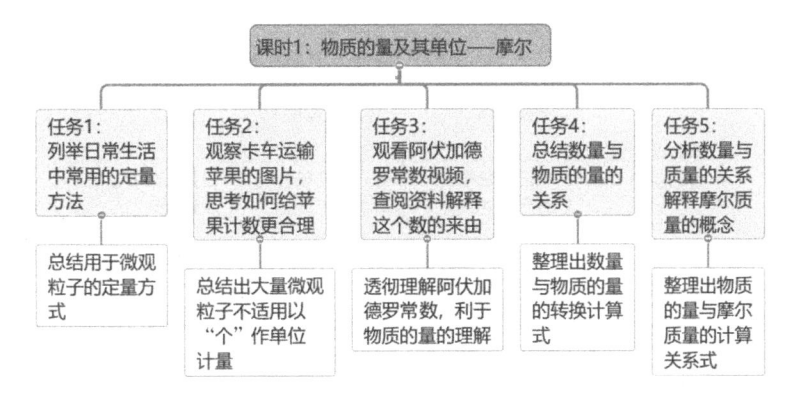

课时 2 气体摩尔体积

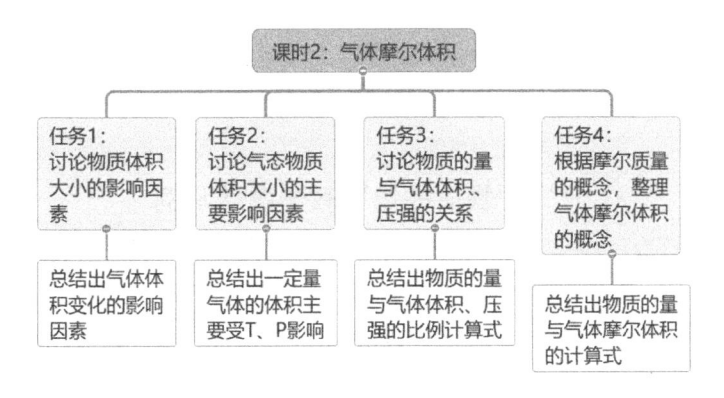

课时2:气体摩尔体积

- **任务1:** 讨论物质体积大小的影响因素
  - 总结出气体体积变化的影响因素
- **任务2:** 讨论气态物质体积大小的主要影响因素
  - 总结出一定量气体的体积主要受T、P影响
- **任务3:** 讨论物质的量与气体体积、压强的关系
  - 总结出物质的量与气体体积、压强的比例计算式
- **任务4:** 根据摩尔质量的概念,整理气体摩尔体积的概念
  - 总结出物质的量与气体摩尔体积的计算式

课时 3 物质的量浓度

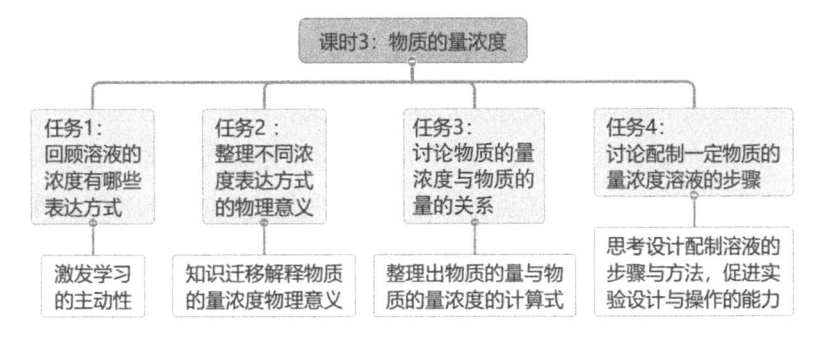

课时3:物质的量浓度

- **任务1:** 回顾溶液的浓度有哪些表达方式
  - 激发学习的主动性
- **任务2:** 整理不同浓度表达方式的物理意义
  - 知识迁移解释物质的量浓度物理意义
- **任务3:** 讨论物质的量浓度与物质的量的关系
  - 整理出物质的量与物质的量浓度的计算式
- **任务4:** 讨论配制一定物质的量浓度溶液的步骤
  - 思考设计配制溶液的步骤与方法,促进实验设计与操作的能力

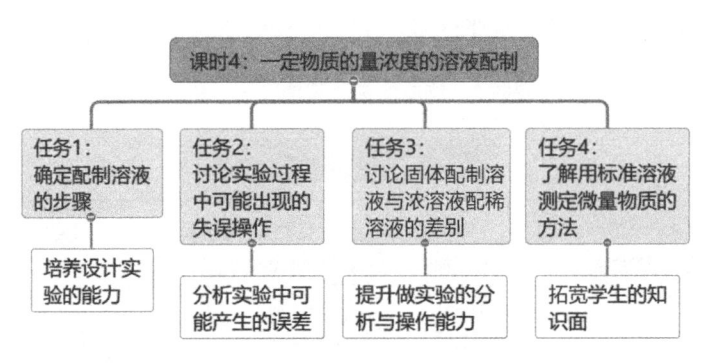

课时 4　实验操作——配制一定物质的量浓度的溶液

```
                    课时4：一定物质的量浓度的溶液配制
        ┌──────────────┬──────────────┬──────────────┬──────────────┐
     任务1：          任务2：          任务3：          任务4：
    确定配制溶液      讨论实验过程     讨论固体配制溶     了解用标准溶液
    的步骤           中可能出现的     液与浓溶液配稀     测定微量物质的
                    失误操作        溶液的差别        方法
        │              │              │              │
    培养设计实        分析实验中可      提升做实验的分     拓宽学生的知
    验的能力         能产生的误差     析与操作能力       识面
```

图 3-4　各课时学习活动设计图示

学习活动的设计，可以将学生从被动听课的角色转变为主动学习积极思考的状态，有助于提升学生的课堂参与度，提高课堂教学的效率和学生学习的效率。问题的设置让学生思考有目标，任务的设置让学生的想法有章可循。在问题驱动、任务引导的辅助下，学生逐步突破知识概念理解上的难点，进而熟练应用所学的新知识内容。

二、"物质的量"教学设计示例

物质的计量在生活中是很常见的活动，以生活实例作引导，利用宏观辨识到微观探析的思维方法，切入微观物质计量的方式：物质的量。熟悉的生活实例作引导，便于学生将抽象概念具体化，进而更容易理解和记忆；关于摩尔质量的学习，利用质量与数量的关系问题，联系证据推理与模型认识的思维，推导出摩尔质量的计算式，再利用计算式解决多个问题，巩固计算式的理解与应用；利用已理解的摩尔质量进行概念迁移，能较容易得出气体摩尔体积的概念，再依据概念推导出相关计算式；根据物质的量浓度的概念分析其物理意义，并总结出对应计算式，实际演算配制一定物质的量浓度的溶液，应用如何量取初始物质的质量或体积；实际操作：按要求配制一定物质的量浓度的溶液，综合利用物质的量的相关计算式，认识配制溶液所需要的器材，熟悉配制过程的操作。

（一）大概念析读

通过大概念教学帮助学生理解化学计量对化学实验、科学研究和工业生产的重要性。引导学生理解物质的量这个概念，通过举例子、做实验和计算等方式帮助学生理解摩尔质量、气体摩尔体积、物质的量浓度的概念，并与物质的量概念进行联系，推导它们与物质的量之间的计算关系。最后，引导学生思考并逐步帮助学生建立起这些概念的整体认知。

（二）课时学习目标

（1）能透彻理解物质的量和摩尔质量的概念，建立物质的量与数量和质量的计算关系，并能熟练应用。

（2）能透彻理解气体摩尔体积的概念，建立物质的量与气体摩尔体积的计算关系，拓展物质的量与气体体积和压强的关系，并能熟练应用。

（3）能透彻理解物质的量浓度的概念，建立物质的量与物质的量浓度的计算关系，并能熟练应用到溶液配制的计算过程中。

（4）能熟练配制一定物质的量浓度的溶液，清楚配制过程中器材的使用方法。能对实验过程中的误差进行定性、定量的分析。

（三）学习重难点

本单元学习中可能存在一些重难点，下面分别进行分析。

◆学习重点

（1）理解物质的量、摩尔质量、气体摩尔体积以及物质的量浓度的概念及其在化学方程式中的应用。

（2）溶液配制过程中器材的规范使用，以及操作时要耐心且细心。

◆学习难点

（1）物质的量、摩尔质量、气体摩尔体积以及物质的量浓度之间的相关计算。

（2）学生可能会困惑于物质的量为什么要以摩尔来表示，以及如何理解和计算物质的量。此外，还有一些特殊情况下的物质的量的概念，如理解化学方程式中的反应物和生成物的物质的量的比例关系等。

（3）学生可能会难以理解摩尔质量是摩尔数量的物质质量与其相同量物质（原子、分子或离子）的个数之比。在计算摩尔质量时，学生可能会犯错误，如误将相对原子质量或相对分子质量当作摩尔质量。

（4）学生可能会难以理解气体摩尔体积与物质的量之间的关系，以及气体摩尔体积与压力、温度等因素之间的关系。特别是对于理想气体的气体摩尔体积的概念，学生可能会有困惑。

（5）学生可能会难以理解物质的量浓度与溶质的物质的量、溶液的体积之间的关系。在计算物质的量浓度时，学生可能会忽略单位体积的溶液中所含物质的物质的量。

（6）配制溶液过程中的误差分析，尤其是仰视和俯视量筒与容量瓶的区别。

（四）教学过程设计

表 3-4　单元大概念与单元大问题

学科大概念 —— 化学计量与生产生活
单元大概念 —— 单元大任务： 高中化学计量物理量：物质的量的理解与应用；物质的量与摩尔质量、气体摩尔体积、物质的量浓度的计算关系的理解与应用。 单元大问题：配制一定物质的量浓度溶液的操作；空气中氮氧化物等污染物的定量测定；食物中防腐剂、亚硝酸盐等添加剂的测定。

表 3-5　第 1 课时　物质的量及其单位——摩尔

教学环节	活动线	问题线	知识线	素养线
环节一：回顾生活中不同的计量方式	活动1：观察苹果在运输过程中，不同环境下的储存方式	问题1：在不同的环境下，应如何计量苹果更合理？	1.质量计量 2.数量计量	从已知条件里获取信息、提取信息的能力，发现化学源于生活
环节二：分析微观粒子的计数方式，初识物质的量	活动2：通过大量苹果的计数方式，类比微观粒子的计数方法；观看阿伏加德罗常数视频，查阅资料分享阿伏加德罗常数的来由，透彻解释阿伏加德罗常数	问题2："个"数与"件"数都能作为苹果的数量吗？同理"摩尔（mol）"数能作为微观粒子的数量单位吗？	1.物质的量与数量的计算关系 $N = n \cdot N_A$	从宏观到微观，进行知识点的类比迁移
环节三：理解物质的量与质量的关系	活动3：通过数量与质量的关系，进而类比物质的量与质量的关系，解释摩尔质量	问题3：解释摩尔质量（M）的概念？整理物质的量与质量的关系	物质的量与质量的计算关系 $M = \dfrac{m}{n}$	依据质量与数量的关系推导出摩尔质量与物质的量的关系。培养证据推理的素养能力
环节四：对物质的量与数量、质量的关系进行巩固和总结	活动4：课堂巩固练习整理总结	问题4：n 与 N_A、M 的关系为问题核心	物质的量是宏观可测的质量与微观粒子的桥梁 $n = \dfrac{N}{N_A} = \dfrac{m}{M}$	综合归纳物质的量与数量和质量的关系，建立物质的量与 N_A、M 的计算模型，训练模型构建，加强模型认识素养

表 3-6　第 2 课时　气体摩尔体积

教学环节	活动线	问题线	知识线	素养线
环节一：复习 n 与 N_A、M 的计量关系	活动1：n 与 N_A、M 简单计算解答	问题1：N_A、M 的概念表述	$n = \dfrac{N}{N_A} = \dfrac{m}{M}$	巩固知识，知识增长变化的同时，平衡好新知与旧知的学习时间，提高学习效率与个人能力
环节二：厘清物质体积的影响因素	活动2：回忆生活现象，厨房中少量水煮开之后水蒸气会很快充满整个厨房	问题2：等质量的气体为什么比液体和固体所占据的体积大？	物质体积大小的影响因素	通过分析、解释生活中常见现象的能力，促进宏观辨识与微观探析的核心素养
环节三：分析气体体积大小的主要影响因素	活动3：液化气瓶如果没有关好，会很快闻到煤气的气味	问题3：气体体积大小的主要影响因素是什么？	在 T、P 一定时，分子数是气体体积的主要影响因素	以控制变量的方式，通过证据结果推导出 T、P、n 是气体的主要影响因素。培养学生证据推理的核心素养
环节四：理解气体摩尔体积的概念	活动4：利用摩尔质量的概念，迁移理解气体摩尔体积的概念	问题4：在 T、P 一定时，n 与 V_m 的计算关系是什么？	$V_m = \dfrac{V}{n}$	以摩尔质量的概念，迁移整理出气体摩尔体积与物质的量的计算式，培养证据推理，建立模型认识的核心素养
环节五：总物质的量与气体摩尔体积的关系	活动5：课堂巩固练习整理总结	问题：n 与 V_m 的计算关系作为问题核心	$n = \dfrac{N}{N_A} = \dfrac{m}{M} = \dfrac{V}{V_m}$	综合建立物质的量与 V_m、N_A、M 的计算模型，促进模型认识核心素养

三、单元教学反思

在本次关于物质的量、摩尔质量、气体摩尔体积和物质的量浓度的教学中，教师采用了多种教学方法和策略，旨在帮助学生深入理解和应用这些概念。以下是本单元教学过程的反思和评估。

（1）教学方法评估：在教学过程中，教师采用了讲解、示例演示、问题解答和实验等多种教学方法。这种多样化的教学方法能够满足不同学生的学习需求，帮助他们更好地理解这些概念。学生们对这种教学方法反应积极，能够在应用和解决问题时灵活运用所学的知识。

（2）学生理解评估：通过小组讨论、练习和考试等方式，教师评估了学生对物质的量、摩尔质量、气体摩尔体积和物质的量浓度的理解能力。大多数学生能够准确理解这些概念，并能够应用到实际问题中。然而，一些学生在计算和单位转换方面存在困难，需要更多的指导和实践机会。

（3）教学资源评估：在本次教学中，教师使用了教科书、幻灯片、实验材料和模拟工具等多种教学资源。在今后教学中还需要引入更多的实验、示范和可视化工具，以增强学生对这些概念的理解和应用。

（4）深化学生应用能力：为了帮助学生更好地应用这些概念，教师设计了一些实际应用情境的练习和问题。通过小组活动、讨论和实验合作，学生能够共同探索和理解这些概念。学生通过实验、测量、计算和单位转换等活动，能够更深入地理解和应用这些概念。在今后教学中还需要更多的实践机会和案例分析，以帮助学生应用这些概念解决更复杂的问题。

（5）提供反馈和指导：有助于学生发现和纠正自己的错误，并进一步提高学习效果。鼓励学生寻求额外的学习资源和辅导，以弥补可能存在的知识缺口。

（6）教学中存在的不足：在课堂练习和课后巩固作业设计方面，不能一味地只是简单题或者偏、难、怪的问题，应选择贴近生活与贴近高考的试题。课堂练习和课后作业在教学中具有多种目的和作用，包括加深理解、提供反馈、培养自主学习能力、复习巩固知识、培养解决问题的能力以及激发兴趣和主动学习。

加深理解：设计课堂练习和课后作业提供了学生巩固和加深对所学知识理解的机会。通过重复练习和应用，学生能够更好地掌握和记忆所学的概念、原理。

提供反馈和评估：课堂练习和课后作业可以帮助教师了解学生的学习进展和理解情况。通过重复练习，学生能够巩固所学的知识，加深记忆，并将其应用到不同的情境中。

培养解决问题的能力：课堂练习和课后作业通常设计有一定挑战性的问题，要求学生运用所学的知识和技能解决问题。

因此，本单元作业设计可以参考以下几点。

表 3-7　单元作业设计目标

类型	作业目标描述
课时 1	能透彻理解物质的量的概念，熟练应用数量与物质的量的转换关系式，将数量与物质的量灵活地相互转换； 理解摩尔质量的概念，能清晰表达物质的量与摩尔质量的计算关系，熟悉各物理量的表达符号和适用的单位及其符号
课时 2	熟练掌握物质体积大小的影响因素，以及气体体积大小的主要影响因素； 拓展物质的量与气体体积、压强的数学关系； 熟练应用物质的量与气体摩尔体积的计算式进行物质的量与气体体积的转换运算
课时 3	透彻理解物质的量浓度的概念，掌握物质的量与物质的量浓度的计算关系式，能综合应用摩尔质量、气体摩尔体积运算配制溶液时所需固态或气态原料的用量； 了解配制溶液需要使用的器材及其操作方法
课时 4	熟悉配制一定物质的量浓度溶液的过程，能分析实验过程中的误差操作及其会对配制结果造成的影响； 提高实验设计与实验仪器操作的能力

在教学评价与学生学习反馈方面也有些思考不足，在以后的教学中，可从以下几个方面对教师的教学以及学生的学习进行评价。

表 3-8　教学评价与学习评价

课时	目标	活动与任务	评价方法
1	1.1 1.2	1.1 1.2 1.3 1.4	诊断学生观察生活的意识，发展学生生活结合知识的能力； 通过观看视频，查阅资料到阿伏加德罗常数的理解分享，能体现出学生收集、整理、表达信息的能力； 从总结数量与物质的量的关系，物质的量与摩尔质量的关系的合理程度，可反映出学生数学计算的基础能力； 摩尔质量概念的理解与表达的准确度能反映出学生的文字综合能力
2	2.1 2.2	2.1 2.2 2.3 2.4	根据讨论物质体积大小的影响有哪些，能反映出学生初中基础知识的熟练程度； 类比分析出气态物质的体积大小的主要影响因素，且如何影响，可以反映出学生知识迁移的能力； 分析出物质的量与体积、压强的关系可以反映出学生知识拓展的能力； 能将摩尔质量的概念类比到气体摩尔体积，且分析出物质的量与气体摩尔体积的计算式，可以反映出学生理解能力与计算能力的逐步成长

续表

课时	目标	活动与任务	评价方法
3	3.1 3.2	3.1 3.2 3.3 3.4	通过列举浓度的表达方式的数量，反映出学生初中基础知识以及生活常识的水平； 解释不同浓度表达方式的物理意义的准确度，反映出学生综合理解和语文表述的能力； 类比讨论出物质的量与物质的量浓度的计算关系的正确性，并应用于实际运算，反映出学生的数学逻辑能力，注意固体原料和液体原料的计算差别，能反映出学生基础计算的熟练程度； 讨论配制溶液的实验步骤，检验步骤的合理性，能反映学生设计实验的能力
4	4.1 4.2	4.1 4.2 4.3 4.4	根据设计的实验步骤及操作，反映学生实验设计与器材操作能力； 通过对固体、液体为原料配制溶液的实验误差分析结果，反映学生分析实验过程与结果的能力

（7）再教设计：通过以上分析，对之前的教学设计可作以下改进。

在教学中增加更多实际应用情境和案例分析，帮助学生将所学概念应用到实际问题中；引入更多实验和模拟工具，加强学生对这些概念的理解。设计更多涉及单位转换和计算的练习和问题，帮助学生提高应用能力。通过这些改进措施，可以进一步提高学生对物质的量、摩尔质量、气体摩尔体积和物质的量浓度的理解和应用能力。

参考文献：

[1] 王晶，毕华林.普通高中教科书化学必修第一册[M].北京：人民教育出版社.2023.

[2] 中华人民共和国教育部制定.普通高中课程标准（2017年版2020年修订）[S].北京：人民教育出版社，2023.

[3] 褚清源，魏书生：教育更像是一场长跑[N].中国教师报，2023-07-12，005.

[4] 苏怡.高中化学教学提质增效策略分析[J].试题与研究，2023（17）：185-187.

[5] 单春晖.STSE教育理念下高校有机化学教学改革探讨[J].化纤与纺织技术，2023，52（6）：222-224.

[6] 黄舒颖.核心素养视域下融入美育的高中化学教学实践[D].2023.漳州：闽南师范大学，MA thesis.

[7]毕越.交互式电子白板在高中化学教学中的应用研究[D].2023.大连：辽宁师范大学，MA thesis.

[8]麦燕宁.基于三重表征指向核心素养的化学教学研究[D].2023.桂林：广西师范大学，MA thesis.

[9]李彬瑞.ARCS动机模型在高中化学教学中的应用研究[D].2023.西宁：青海师范大学，MA thesis.

第四章

铁及其化合物单元设计

铁及其化合物在高中化学物质范畴的学习中具有突出的地位，不仅是氧化还原反应的重要体现，更是化学领域重要的研究和应用对象。本单元的铁及其化合物的内容在学科中占有重要位置。在学习本单元之前，学生已经掌握了钠及其化合物的性质和应用，对金属的冶炼也有一定了解，这为本单元的金属知识打下了坚实的基础。作为高中化学必修一的第三章，本单元不仅帮助学生深入理解氧化还原反应，还将实现知识的实际性应用。

这一单元的学习对于后续的学科学习至关重要。首先，它为学生提供了感性认知的机会，将抽象的化学理论联系到实际应用，帮助学生更好地理解氧化还原反应的基本原理。其次，本单元是学习变价金属性质和应用的入门，为后续学习其他元素及其化合物提供了重要方法和思路。本单元内容与第五章关于非金属及其化合物的学习相呼应，共同构成了学科知识的重要环节。最后，从了解构成常见物质的元素出发，引导学生从化学的角度去认知多样而精彩的世界。当我们深刻理解铁及其化合物的本质时，也能更好地理解世界的运行规律。这些知识不仅在日常生活中有所体现，也将会在学术研究和职业领域发挥重要作用。

一、单元整体设计

本节内容是高中化学人教版（2019版）必修第一册第三章第一节"铁及其化合物"内容，本节课的知识是延续第二章钠元素以及氯元素的主族元素性质探究，展开过渡金属铁元素性质的学习，也是对离子反应和氧化还原反应两大理论的进一步学习。

本节内容是高中元素及其化合物的重点、难点，要掌握铁及其化合物的性质，学习氢氧化物的制备、金属离子的检验方法，强化氧化还原反应的相关概念、原理与本质等。教学要注重方法引导，基于物质类别和元素价态，不仅可以预测物质的性质，还可以设计物质间的转化途径，培养学生证据推理和模型认知、科学探究与创新意识的化学核心素养。

教材内容介绍了人类最早使用的金属铁及其化合物、金属材料等知识。主要包括两部分：①铁单质；②铁的重要化合物，主要是铁的氧化物、氢氧化物、铁盐和亚铁盐。教材按照"铁单质→铁的氧化物→铁的氢氧化物→铁盐和亚铁盐"的顺序编排，并注重与教材第一、二章知识的衔接，突出课程标准中要求的铁的化合物的主要性质与离子反应、氧化还原反应等已学知识的联系与衔接，引导学生主动运用已有知识分析和解决新的问题，并逐步形成较为系统的知识网络。本节教学内容计划分3课时完成。教学重点为铁盐与亚铁盐的性质、转化及检验，教学难点为氢氧化亚铁的制备实验设计、不同价态铁及其化合物转化关系模型的建构。

铁及其化合物广泛存在并应用于生产和生活实际，教师从中发现有助于学生学习、贴近教学实际的素材，从而创设出真实、生动、有意义的教学情境，不仅可以激发学生的学习兴趣，引导学生积极主动地学习，还可以使学生在真实情境中运用知识解决简单的化学问题，促进其学科核心素养的形成。同时铁及其化合物也是课程标准要求学习的典型（副族）金属元素之一。为此，教材还安排了"研究与实践 —— 检验食品中的铁元素""实验活动 —— 铁及其化合物的性质"等栏目。为了进一步认识和掌握铁及其化合物的性质及转化关系，本节内容特地设计了两个专题："铁及其重要化合物"和"检验食品中的铁元素"。

（一）课程标准内容要求

课程标准中关于金属及其化合物的内容要求描述如下。

结合真实情境中的应用实例或通过实验探究，了解铁及其重要化合物的主要性质，了解这些物质在生产、生活中的应用。结合实例认识金属及其化合物的多样性，了解通过化学反应可以探索物质性质、实现物质转化，认识物质及其转化在促进社会文明进步、自然资源综合利用和环境保护中的重要价值。

通过一系列实验 —— 铁及其化合物的性质与应用：补铁剂、实验室中硫酸亚铁的保存与使用、印刷电路板的制作、打印机（或复印机）使用的墨粉中铁的氧化物（利用磁性性质）的组织与实施，从物质类别和元素价态变化的视角诠释物质的转化路径。教学中联系生产和生活实际，创设丰富多样的真实问题情境，充分发挥核心概念对元素化合物学习的指导作用。

（二）单元知识与学科核心素养

"铁及其化合物"位于人教版高中化学教材必修一中第三章"铁金属材料"的第一节，也是《普通高中化学课程标准（2017版）》（以下简称"新课标"）中"主题2：常见的无机物及其应用"的重要内容之一。新课标要求：认识元素可以组成不同种类的物质，根据物质的组成和性质可以对物质进行分类；同类物质具有相似的性质，一定条件下各类物质可以相互转化；认识元素在物质中可以具有不同价态，可以通过氧化还原反应实现含有不同价态同种元素的物质的转化。所以本单元内容有意从物质类别和核心元素价态两个重要视角学习铁及其化合物的性质和应用，并且构建学生的"元素观""价态观""转化观"，为后面学习其他元素化合物做铺垫。

（三）大概念建构

大概念是学科中的核心概念，是基于事实基础抽象出来的深层次的、可迁移的概念。大概念并非化学学科中的某一部分知识的具体概念，它反映的是学科的本质以及核心观点，具有共识性和统领性。

大概念是教育教学中的核心概念，它们起到了统摄性和引领性的作用，帮助学生整合知识，理解学科内的重要原则和关系。大概念是从课程标准、教材和教学经验中获取的，并通常以名词或一个陈述性的句子来表达。在一个完整的教学体系中，大概念的层级包括学科大概念、单元大概念以及课时大概念，每一层都有其独特的角色。

学科大概念

学科大概念是一个学科中的最基本、最通用的概念，它们是构建整个学科的基石。在高中化学中，学科大概念包括原子结构、化学键、化学反应等。这些大概念对于理解化学学科的核心原理和原则至关重要。学科大概念通常可以从课程标准中的学科范畴和核心要点中获得。

单元大概念

单元大概念是在特定学科中的单元或主题中具有统摄性的概念。在高中化学的"铁及其化合物"单元中，单元大概念可能包括"氧化还原反应""金属性质"等。这些概念是学生在该单元中需要理解和掌握的核心内容，它们是学习目标的关键组成部分。

课时大概念

课时大概念是在单元大概念的基础上进一步细化和引导学生学习的概念。在每个单元中，可能包括多个课时，每个课时都有其独特的重点。

本单元教学设计的大概念是依据《普通高中化学课程标准》（2017年版2020年修订），从化学学科核心素养出发，在明确本单元学习目标的基础上提炼出来的。

表 4-1 "铁及其化合物"部分大概念层级

学科大概念	单元大概念	课时大概念
元素化合物	氧化还原和复分解反应原理在化学学习中的应用，建构价类模型	Ⅰ.建构铁及其化合物的价类二维图 Ⅱ.实验室制备硫酸亚铁 Ⅲ.铁及其化合物的应用

因此，大概念的建构是一个从学科范畴到单元再到具体课时的逐层递进的过程。它们有助于教师更好地组织课程，确保学生在学习过程中理解关键概念和原则，培养跨学科思维，促进综合素养的发展。在"铁及其化合物"单元中，教师将依托这些大概念来引导学生深入理解铁元素及其化合物的重要性质和应用，帮助他们建立坚实的化学基础。

（四）学情分析

高一学生在知识储备上，经过初中化学的学习已经具备部分铁及其化合物的知识，但零散的知识并没有具体化、结构化形成学习物质性质的一般认知模型。高中在学习"铁及其化合物"之前，学生已经掌握物质分类、氧化还原反应、离子反应等核心概念，这为学习元素化合物打下基础。并且学生已经学习了金属钠等元素的性质，但大多只能从物质类别的角度去认识物质的性质。在实验探究上，学生也已经具备一定的实验操作基本能力，同时也掌握探究实验的一般方法，能够自主设计方案、实施、分析、讨论，最后解决问题。

（五）单元学习目标与课时目标

表 4-2 "铁及其化合物"部分单元学习目标与课时学习目标

单元学习目标		课时学习目标
了解铁及其化合物的物理性质和化学性质；建构铁及其化合物的价类二维思维模型；从反应角度——复分解反应、氧化还原反应原理分析铁及其化合物的相互转化；运用模型、关系图解释化学问题；在制备FeSO$_4$、检验FeSO$_4$、补铁剂与茶水、维生素C的创新实验中体会科学探究的基本思路和方法；了解铁及其化合物的重要应用，知道铁元素与人体的关系，感受化学的学科价值，建构学科价值观	第1课时	1.1 能够从元素化合价、物质类别两个角度对铁及其化合物进行分类 1.2 能够从复分解反应、氧化还原反应原理来预测铁及其化合物的化学性质，了解铁及其化合物的相互转化过程 1.3 初步建构铁及其化合物的价类二维分析模型
	第2课时	2.1 根据价类二维分析模型来预测 Fe^{3+} 和 Fe^{2+} 的化学性质，了解 Fe^{3+} 和 Fe^{2+} 相互转化所需条件 2.2 在制备 FeSO$_4$ 的实验探究中体会科学探究的基本思路和方法，形成科学探究的基本思维程序 2.3 利用价类二维模型归纳物质性质预测、实验制备的一般思路，建构研究物质性质的思维模型
	第3课时	3.1 能利用价类二维分析模型来解决补铁剂的真实问题 3.2 通过补铁剂与浓茶水、维生素C的创新性实验探究，培养创新意识，感受 Fe^{3+} 和 Fe^{2+} 相互转化的真实过程 3.3 通过解决补铁剂的真实问题，知道铁元素与人体的紧密联系，感受化学的真实价值，建构化学价值观

这些学习目标强调了学科知识的掌握，同时也突出了培养学生的科学素养、环境素养和社会参与素养。这将有助于学生全面理解金属及其化合物性质与化学反应的关系，化学与可持续发展之间的关系，并鼓励他们积极应用化学知识解决问题。

（六）单元活动设计

课时活动设计是在遵循单元活动设计的前提下进行教学目标的细化，为方便确定每一节课的内容，就需要先从宏观角度对单元进行整体的设计，以下表格即是该单元教学设计的总体框架。

表 4-3 "铁及其化合物"单元教学设计总体框架

阶段	学生活动	活动预期	认知目标
第一阶段：建构铁及其化合物的价类二维图	回顾初中所学过的铁及其化合物性质，讨论初步画出铁及其化合物的价类二维图，通过复分解反应、氧化还原反应原理分析铁及其化合物的转化，优化价类二维图	初步建构形成铁及其化合物的价类二维图，并逐渐优化该模型	培养学生的宏观辨识与微观探析、证据推理与模型认知的能力
第二阶段：实验室制备补铁剂，总结实验室制备硫酸亚铁的方法	预测硫酸亚铁的性质，设计制备方案，并优化制备方案	通过实验探究价类二维图模型，形成研究物质性质的思路和方法	培养学生证据推理与模型认知的能力，形成科学探究和创新意识
第三阶段：铁及其化合物的应用	如何正确服用补铁剂，归纳研究物质性质的基本思路和方法	将价类二维图模型应用于解决真实问题，在真实问题的解决中获得化学学习的关键能力	培养学生证据推理与模型认知的能力，形成科学探究和创新意识，培养学生的科学态度和社会价值

二、"铁及其重要化合物"教学设计示例

本节内容特地设计了两个专题："铁及其重要化合物"和"检验食品中的铁元素"。第1课时在引导学生复习、拓展已学知识的基础上，从氧化还原反应及离子反应的视角，提升对铁及其化合物知识的认识，强化铁元素不同价态之间的转化关系，发展"宏观辨识与微观探析"的学科核心素养。一方面通过宏观的实验现象帮助学生辨识铁单质、铁盐和亚铁盐的性质；另一方面，引导学生应用氧化还原反应的知识，基于实验证据建构对以铁为例的变价元素的物质间的转化关系。第1课时

的教学重点是利用化学实验探究铁单质与硝酸、硫酸的反应，Fe^{3+}的氧化性及检验、Fe^{2+}的氧化性和还原性，难点是从物质类别和元素化合价的视角建构铁及其化合物的学习方法。

（一）大概念析读

本课时的大概念是"铁及其性质"，它是第三章"铁及其化合物"单元的核心概念之一。这一概念旨在教导学生了解关于铁元素的物理和化学性质。完成"铁及其化合物"大概念教学，需要基于真实情境，结合复分解反应和氧化还原原理，从原子结构、物质类别和元素价态的视角认识物质的转化关系，初步建立研究物质化学性质的认知模型，在此基础上再认识铁与非金属单质的反应，铁与水蒸气的反应。为后续课时的学习提供坚实基础。本课时主要完成以下教学内容，最终达成课时大概念，指向单元大概念。

（1）根据铁的结构和常见铁的化合物，画出铁及其化合物的价类二维坐标图。

（2）回顾复分解反应条件和氧化还原反应的原理，预测铁及其化合物的转化关系。

（3）通过实验探究完善价类二维模型。

（二）课时学习目标

（1）从分类的角度认知含铁物质化学性质，巩固分类观。

（2）通过不同价态含铁的转化，认知含铁物质的化学性质，建构二维认知模型。

（3）初步学会认知物质化学性质的基本思维程序对物质性质进行预测并应用反应理论加以分析。

（4）通过分类研究、性质预测、实验验证、分析总结等探究过程体会科学的学习方法，形成思维和学习的有序性。培养求真务实、敢于质疑、勇于探究、积极解决问题的科学精神。

（三）学习重难点

◆学习重点

利用科学的研究物质性质的基本思维方法学习含铁物质的化学性质。

◆学习难点

含铁物质价态转化的方法。

（四）教学框架

第1课时　铁及其氧化物的性质

- 活动一：回顾初中铁的相关性质
- 活动二：根据铁的结构和常见铁的化合物，画出铁及其化合物的价类二维坐标图
- 活动三：回顾复分解反应条件和氧化还原原理，预测铁及其化合物的转化关系
- 活动四：完善价类二维模型

第2课时　Fe^{3+}和Fe^{2+}的检验

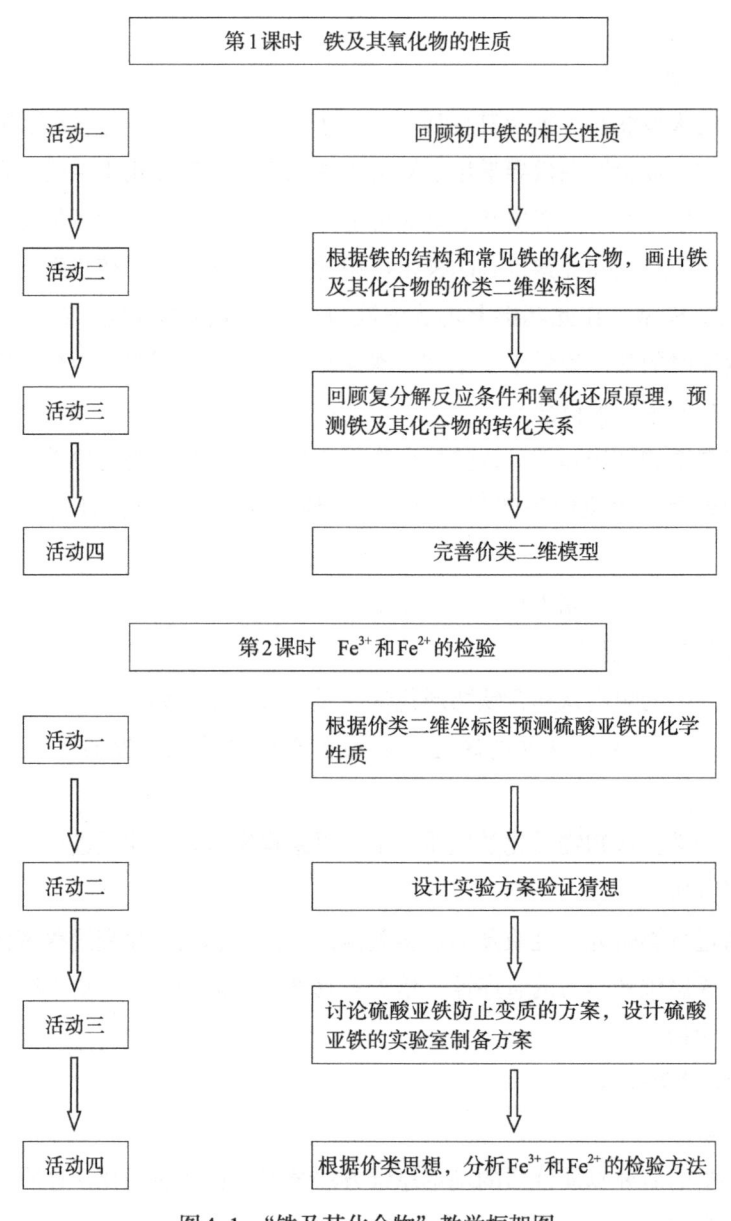

- 活动一：根据价类二维坐标图预测硫酸亚铁的化学性质
- 活动二：设计实验方案验证猜想
- 活动三：讨论硫酸亚铁防止变质的方案，设计硫酸亚铁的实验室制备方案
- 活动四：根据价类思想，分析Fe^{3+}和Fe^{2+}的检验方法

图4-1　"铁及其化合物"教学框架图

（五）教学过程设计

表 4-4　第 1 课时　铁及其氧化物

任务线	问题线	知识线	活动线	素养线
回顾初中铁及其氧化物的性质	铁锅炒菜能补铁吗，铁锅中的铁以怎样的方式进入人体，并经历了怎样的变化	从金属原子结构特征、氧化还原的视角重新认识铁单质的性质	写出初中学习的铁的相关化学反应方程式，并用双线桥表示	宏观辨识与微观探析
初步形成价类二维图分析模型	能从哪些角度对铁及其化合物分类	从化合价、物质类别两个角度对铁及其化合物分类	画出价类二维图	证据推理与模型认知
初步应用价类二维图分析铁及其化合物的性质	从复分解反应和氧化还原反应原理预测铁及其氧化物的化学性质	借助价类二维图模型，从复分解反应和氧化还原反应的原理形成元素及其化合物性质的学习方法	回顾复分解反应的条件和氧化还原反应的原理，在二维图中画出铁及其化合物的转化关系	证据推理与模型认知

表 4-5　第 2 课时　Fe^{3+} 和 Fe^{2+} 的检验

任务线	问题线	知识线	活动线	素养线
探究补铁剂中的铁元素	预测硫酸亚铁的化学性质，并说明理由	学习硫酸亚铁的性质	根据价类二维图预测硫酸亚铁的性质	宏观辨识与微观探析
实验室制备硫酸亚铁	设计实验方案验证对硫酸亚铁性质的预测	从化合价、物质类别两个角度学习硫酸亚铁的性质	设计硫酸亚铁的实验室制备方案，画出实验流程图	证据推理与模型认知，科学探究与创新意识
应用价类二维图分析 Fe^{2+} 的性质	从复分解反应和氧化还原反应原理预测 Fe^{2+} 的化学性质	借助价类二维图模型，从复分解反应和氧化还原反应的原理形成 Fe^{2+} 的学习方法	设计 Fe^{2+} 检验方案	证据推理与模型认知，科学探究与创新意识
应用价类二维图分析 Fe^{3+} 的性质	从复分解反应和氧化还原反应原理预测 Fe^{3+} 的化学性质	借助价类二维图模型，从复分解反应和氧化还原反应的原理形成 Fe^{3+} 的学习方法	设计 Fe^{3+} 检验方案	证据推理与模型认知，科学探究与创新意识

三、单元教学反思

主要亮点：教育家帕尔默指出，世界上只有一种诚实的方法可以用来精准地评价多元化的优质教学，就是身临其境。因此在教学过程中使用的情境真实度越高越能激发学生学习的兴趣，并积极主动参与到教学活动中。本单元教学从生活中常见的"补铁"问题出发，借助层层递进的问题线和活动线的设置，引导学生在问题解决中实现深度学习和知识的结构化，并发展学生的化学学科核心素养。因此在本单元教学中将教材中的演示实验设计为探究性实验，如"补铁剂中铁的检验""补铁剂与维C同服"等，在实验探究中帮助学生理解和掌握化学知识。

存在不足：虽然本节的教学大体完成，但仍有不足需要改进的地方。老师作为新课程的主导者，应该将课堂时间充分还给学生，在今后的教学中还应该多给学生表达与总结的机会。在本节课中，教学目标基本达成，但存在对时间安排不当，课堂练习内容较少等问题，部分知识点只是进行了讲解，未及时进行练习，同时，在讲解过程中，存在知识点的遗漏现象以及表述不当的情况。教师应合理安排好时间，及时做到讲完每个知识点后，让学生及时得到巩固；同时，要加强备课，让每个知识点熟记于心，不漏讲、不错讲，并能以学生能听懂的方式表达出来。

再教设计：

（1）个性化支持：针对学生的不同水平，设计一些扩展性的学习材料和任务，让高水平学生有更多挑战，提供额外的辅导和支持给需要帮助的学生。

（2）多样化评价：设计多种形式的学习测评，包括项目作业、小组讨论、口头报告等，以满足不同学生的学习需求和评价方式。

（3）运用数字化实验帮助学生从定性和定量两个角度展开学习。

这些再教设计的措施有助于进一步提升教学质量，促进学生更全面的学习和发展。

参考文献：

[1] 王祖浩主编.普通高中课程标准实验教科书·化学2[M].南京：江苏教育出版社，2007.

[2] 王晶，毕华林.普通高中教科书化学必修第一册[M].北京：人民教育出版社，2023.

[3] 中华人民共和国教育部制定.普通高中课程标准（2017年版2020年修订）[S].北京：人民教育出版社，2023.

[4]张雪莲.浅谈如何在高中化学实验教学中渗入绿色化学理念[J].现代阅读（教育版），2014，（5）.

[5]丁樱.基于认知发展理论构建"物质的量"单元教学策略[J].化学教育，2016，37（5）：5-8.

[6]陈寅，宋蕊.基于发展学生学科核心素养的化学单元教学设计——以"晶体的结构与性质"为例[J].化学教学，2020（1）：31-36.

[7]徐宾.高中化学必修模块教学的基本策略[J].中学化学教学参考，2007，（10）：12-13.

[8]张逵.中学生化学思维障碍的形成及矫正策略[J].中学化学教学参考，2007，（10）：28-30.

[9]上官庆景，阮雪丹，基于元素化合物认识模型的单元教学设计实践探索——以"铁及其化合物"单元教学为例[J].化学教育（中英文），2021，42（19）：69-74.

第五章

物质结构 元素周期律 单元设计

物质结构、元素周期表和元素周期律构成了高中化学教育的核心，也是学科中不可或缺的基础理论。初中阶段已经涵盖了原子结构、分子形成，以及氢、氧、碳、铁等元素及其化合物的知识。此外，在必修一教材的前几单元还对钠、氯、铁等元素及其化合物进行了介绍，为学生在本单元中深入了解物质的微观结构和反应性质打下了坚实基础。通过本单元的学习，学生将进一步扩展、概括和整合已有知识，以理论、实践的视角更深入地认识物质的性质和化学反应的本质，实现从宏观到微观、从感性到理性的认知提升。掌握元素周期表、原子结构和元素周期律（位、构、性）的知识，将为学生在未来的学习中深入探索元素化合物及化学反应原理提供坚实的理论基础。

一、单元整体设计

本单元教学内容是人教版高中化学必修第一册第四章"物质结构 元素周期律"，此单元分为三个部分来学习。教材内容包括原子结构与元素周期表、元素周期律和化学键三个方面。

首先，让我们来关注这个单元的知识维度。在学习过程中，学生从联系初中所学知识——原子结构、原子序数、简单的核外电子排布入手，近距离感受化学在生活中的广泛应用，逐步提高学生对物质结构的基本概念和原理，原子结构、核外电子排布和分子结构知识的认识，以及它们与物质的性质之间的关系。通过探索原子的组成、分子的构成以及化学键的形成，深入了解物质的微观结构，在此基础上探索元素周期律的奥秘。而元素周期表又是一个重要的工具，用于组织和分类各种元素。通过学习元素周期律，了解元素的周期性规律和趋势，通过研究元素的原子半径、离子半径、电负性等性质，理解它们对元素的性质和反应性的影响。

除了知识维度，这个单元还注重培养学生的技能。在学习过程中，学生将进行实验和观察，以探索物质结构和元素周期律的现象。学生还将学习使用科学仪器和实验技术，进行定量和定性的化学分析。教师将通过引导学生实践，培养学生的实验技能，提高观察和推理能力，学会运用科学方法解决问题。

此外，学习物质结构和元素周期律还涉及情感维度。通过对物质世界的认知和探索，教师将培养学生对科学的兴趣和热爱，激发学生对科学事业的向往。引导学生发现自然界的无穷魅力，同时也将认识到科学与人类生活的密切关系。这将有助于培养学生积极向上的情感，增强其对学习的投入和坚持。

总而言之，该部分知识内容从结构与性质的关系解决化学学科问题和实际问题，充分反映了"结构决定性质，性质反映结构"的核心思想，是宏观辨识与微观探析思维方式的具体体现。通过学习这个单元，学生将更好地理解物质世界的奥秘，更深入地认识到科学的重要性和科学之美。能够积极主动地投入学习，发现学习的乐趣，并将所学知识应用于实际生活中，为构建美好未来做出贡献。

（一）单元知识与学科核心素养

本单元围绕"位、构、性"这一大概念，在必修课程中，本单元教材知识以原子结构知识为基础，通过微观粒子结构和微观粒子间相互作用两条线索，遵循从简单到复杂、从熟悉到不熟悉的原则，按照"结构—位置—性质（规律）"的顺序来设计学习流程，搭建体系结构框架，如下图所示。

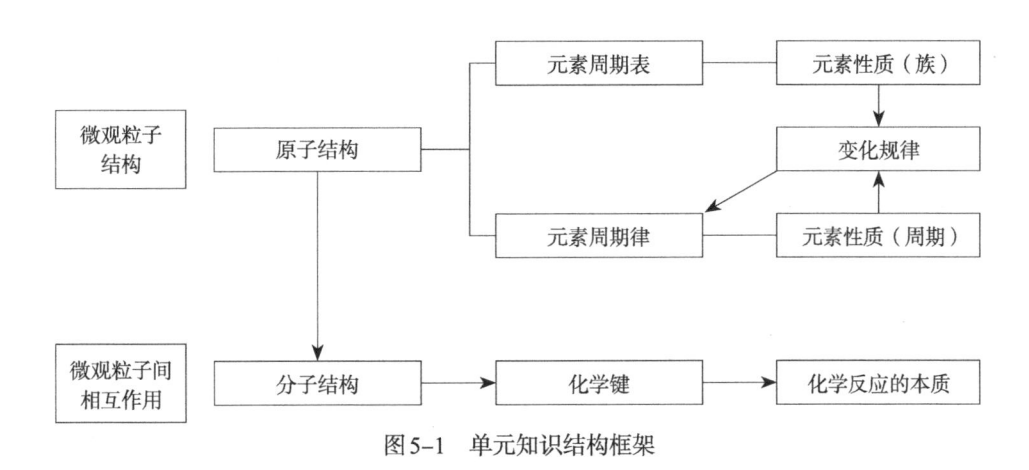

图 5-1　单元知识结构框架

图 5-2　结构—位置—性质规律

本单元的主题是物质结构与元素周期律，主要选取了"微观粒子结构""微观粒子间相互作用"两个角度阐述"位、构、性"这个单元大概念。在内容的选取和实际教学中，都充分体现了化学学科核心素养。高中化学课程标准对"物质结构 元素周期律"单元的要求如下：

（1）认识原子结构、元素性质及元素在周期表中位置的关系。知道元素、核素的含义，了解原子核外电子排布。

（2）知道元素周期表的结构，以第三周期的钠、镁、铝、硅、硫、氯及碱金属和卤族元素为例，了解同周期和主族元素性质的递变规律。体会元素周期律（表）在学习元素及其化合物知识与科学研究中的重要作用。

（3）结合有关数据和实验事实认识原子结构、元素性质是呈周期性变化的规律，构建元素周期律。

（4）认识构成物质的微粒之间存在作用，结合典型实例认识离子键和共价键的形成，建立化学键概念。

（5）知道分子存在一定的空间结构。

（6）认识化学键的断裂和形成是化学反应中物质变化的实质及能量变化的主要原因。学生应掌握物质的微观结构和宏观性质之间的关系，了解原子、分子和离子的组成及它们的特性。

（7）学生必做实验：同周期、同主族元素性质的递变规律。

（二）大概念建构

本单元教学设计的大概念是依据《普通高中化学课程标准》（2017年版2020年修订），从化学学科核心素养出发，在明确本章学习目标的基础上提炼出来的。

（1）"构"——物质结构理论：本单元将从原子和分子的角度介绍物质的基本结构。学生应了解物质的微观结构是由原子和分子组成的，不同组成和排列方式导致其宏观性质的差异。学生应理解原子的核外电子排布和轨道结构，以及分子和离子的组成和键合方式。

（2）"位"——元素周期表：学生将深入研究元素周期表，探索元素的组织方式、周期性规律和元素之间的关系。他们将理解元素周期表如何有助于组织化学知识，并为预测元素性质提供依据。

（3）"性"——元素周期律：本单元还将引导学生了解元素周期律，包括元素周期性规律和元素的性质如何随周期和族别的变化而变化。学生将学习如何使用元素周期表和周期律来解释元素的行为和性质。

表 5-1 "物质结构 元素周期律"部分大概念层级

学科大概念	单元大概念	课时大概念
结构和性质的相互影响及体现	围绕如何建立"位、构、性"三者之间的联系以及运用这个大概念预测和解释元素的性质 微观粒子的相互作用	1.微观粒子结构——原子结构 2."位、构"——元素周期表，核素 3."位、构、性"——以碱金属元素、卤素、第三周期元素为例研究元素性质和原子结构的关系 4.元素周期表和元素周期律的应用 5.微观粒子的相互作用——分子结构（化学键）

"物质结构 元素周期律"这部分教材内容包含的化学史实多，理论性强，学生感受本部分内容较为抽象，记忆压力大。然而原子结构模型又是化学学科的重要模型之一，具有极强的应用和迁移价值，通过原子结构模型搭建的元素周期表是化学学习的一种重要工具，对学生在元素化合物的学习中起到重要的指导作用。通过大单元整体教学设计，围绕着"宏观辨识与微观探析""变化观念与平衡思想""证据推理和模型认知""科学探究与创新意识""科学态度与社会责任"五个维度重构教学内容，在素养为本的导向下设计单元教学。

（三）学情分析

学情分析是教学设计的重要一环，有助于根据学生的特点和需求来调整教学方法和内容。以下是关于"物质结构 元素周期律"单元的学情分析。

学生特点：学生通常在高中阶段接触本单元知识，在此之前，他们已经学习了初中化学的基本概念，包括原子结构和化合物的形成。他们对化学已有一定的兴趣和认知，但需要更深入地理解和扩展知识。

先前知识：学生已经学习了原子结构、分子形成和一些元素的性质。这些知识为本单元的学习提供了基础，但需要进一步拓展和深化。

学习目标：学生需要理解物质的微观结构，包括原子和分子的组成以及化学键的形成。他们还需要掌握元素周期表的基本结构和元素周期律的规律，以便解释元素的性质。

学习风格：学生的学习风格各异，包括视觉型、听觉型和动手型学习者。因此，教学方法应多样化，包括图示、讲解、实验和小组讨论等，以满足不同学生的需求。

兴趣和动机：激发学生对化学的兴趣和动机是教学的关键。将课程内容与实际应用联系起来，展示化学的现实意义，可以增加学生的积极性。

挑战和难点：对于一些学生来说，物质结构和元素周期表的抽象性可能构成挑战。教师需要提供具体的例子和视觉辅助材料，以帮助学生理解抽象概念。

基于上述学情分析，教学设计应注重以下几点。

提供清晰的示例和图示，以帮助学生可视化抽象概念。引导学生通过实验和观察来巩固理论知识，培养实验和观察能力。鼓励学生参与小组讨论和合作项目，以促进彼此之间的学习和交流。确保教材和课程内容贴近学生的生活和兴趣，以增加他们的学科兴趣。通过充分了解学生的特点和需求，教师可以更好地满足他们的学习需求，提高教学效果。

（四）单元学习目标与课时目标

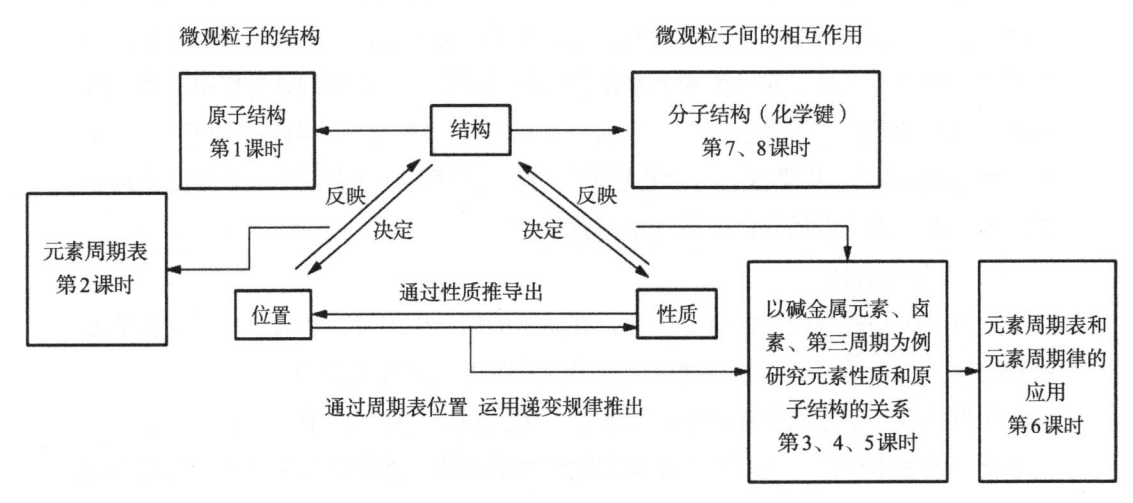

图 5-3 单元课时安排

表 5-2 单元学习目标与课时学习目标

单元学习目标		课时学习目标
建立原子结构与元素性质、元素性质与物质性质的关系，能从微观结构上说明同类物质的相似性和不同物质之间性质差异的原因，能解释同类物质的性质变化规律；构建"位、构、性"的关系模型，从物质"价—类"二维结构模型发展到"物质的性质—氧化性和还原性—相似性和递变性"的元素与物质的三维结构模型；形成探究元素性质递变规律、比较物质性质的思路方法，发展物质分离提纯实验的设计与实施的能力，提高在理论的基础上对物质、元素的性质预测和对事实的概括和描述的能力	第 1 课时	1.深入了解原子结构，知道原子的结构及构成原子的微粒间的关系 2.通过分析原子核外电子的排布规律，能画出 1～20 号元素的原子结构示意图 3.了解预测、假设、模型等方法在科学家研究原子结构中的作用 4.根据最外层电子数排布将原子的得失电子能力与化合价建立起联系，形成关系构架
	第 2 课时	1.通过了解元素周期表的结构，认识原子结构与元素在周期表中位置间的关系 2.了解元素周期表的结构以及周期和族的概念，联系原子结构，知道元素在元素周期表中相应位置的原因 3.知道质量数和核素符号的含义，知道元素、核素、同位素的含义
	第 3、4、5 课时	1.结合有关数据和实验事实认识原子核外电子排布、元素最高化合价和最低化合价、原子半径等随元素原子序数递增而呈周期性变化的规律 2.以第三周期元素为例，认识同周期元素的金属性、非金属性等随元素原子序数递增而呈周期性变化的规律，建构元素周期律 3.学会运用原子结构的理论初步解释递变规律；通过第三周期元素的性质分析，培养实验探究能力并学会用理论解释现象
	第 6 课时	1.基于元素"位置—结构—性质"认识元素性质，基于物质"结构—性质—用途"认识物质性质，基于元素性质递变的本质原因认识物质世界 2.通过探究认识同主族元素性质的递变规律，能用原子结构了解 IA 族和 VIIA 族元素的某些性质和用途
	第 7、8 课时	1.以典型物质为例认识离子键和共价键的形成，建立化学键的概念 2.能用电子式对离子键和共价键进行表征。能描述和表示化学键理论模型，指出模型表示的含义，并用模型解释和推测物质的组成、结构、性质及变化 3.能从宏观现象及化学键等不同角度对物质进行分类；能对典型物质的微粒间相互作用进行分析，能从物质的构成微粒及相互作用角度说明物质性质的共性、差异及其原因，解释同类物质性质变化的规律 4.知道分子存在一定的空间结构。认识化学键的断裂和形成是化学反应中物质变化的实质及能量变化的主要原因

（五）单元活动设计

课时活动设计是在遵循单元活动设计的前提下进行教学目标的细化，为方便确定每一节课的内容就需要先从宏观角度对单元进行整体的设计，表5-3即该单元教学设计的总体框架。

根据单元教学目标的要求，采用模型建构的方式，以认知模型的构建和发展为主线，逐渐从微观到宏观、从纵向到横向将知识内容以认知模型的方式表现出来，设计单元教学活动如下。

表 5-3　单元教学活动设计

阶段	学生活动	活动预期	认知目标
第一阶段：原子"结构—性质"的关系	深入了解原子结构及其电子的排布规律	分析微观结构对元素性质的影响	建立原子结构与元素性质（元素得失电子能力）的关系；通过分析原子核外电子的排布规律，能画出1~20号元素的原子结构示意图
第二阶段：初探元素周期律，认识元素周期表	寻找原子间的结构与性质的变化规律，预测并认识元素周期表	通过了解元素周期表的结构，认识原子结构与元素在周期表中位置间的关系。	建立"位、构、性"认知模型
第三阶段：元素周期表与元素性质特点	从物质角度，分析对比第IA族和第VIIA族元素原子性质的相似性和递变性	从原子结构分析同主族元素性质的递变规律	建立原子结构—物质性质—元素性质（递变性、相似性）的关系
第四阶段：元素周期表的递变规律	从物质角度，分析比较第三周期元素原子递变规律	从原子结构和同周期元素性质的递变规律构建元素周期律	建立原子结构—物质性质—元素性质（递变性）的关系
第五阶段：元素与物质世界的联系	预测过渡IA族、VIIA族及其化合物的性质	从元素递变规律角度分析元素与物质的性质关系	建立原子结构—元素周期表的位置—元素性质—物质性质的整体认知模型
第六阶段：微观粒子间相互作用——化学键	以典型物质为例认识离子键和共价键的形成	理解离子键的形成过程，掌握共价键的形成条件，电子式的书写	从微观粒子间相互作用的视角，认识化学反应的本质

二、"元素周期表"教学设计示例

（一）大概念析读

本主题大概念为"微观粒子结构——原子结构和元素周期表"，对应的课程标准为：知道元素的含义，了解原子结构、核外电子排布规律、元素周期表的发展史和排布规律，以ⅠA、ⅦA族元素为例，通过探究认识同主族元素性质的递变规律并能用原子结构理论初步加以解释，初步构建"位、构、性"关系模型，培养宏观辨识与微观探析的素养能力。根据学习内容和课堂容量，本主题的学习需要2课时，第1课时为"原子结构"；第2课时为"元素周期表"。

（二）课时学习目标

（1）深入了解原子结构，知道原子的结构及构成原子的微粒间的关系；通过分析原子核外电子的排布规律，能画出1~20号元素的原子结构示意图；了解预测、假设、模型等方法在科学家研究原子结构中的作用；

（2）通过对元素进行分类并寻找元素间的联系，进行排序，体会分类依据从宏观到微观、由表面到本质的过程，认识分类方法的重要性。

（3）通过给元素排序，体会全面收集信息、综合应用信息的重要意义。

（4）通过了解元素周期表的发展历史，体会科学家追求真理不懈努力的精神。

（5）通过元素周期表的深入认识，建立"位置—结构"两者关系的认知模型。

（6）知道质量数和核素符号的含义，知道元素、核素、同位素的含义。

（三）学习重难点

◆学习重点

（1）周期表的排列规则与原子结构的关系；

（2）周期表的结构；

（3）分类方法的应用；

（4）元素在元素周期表中的位置及其性质的递变规律。

◆学习难点

"位置—结构"模型的建构与应用。

（四）教学框架

本节课从元素周期表的发展历程引入课堂，引导学生发散思维，从尽可能多的维度排布已知元素。通过比较门捷列夫的第一张周期表和现行周期表，发现利用原子结构的特点作为元素周期表的排布依据更加科学合理，能将微观原子的结构和宏观元素的排布位置较好结合起来，继而进一步细化对元素周期表的认知，了解周期、族等概念。

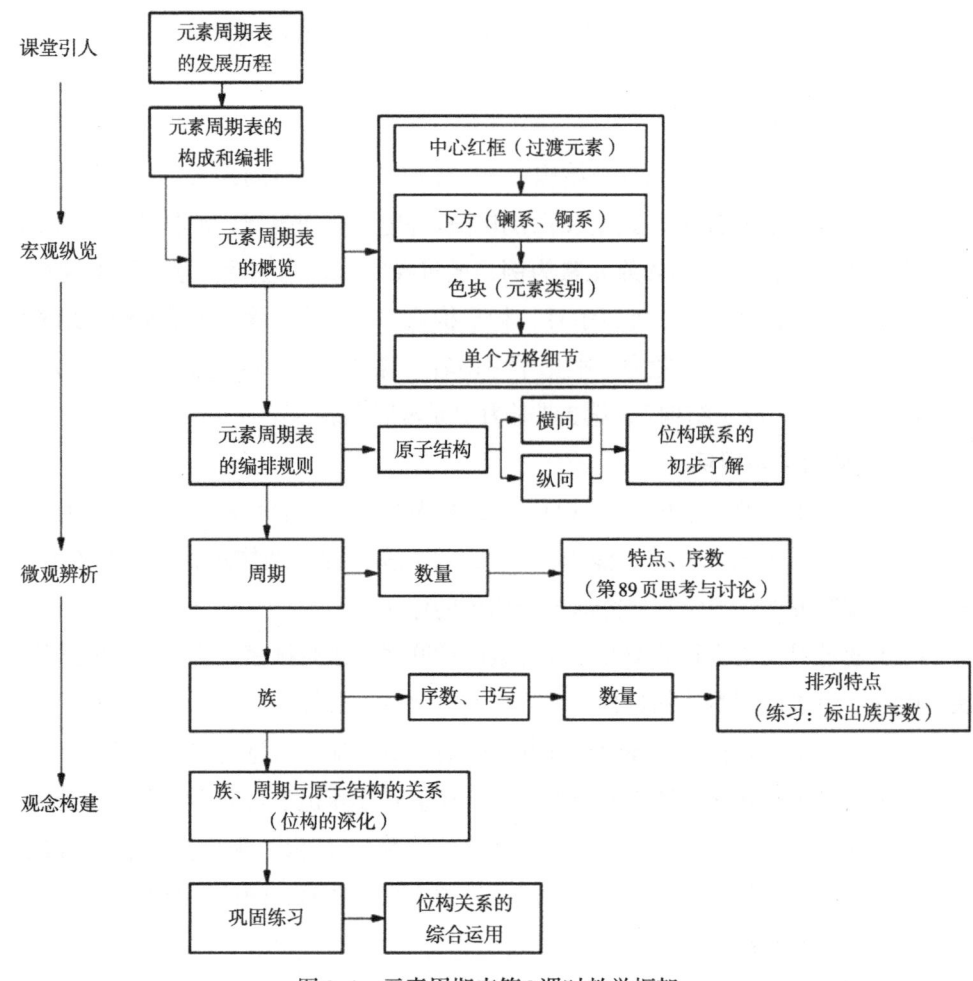

图 5-4　元素周期表第 2 课时教学框架

（五）教学过程设计

表 5-4　第 1 课时 "原子结构" 教学设计

教学环节	活动线	问题线	知识线	素养线
环节一：通过学习科学史话，了解原子结构模型演变	根据原子结构模型的发展史初步认识原子的内部结构、稀有气体元素原子核外电子排布规律	原子是由什么组成的？如何表示一个元素的原子结构？	了解预测、假设、模型等方法在科学家研究原子结构中的作用。初步认识原子结构	体会科学研究的艰辛和伟大，更要体会科学家们不懈努力的科学精神，培养学生的科学态度与社会责任感

续表

教学环节	活动线	问题线	知识线	素养线
环节二：深入了解原子结构	根据数据分析构成原子的微观粒子间的关系	1.在原子中各微粒数量关系是什么？ 2.原子的质量主要由谁决定？ 3.电子的运动特征是怎样的？	深入了解原子结构，总结构成原子的微观粒子间的关系	培养数据分析的能力，形成证据推理与模型认知的学科核心素养
环节三：区分元素、核素和同位素	通过完成元素、核素、同位素表格，区分并理解元素、核素、同位素含义	1.氕、氘、氚的原子结构有何异同？它们是同种元素吗？ 2.原子是如何分类的？	知道质量数和相对原子质量的含义，知道元素、核素、同位素的含义	培养信息分析的能力，形成证据推理与模型认知的学科核心素养
环节四：发现并应用原子核外电子排布的规律分析原子结构对化学性质的影响	思考、讨论分析稀有气体元素原子核外电子排布规律	稀有气体元素原子的电子层排布具有怎样的规律？	根据原子核外电子排布规律，能画出1~20号元素的原子结构示意图。	培养逻辑思维能力

表5-5 第2课时 "元素周期表"教学设计

教学环节	活动线	问题线	知识线	素养线
环节一：初识元素周期表，认识元素周期表的发展历程	观看门捷列夫发明元素周期表的历程视频	门捷列夫发明元素周期表经历了哪些历程？有什么感受？	感受元素周期表来之不易	体会科学研究的艰辛和伟大，体会科学家们不懈努力的科学精神，培养学生的科学态度与社会责任感
环节二：寻找元素间的内在联系	将7种元素分类，寻找元素分类的规律和排序方法，尝试确定元素Te在元素周期表中的位置	1.这7种元素可以怎样分类？ 2.通过分类可以发现怎样的规律和排序方法？ 3.根据以上的方法预测Te在元素周期表中的位置	运用分类方法对元素进行分类	培养分析信息的能力和分类思维模型的认知，形成证据推理与模型认知的学科核心素养
环节三：深入认识元素周期表	观察教材附录中的元素周期表	原子结构与元素周期表有怎样的关系？	认识元素周期表的结构（周期、族），分析位置与结构的关系	构建"位、构"关系模型，培养宏观辨识与微观探析的素养能力

续表

教学环节	活动线	问题线	知识线	素养线
环节四：再识元素周期表	观察教材附录中的元素周期表	1.同一主族的元素一定都是金属元素或非金属元素吗？ 2.元素有什么分布规律？ 3.碱金属、卤族元素、稀有气体元素、过渡元素在周期表中的区域？	1.深入认识元素周期表的结构 2.以IA、VIIA族元素为例，通过探究认识同主族元素性质的递变规律并能用原子结构理论初步加以解释	初步构建"位、构、性"关系模型，培养宏观辨识与微观探析的素养能力

三、单元教学反思

（一）主要亮点

随着当下"三新"改革的推进和职业教育的发展，社会需要更多的学术人才和职业人才，这将从学术、技能等方面对普通高中教学提出更高的要求。对学科教育而言，教师除了教授学科必备知识以外，还应注意从核心价值、学科素养、关键能力、学术研究等方面对学生进行培养，为高校和社会输送更优质的学术人才和职业人才。在本课教学过程中，通过在贵州省数字图书馆上查阅文献，初步感受学术研究的过程；通过使用不同的分类方法对7种元素进行分类，初步感受科学探究研究过程、构建元素周期表的一般模型；通过模型建构、证据推理培养学生的核心素养。

基于"教—学—评"一体化的思想，课堂教学内容在兼顾基础知识的同时也应注重知识的综合性、应用性和创新性。在本课教学过程中，学生以预测元素Te的性质贯穿整个教学过程，感受元素周期表的发展历史，通过不同的分类法对7种元素进行分类初步构建元素周期表的一般模型，培养学生证据推理与模型认知的核心素养。通过元素周期表的发展史的学习，感受推理在科学研究中的重要价值，帮助学生形成"性质决定用途"的化学学科大概念，培养学生的科学态度与社会责任的学科素养。

（二）存在不足

（1）时间分配不均匀：一些课时可能时间分配不够均匀，导致某些内容教师讲得比较快，需要更精细地规划时间。

（2）学生背景差异：学生的化学基础存在一定差异，需要更好地针对不同水平的学生提供支持，确保每位学生都能跟上教学进度。受知识类型的影响，部分学生对抽象概念理解困难，需要更多的实例引导。

（3）学习测评方式：考虑到不同学生的学习风格，可以进一步丰富学习测评方式，包括更多的实际问题和应用场景。

（三）再教设计

（1）个性化支持：针对学生的不同水平，设计一些扩展性的学习材料和任务，让高水平学生有更多挑战，提供额外的辅导和支持给需要帮助的学生。

（2）多样化评价：设计多种形式的学习测评，包括项目作业、小组讨论、口头报告等，以满足不同学生的学习需求和评价方式。

这些再教设计的措施有助于进一步提升教学质量，促进学生更全面的学习和发展。

参考文献：

[1] 王晶，毕华林.普通高中教科书化学必修第一册[M].北京：人民教育出版社，2023.

[2] 中华人民共和国教育部制定.普通高中课程标准（2017年版2020年修订）[S].北京：人民教育出版社，2023.

[3] 王祖浩主编.普通高中课程标准实验教科书·化学2[M].南京：江苏教育出版社，2007.

[4] 陈廷俊.基于化学观念建构的"知识情境化"教学实践与思考——以人教版《化学2》"乙醇"教学设计为例[J].化学教与学，2014，(11)：15-17+32.

[5] 张雪莲.浅谈如何在高中化学实验教学中渗入绿色化学理念[J].现代阅读（教育版），2014，(5).

[6] 丁樱.基于认知发展理论构建"物质的量"单元教学策略[J].化学教育，2016，37（5）：5-8.

[7] 陈寅，宋蕊.基于发展学生学科核心素养的化学单元教学设计——以"晶体的结构与性质"为例[J].化学教学，2020（1）：31-36.

[8] 徐宾.高中化学必修模块教学的基本策略[J].中学化学教学参考，2007，(10)：12-13.

[9] 张逵.中学生化学思维障碍的形成及矫正策略[J].中学化学教学参考，2007，(10)：28-30.

[10] 钟启泉.单元设计：撬动课堂转型的一个支点[J].教育发展研究，2015，35（24）：1-5.

[11] 孙重阳，薛青峰.学习进阶理论下的化学观念发展[J].中学化学教学参考，2020（15）：9-12.

[12] 邹国华，童文昭，韩闽江.促进空间能力进阶发展的物质结构空间模型教学分析[J].化学教学，2018（9）：52-56.

[13] 倪胜军，付绍武，艾进达.逆向、整体、可操作：UbD理论视角下化学单元教学设计——以九年级"化学方程式"为例[J].化学教学，2021（12）：48-51+64.

[14] 刘焕亮.基于学科核心素养的单元整体教学设计——以"物质结构 元素周期律"为例[J].中学化学教学参考，2019（19）：36-37.

[15] 马辉.浅谈基于学科大概念的单元整体教学设计的策略——以"原子结构 元素周期律"为例[J].化学教学，2023（10）：34-39.

第六章

化工生产中的重要非金属元素单元设计

——以"硫及其化合物"为例

元素无机化合物是中学的重要教学内容和基础部分，而化工生产中的重要非金属元素是学习非金属元素性质的重要单元。本单元从硫及其化合物、氮及其化合物和无机非金属材料三个方面，表明非金属元素在生产生活中的重要地位。

本节内容是通过硫元素和氮元素在元素周期表中的位置，将原子结构和周期律的知识、氧化还原反应、离子反应等知识关联起来，认识和学习硫、氮及其化合物的性质。学习本节知识是在学完原子结构和元素周期律之后，这有助于学生根据周期律去推断判别物质的性质，是对元素周期律、氧化还原反应等应用的延续。

在化工生产和化工产品中，硫和氮等元素起着很重要的作用，因此学习这些元素的性质很有必要。本节为了进一步深化课堂教学改革，实现教学效果的最大化，实施了大概念教学。

一、单元整体设计

本单元内容巧妙地结合元素的相关知识，从周期表中的位置和原子结构入手，使学生能分析和预测非金属元素的性质，再按简单到复杂即按单质、氧化物（氢化物）、酸、盐的顺序对非金属元素进行学习。通过学习物质间的相互转化，能够帮助学生找到物质间的转化关系以及物质间相互转化的重要价值，形成变化观念。再通过实验探究验证物质间的转化以及物质的性质，帮助学生建立认识非金属元素及其化合物的思维模型，深入理解结构决定性质、性质决定用途的观念。为了突出典型性，贴近学生的生活和社会实践，本单元基于真实情境，以硫酸、硝酸、氨的工业生产原理为背景去认识不同价态的同种元素间的相互转化，但不涉及工业生产流程和设备等技术细节。谈及工业，环保是一个广受大家关注的问题，通过工业生产的实际问题，进行实验设计、验证，设计上注重安全和环保，学生能够认识到控制条件对工业调控的重要影响，通过实验室的操作，体验环境保护与资源利用的和谐统一，注重学生绿色环保理念的培养。

（一）课程标准内容要求

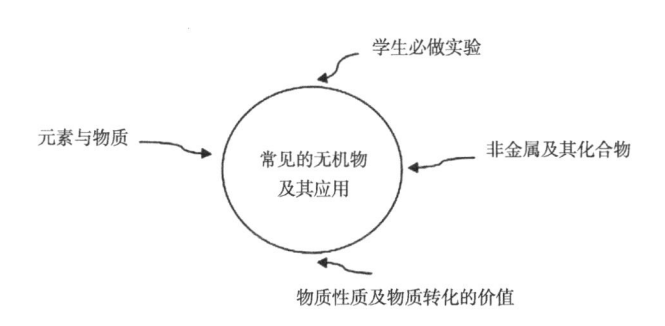

图6-1 课程标准内容要求

依据《普通高中化学课程标准》（2017年版2020年修订）（以下简称"新课标"）中的内容以及教材内容，确定"化工生产中的重要非金属元素"属于主题2"常见的无机物及其应用"。该主题由"元素与物质""氧化还原反应""电离与离子反应""金属及其化合物""非金属及其化合物""物质性质及物质转化的价值""学生必做实验"七个部分构成，本单元的内容涉及其中4个部分，具体的内容要求见表1。

表6-1 常见的无机物及其应用主题维度的内容要求

主题维度	内容要求
2.1 元素与物质	认识元素在物质中可以具有不同价态，可通过氧化还原反应实现含有不同价态同种元素的物质的相互转化
2.5 非金属及其化合物	结合真实情境中的应用实例或实验探究，了解硫及其重要化合物的主要性质，认识这些物质在生产中的应用和对生态环境的影响
2.6 物质性质及物质转化的价值	结合实例认识非金属及其化合物的多样性，了解通过化学反应可以探索物质性质、实现物质转化，认识物质及其转化在促进社会文明进步、自然资源综合利用和环境保护中的重要价值
2.7 学生必做实验	不同价态的含硫物质的转化

基于新课标的内容要求，进行单元设计时结合真实情境，创设任务，将知识通过解决任务的形式串联起来，形成框架，实现知识的系统化。在解决任务的过程中，教师引导学生探索物质的性质，学生猜想、设计、验证等，将碎片化的知识连接起来用于解决实际问题，从而认识到物质及其转化的现实意义：实现自然资源的

综合应用，这将对学生今后的职业生涯产生一定的影响。在学习过程中潜移默化地渗透化学核心素养，提升学生的素养能力。

（二）单元知识与学科核心素养

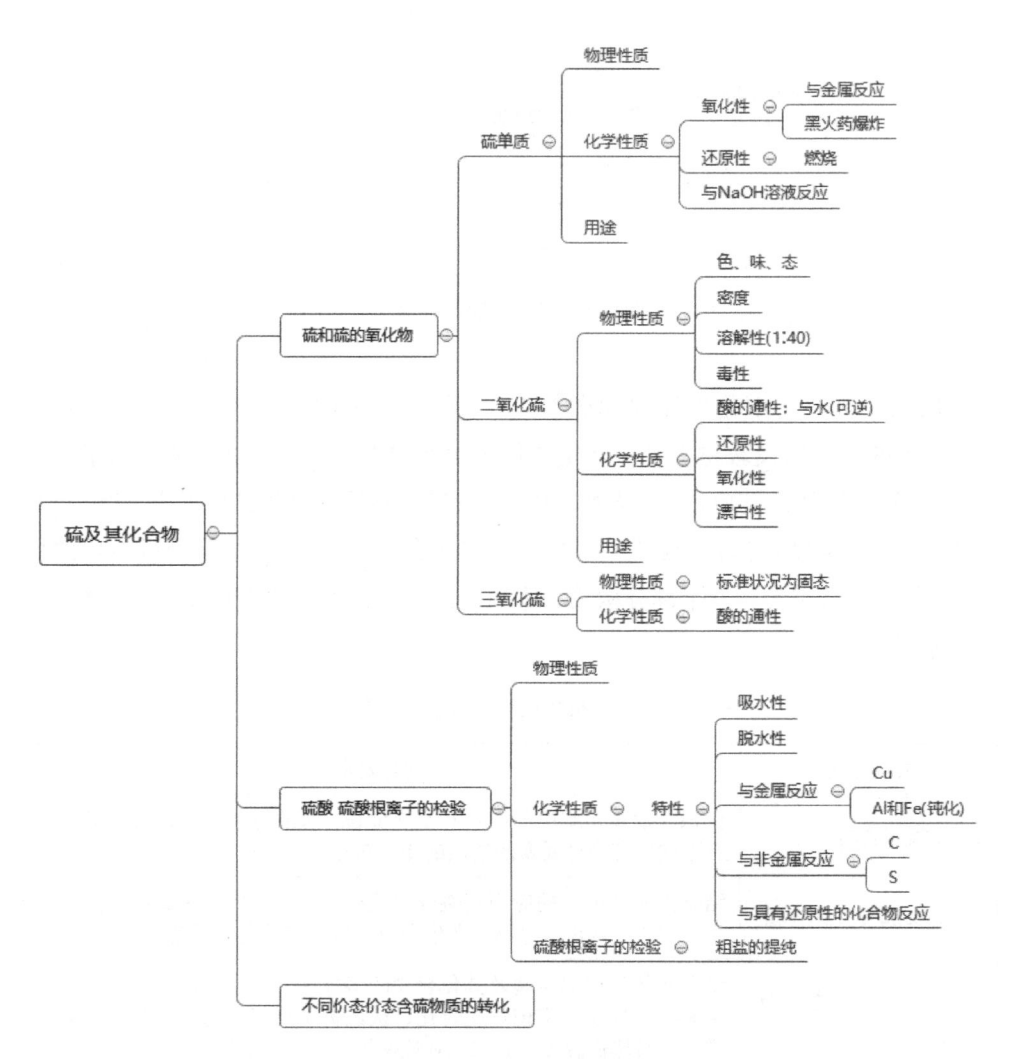

图6-2 单元知识网络图

本单元的主题是"化工生产中的重要非金属元素"，教材选取硫及其化合物、氮及其化合物、无机非金属材料三方面进行阐释，通过单元教学，紧密地在教学内容和教学实践中融入核心素养的思想观念。其中，硫及其化合物是非金属元素化合物的典型代表，承载着提升学生高水平实验探究能力和形成"绿色化学"观念的作用。

以"硫及其化合物"这节为例，基于大概念进行单元教学设计，包括3个课时的内容：硫和二氧化硫、硫酸和硫酸根的检验、不同价态含硫物质的检验。结合情境，这3个课时的内容可分别看成生活中的硫、工业中的硫和环境中的硫。结合新课程实施的要求，教师需要从传统的按照物理性质、化学性质、用途的教学思路逐步转变为以真实情境贯穿课堂教学学习物质的性质，本单元可以以"价类二维图"统领解决陌生情境中的真实问题。

"价类二维图"是学习元素及其化合物的重要思想，是本单元进行非金属元素及其化合物学习必不可少的思想之一。从物质类别和元素价态两个维度研究硫及其化合物的性质和用途，可以加深对物质间转化关系的认识，同时可基于解决真实问题的过程中将碎片化的知识关联，逐渐形成完整的知识体系，也为新高考的教学奠定基础。基于三新背景下，告别传统的填鸭教育，在教学实施过程中，质疑、设计、验证，最终解决问题，以学生为中心，教师引导，最终以学生在课堂上的表现来评价教学目标的达成度。

从生活中的硫再到工业中的硫，可以利用价类二维图中的转化关系，通过调控反应条件等手段，遵循生态文明思想，获得相应的化工产品，实现环境保护与资源利用的和谐统一。

（三）大概念建构

本单元教学设计的大概念是依据《普通高中化学课程标准》（2017年版2020年修订），从化学学科核心素养出发，在明确本单元学习目标的基础上提炼出来的。本单元蕴藏的单元大概念"非金属及其化合物"是在学科大概念"元素及其化合物"统领下，结合课时内容提取出来的。

表 6-2 "化工生产中的重要非金属元素"部分大概念层级

学科大概念	单元大概念	课时大概念
元素及其化合物	非金属元素及其化合物	Ⅰ.硫和二氧化硫 Ⅱ.硫酸 硫酸根离子 Ⅲ.不同价态含硫物质的转化

（四）学情分析

（1）已经具备的知识：初中学习了原子结构与元素性质的关系；高一必修第一册已经学习了金属钠、铁的性质，学习过程中涉及了分类思想，从单质到化合物，从物理性质、化学性质再到用途，初步构建了含有同种元素的不同物质间的相互转化的思想；还学习了氧化还原反应以及元素周期律的相关性质，为学生从价态视角认识物质提供了科学依据。

(2）可能的障碍点：从原子结构预测元素性质，探究并实现同元素不同价态间物质的转化；从多角度认识陌生物质性质等；独立完成科学探究的过程；完善价类二维图等存在难度。

（五）单元学习目标与课时目标

表6-3 "化工生产中的重要非金属元素"单元学习目标与课时学习目标

单元学习目标	课时内容	课时学习目标
（1）能通过实验探究硫及其化合物的主要化学性质，初步形成基于物质类别、元素价态对硫及其化合物的性质进行预测和验证的认知模型 （2）能用氧化还原反应、元素周期律的观点预测并理解硫及其化合物的化学性质，并能用正确的化学语言表达 （3）在感受探究二氧化硫、硫酸的性质的过程中能提出问题，做出假设与预测，设计简单方案，运用适当的方法控制条件完成实验，收集和表述实验证据，基于事实得出结论的思维历程 （4）通过硫酸工业生产线路设计方法的学习，构建同元素不同价态会转化的一般思路 （5）通过氧化还原反应实现不同价态含硫物质之间的转化，非氧化还原反应实现含有相同价态不同含硫物质之间的转化 （6）关注化学品和技术在生产生活中可能造成的负面影响，做出正确的价值判断并能寻找解决问题的途径和方法	第1课时 硫和二氧化硫 （生活中的硫）	（1）通过分析硫原子的结构，预测硫元素可能具有的性质并进行验证，体会微观与宏观之间的关系 （2）通过分析二氧化硫在制干辣椒中的作用，结合实验探究二氧化硫的性质和用途，提升证据推理与模型认知 （3）通过对硫黄熏蒸后食品中二氧化硫残留的研究，让学生关注化学产品可能产生的负面影响，培养科学探究与创新意识、科学态度与社会责任
	第2课时 硫酸 硫酸根离子的检验（工业中的硫）	（1）通过硫酸制备原理的实验探究，逐步完善含硫元素的物质间的转化关系，进一步形成研究非金属元素的基本思路和方法 （2）结合实验探究，了解硫酸的酸性和浓硫酸的特性，能设计实验检验硫酸根离子，形成离子检验的思维模型 （3）能运用"绿色化学"思想分析和讨论化工生产的相关问题，最终掌握解决真实情境问题的一般方法，发展学生科学态度与社会责任
	第3课时 不同价态含硫物质的转化（环境中的硫）	（1）通过探究硫酸型酸雨的形成途径，知道含不同价态硫元素的物质可以相互转化，并能从价类二维的视角设计实验进行探究或验证，加深对氧化还原反应的认识，体会变化观，形成证据推理与模型认知 （2）能说出含硫物质进入大气形成酸雨的途径以及酸雨的危害，增强环保意识，培养社会责任感 （3）通过探究减少硫酸型酸雨中的二氧化硫的策略，解决真实问题，体会科学态度与社会责任

（六）"硫及其化合物"单元活动设计

课时1 硫 二氧化硫（生活中的硫）

活动一：硫黄熏蒸时发生了什么变化？
阅读资料卡片，结合元素周期表和元素周期律的知识，从化合价的角度分析硫单质的化学性质

活动二：探究硫黄熏蒸对银耳品质的影响。
二氧化硫对银耳的制备和储藏有什么作用？
阅读资料卡片分析二氧化硫的性质，并设计实验探究

活动三：探究硫黄熏蒸银耳的方法。
如何在保证银耳质量的基础上降低二氧化硫的残留？阅读资料卡片

课时2 硫酸和硫酸根离子的检验（工业中的硫）

活动一：设计工业制硫酸的路线。
通过阅读资料，设计工业制硫酸的路径，讨论路径的合理性，发现问题，改进路线

活动二：分析硫酸的储存和运输。
由运输浓硫酸的容器了解浓硫酸的特性，通过探究浓硫酸与金属、蔗糖、胆矾的反应认识浓硫酸的特性

活动三：了解硫酸工业的废水处理，构建检验硫酸根离子的模型。
检验工业废水中的硫酸根离子

课时3 不同价态含硫物质的转化（环境中的硫）

活动一：探究硫酸型酸雨的成因。
观察自然界中的硫循环，将转化过程涉及的含硫物质画在价类二维图上

活动二：模拟硫酸型酸雨的形成。
设计硫酸型酸雨的实验方案，设计实验检验硫酸根离子和亚硫酸根离子

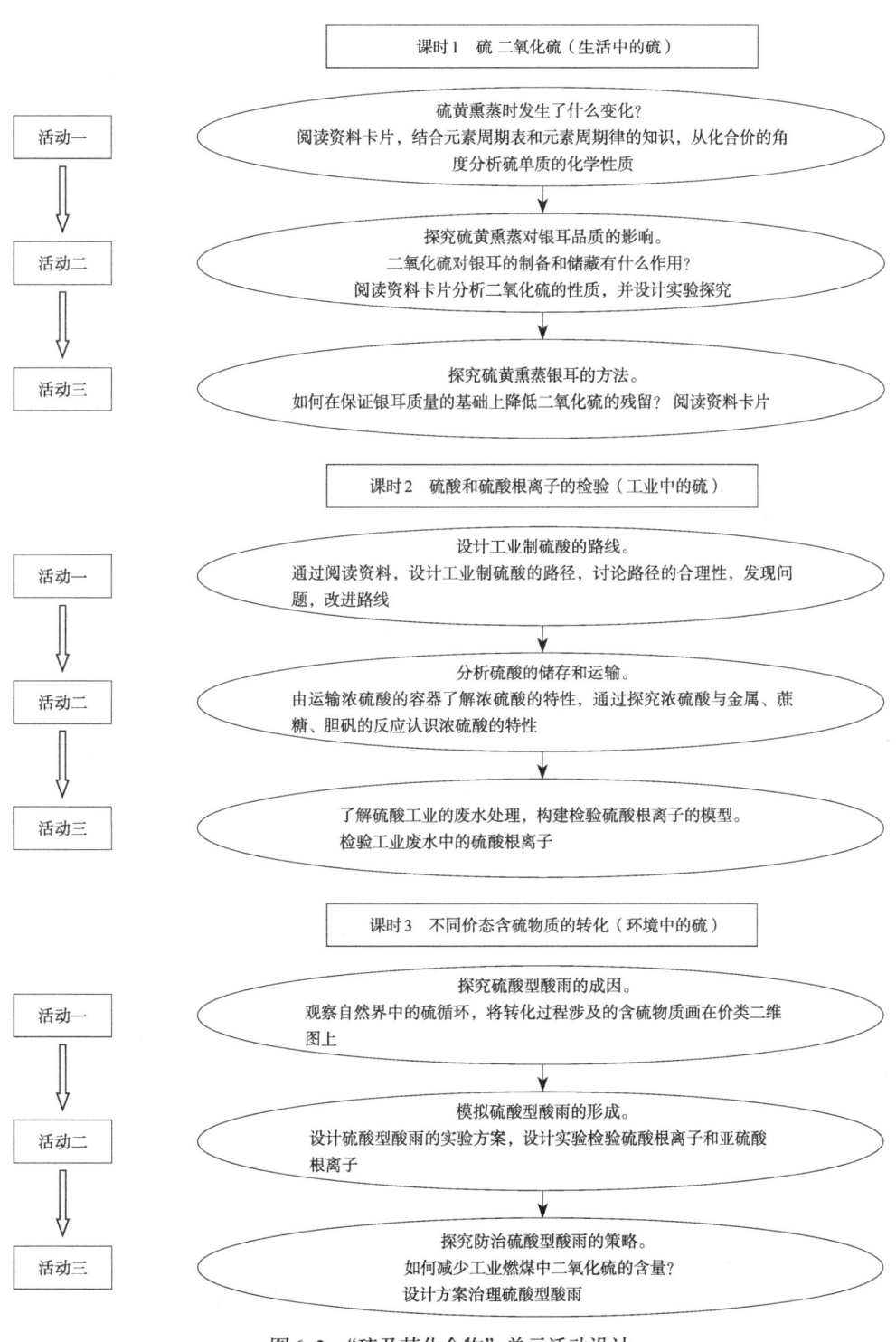

活动三：探究防治硫酸型酸雨的策略。
如何减少工业燃煤中二氧化硫的含量？
设计方案治理硫酸型酸雨

图6-3 "硫及其化合物"单元活动设计

二、"硫及其化合物"教学设计示例

以"硫及其化合物"为例展示"化工生产中的重要非金属元素"的大概念教学案例,其中包含的课时大概念为"硫及其化合物的性质和用途",对应的课程标准为"认识元素在物质中可以具有不同价态,可通过氧化还原反应实现含有不同价态同种元素的物质的相互转化""结合真实情境中的应用实例或实验探究,了解硫及其重要化合物的主要性质,认识这些物质在生产中的应用和对生态环境的影响""结合实例认识非金属及其化合物的多样性,了解通过化学反应可以探索物质性质、实现物质转化,认识物质及其转化在促进社会文明进步、自然资源综合利用和环境保护中的重要价值"。根据学习内容和课堂容量,本主题的学习需要3课时,第1课时为"硫和二氧化硫";第2课时为"硫酸和硫酸根离子的检验";第3课时为"不同价态含硫物质的转化"。

(一)大概念析读

"硫及其化合物"包括了硫单质和二氧化硫、硫酸和硫酸根离子的检验、不同价态含硫物质的转化等教学内容,贴近实际生活,关注的重点是硫元素及其化合物的性质,以及依据物质性质及其变化实现不同价态含硫物质间的转化,构建价类二维图,充分运用和体现了氧化还原反应和离子反应的基础知识。

完成"硫及其化合物"的大概念教学,需要结合真实情境,以生活中的硫(单质、氧化物)、工业中的硫(硫酸)、环境中的硫进行学习,形成价类二维图,直观认识物质间的转化关系,构建认识非金属元素及其化合物的思维模型。本主题主要完成以下教学内容,最终达成课时大概念,指向单元大概念。

(1)硫和二氧化硫:性质和用途、可逆反应。

(2)硫酸和硫酸根离子的检验:浓硫酸的特性——吸水性、脱水性和强氧化性。

(3)不同价态含硫物质的转化:硫的价类二维图、不同物质的转化思路模型、实验设计的原则。

(二)课时学习目标

(1)能基于"价类二维图"列举不同价态的含硫物质。

(2)能依据氧化还原反应原理,结合"价类二维图"预测硫及其化合物的性质和变化,并设计含硫物质的转化路径。

(3)能根据实验目的和假设设计实验方案,选择适当的实验试剂,探究不同价态含硫物质的转化,得出合理的结论。

(4)能利用二氧化硫、氨、硫酸根的性质和反应,选择适当的实验试剂,设计检验二氧化硫、检验溶液中硫酸根的实验方案。

(5)能根据硫酸、硝酸和氨的性质,分析并解决实验室、工业生产及环境保护中的某些常见问题。

（6）能说明硫及其化合物（如二氧化硫）的应用对社会发展的价值和对环境的影响，能有意识地运用所学的知识或寻求相关证据参与社会性议题（如酸雨及防治）的讨论。

（三）学习重难点

◆学习重点

（1）硫及其化合物的性质及相互转化；

（2）浓硫酸的特性、硫酸根离子的检验；

（3）可逆反应。

◆学习难点

浓硫酸的特性。

（四）教学过程设计

表6-4　第1课时　硫和二氧化硫

任务线	问题线	知识线	活动线	素养线
任务一：认识硫单质	硫黄熏蒸时发生了什么变化？	认识硫单质的性质 1.硫的物理性质 2.硫的化学性质 物质类别： 非金属单质 （1）与非金属单质 $S + O_2 \xrightarrow{点燃} SO_2$ $S + H_2 \xrightarrow{\Delta} H_2S$ （2）与金属单质 $Fe + S \xrightarrow{\Delta} FeS$（黑色） $2Cu + S \xrightarrow{\Delta} Cu_2S$（白色） 价态角度： 氧化性、还原性对比 $2Fe + 3Cl_2 \xrightarrow{点燃} 2FeCl_3$ $Cu + Cl_2 \xrightarrow{点燃} CuCl_2$ 元素非金属性：Cl＞S 单质氧化性：Cl₂＞S	【资料卡片】硫黄熏蒸是一种传统的食品加工手段，可以熏蒸银耳、枸杞、辣椒、果脯等 【展示】硫黄熏蒸前后的银耳图片 左图为硫黄熏过的银耳，右图未熏过（未熏过的银耳从耳片到耳基颜色是渐变的） 【阅读教材】学习硫黄的物理性质 【思考】硫黄熏蒸时硫单质发生了什么变化？ 【学生】阅读资料卡片，结合元素周期表和元素周期律的知识，从化合价的角度分析硫单质的化学性质 【过渡】硫的化学性质可以从物质类别和价态两个角度分析 结论：单质硫的氧化性较弱，与变价金属反应时，一般只生成低价金属硫化物。也能与氧气燃烧，体现还原性	1.创设情境，联系生活，从微观原子结构认识物质，发展宏观辨识与微观探析 2.从物质类别和价态两个角度学习硫的化学性质，体现变化观念 3.从元素周期律和氧化还原的角度对比硫和氯气的相关性质，提升宏观辨识与微观探析、证据推理与模型认知的素养

续表

任务线	问题线	知识线	活动线	素养线
任务二：探究硫熏蒸后银耳品质发生的变化	二氧化硫对银耳的制备和储藏有什么作用？	1.与水反应：$SO_2+H_2O \rightleftharpoons H_2SO_3$ 此反应是一个可逆反应，用"$\rightleftharpoons$"表示。 2.与碱性氧化物CaO反应：$SO_2+CaO == CaSO_3$ 3.与碱$Ca(OH)_2$反应：$Ca(OH)_2+SO_2 == CaSO_3\downarrow + H_2O$ 4.可逆反应 价态角度 氧化性、还原性 $SO_2+2H_2S = 3S\downarrow +2H_2O$ $2SO_2+O_2 \xrightarrow{催化剂} 2SO_3$	【观察】收集在试管中的SO_2 【分析】学生分析二氧化硫的性质 【演示】SO_2溶于水的实验，学生观察记录 现象：试管内液面上升 结论：SO_2易溶于水，是酸性氧化物 【学生】写出SO_2通入水中的化学反应方程式 【思考】氢气点燃与水的电解互为可逆反应吗？ 【过渡】请同学们写出二氧化硫与氧化钙、氢氧化钙反应的化学方程式 【学生展示】 【过渡】SO_2中的硫为+4价，处在中间价态，既有氧化性又有还原性 【思考】怎样设计实验验证二氧化硫的氧化性和还原性呢？请同学们用提供的试剂设计实验并进行实验探究 试剂：酸性高锰酸钾溶液、溴水、双氧水、$FeCl_3$溶液、氢硫酸、硫化钠溶液 | 验证性质	所选试剂	预测现象
---	---	---
			  【小组讨论】设计实验方案，预测现象 【小组评价】完善方案、验证现象，得出结论，书写化学方程式 【过渡】SO_3是酸性氧化物 $SO_3+H_2O = H_2SO_4$ 二氧化硫在水及氧气的作用下生成硫酸及亚硫酸，这就是酸雨形成的原因，所以我们要尽可能少向空气中排放二氧化硫从而保护我们的环境	通过观察法，学生可以直观感受二氧化硫的性质，提升宏观辨识与微观探析能力。实验探究，得出结论，书写反应原理，培养证据推理与模型认知能力。强化可逆反应，培养平衡观、变化观。 从物质类别和家庭两个角度学习二氧化硫的化学性质，有助于培养学生的辩证思维，拓宽视野。 采用分组设计实验、评价实验、验证实验的方法，有助于培养学生的科学探究与创新意识。 联系实际，形成绿色化学理念，培养科学态度与社会责任

续表

任务线	问题线	知识线	活动线	素养线
任务三：探究硫黄熏蒸银耳的方法	如何在保证银耳质量的基础上降低二氧化硫的残留？	1. SO_2 的漂白性 2. SO_2 的用途 SO_2 的漂白具有选择性，不能漂白酸碱指示剂，而 HClO、H_2O_2 能漂白酸碱指示剂。 用途：二氧化硫能漂白纸浆、毛、丝等	【资料卡片】根据国家规定硫黄可以被用作熏蒸类食品添加剂使用，目的是帮助银耳防虫、保鲜，还可漂白。《GB 2760-2014 食品添加剂使用标准》中规定二氧化硫在干制银耳中最大使用量为 0.4g/kg（以二氧化硫残留量计） 【探究】SO_2 的漂白性 试剂：品红、石蕊溶液 | 验证性质 | 所选试剂 | 预测现象 | | --- | --- | --- | 【小组讨论】设计实验方案，预测现象 【小组评价】完善方案、验证现象，得出结论 【现象】SO_2 使品红溶液褪色，而紫色石蕊并未褪色，只是变成红色 【补充实验】将褪色后的溶液加热，观察现象 【思考】为什么褪色后的溶液加热会恢复为原来的颜色？ 【学生】在保证银耳质量的基础上减少硫熏浓度、控制硫熏次数和时间来降低二氧化硫的残留	展示硫黄熏蒸食品的资料卡片，培养学生辩证看待事物的科学态度。探究二氧化硫的漂白性，并探究漂白的原理，展示在生活中的用途，提升科学探究与创新意识、科学态度与社会责任。 通过资料卡片找出硫黄熏蒸后食物中二氧化硫残留量多少的影响因素，找到在保证银耳品质的前提下降低二氧化硫残留量的方法，培养科学态度与社会责任。

表 6-5　第 3 课时　不同价态含硫物质的转化

任务线	问题线	知识线	活动线	素养线
任务一：探究硫酸型酸雨的成因	硫酸型酸雨的成因是什么？	认识硫酸型酸雨的形成过程 画出价类二维图 $2SO_2 + O_2 \xrightleftharpoons[\Delta]{催化剂} 2SO_3$ $S + O_2 \xrightarrow{点燃} SO_2$ $SO_3 + H_2O = H_2SO_4$ $2H_2SO_3 + O_2 = 2H_2SO_4$	【观看视频】酸雨的形成过程和危害 【教师】请同学们说出酸雨形成的原因；将转化过程中涉及的含硫物质画在价类二维图上并标出不同物质间的转化关系和化学方程式 【学生】回答并画出价类二维图 （价类二维图） 【资料】取某地区的雨水样品 200 mL，每隔一段时间测定其 pH 值，其数据如下： | 时间/h	0	1	2	4	8 | |---|---|---|---|---|---|
雨水 pH	4.70	4.62	4.56	4.55	4.55	 【思考】为什么一段时间之后，雨水的 pH 不再发生改变？请分析可能的原因，写出化学反应方程式	通过观看视频，联系生活，创设情境 认识酸雨，发现酸雨的转化，再用雨水 pH 的变化引发学生的深入思考，进一步完善硫元素的价类二维图

续表

任务线	问题线	知识线	活动线	素养线
任务二：模拟硫酸型酸雨的形成	如何设计实验模拟硫酸型酸雨的形成？如何检验硫酸根离子的形成？	SO_3^{2-}的检验：先加$BaCl_2$溶液，产生白色沉淀，再加盐酸，沉淀消失。 SO_4^{2-}的检验：先加$BaCl_2$溶液，有白色沉淀产生，再加入盐酸，白色沉淀不消失	【教师】请大家从上述硫酸型酸雨的形成途径中选择一种方案，设计方案，模拟硫酸型酸雨的形成并检验 【小组】小组讨论操作过程并进行小组汇报，确定方案，检验产物中的亚硫酸根和硫酸根离子 | 实验目的 | 模拟过程 | 检验产物中亚硫酸离子的存在 | |---|---|---| | 实验步骤 | ①将硫放入燃烧匙，伸入氧气的集气瓶中燃烧；②冷却后，用注射器注入水，并振荡。 | 取适量反应后的溶液于试管中，加入适量盐酸酸化的氯化钡，产生白色沉淀。 | 设计硫酸型酸雨的实验方案，并设计实验检验硫酸根离子和亚硫酸根离子	通过模拟硫酸型酸雨的形成过程，学生真切地感受到硫元素的变化过程，培养变化观
任务三：探究防治硫酸型酸雨的策略	防治硫酸型酸雨有哪些策略呢？	减少硫酸型酸雨的策略：减少二氧化硫的排放；吸收产生的二氧化硫 减少二氧化硫的排放可通过相同价态的含硫物质实现转化，也可以通过不同价的含硫物质进行转化	【思考】依据二氧化硫的性质，如何减少硫酸型酸雨的形成呢？ 【学生】减少二氧化硫的排放；吸收产生的二氧化硫 【思考】硫酸型酸雨治理的关键是减少工业生产燃煤过程中二氧化硫的排放，如何减少工业燃煤中二氧化硫的含量？ 【分析】通过酸碱的加入可以使相同价态硫实现转化 【学生】可以加入碱或碱性氧化物 $SO_2 \xrightarrow{①H_2O} H_2SO_3 \xrightarrow{②NaOH} Na_2SO_3 \xrightarrow{④SO_2} NaHSO_3$ $\xrightarrow{③H_2SO_3}$	教师引导，学生思考回答。学生不仅能感受二氧化硫的变化过程，还要能解决污染问题，培养责任意识

续表

任务线	问题线	知识线	活动线	素养线
			【实验改进】将铜和浓硫酸制备二氧化硫的装置进行改进，减少二氧化硫的排放 改进前装置： 【学生展示】改进后装置： 【设计实验】请同学们依据不同价态含硫物质的转化规律，利用氧化还原反应的知识设计二氧化硫的转化方案 -2　　0　　+4　　+6 　S ⇌ S ⇌ S ⇌ S 只有　　既有还原性　　只有 还原性　又有氧化性　氧化性	通过认识二氧化硫的转化，能将其性质应用于实验室处理尾气，并对实验装置进行改进，培养学生的科学探究与创新意识。从氧化还原的角度设计实验方案，学生通过设计方案、讨论方案、完善方案、验证现象，将有毒气体转化为无毒无害物质的过程，体会到成功的喜悦。将实验室实验与工业生产相结合，让学生了解实际工业与理论学习的差异，培养其科学态度与社会责任感

续表

任务线	问题线	知识线	活动线	素养线
		实验设计原则：科学性、绿色化、可行性、安全性 物质转化的思路：预测性质→确定目标→选择试剂	试剂：二氧化硫的水溶液、氯水、溴水、酸性$KMnO_4$溶液、双氧水、稀盐酸、$BaCl_2$溶液、NaOH溶液、$Ba(OH)_2$溶液 | 转化目标（价态变化）	转化前的含硫物质	转化后的含硫物质	试剂	预期现象
---	---	---	---	---
①+4				
②+4				
③+4				
④+4					 【学生展示】展示设计方案，小组评价 【方案】确定方案，学生操作实验，验证方案 【资料】为防止酸雨，减少煤燃烧时向大气排放的二氧化硫，工业上常采用固硫法，将生石灰和煤炭混合使用或者将烟道气通入石灰乳中，还能制得石膏 【过渡】除了这些方法外，工业上脱硫处理还能采用其他方法，了解硫酸厂适用的脱硫技术，尝试解释其原理 【学生】工业上除了考虑污染排放少，贯彻"绿色化学"理念外，还需要考虑原料、溶剂成本低；产出率高；操作简便；对人类的用途等	在解决实际问题时，一方面要引导学生考虑化学问题，另外也要综合分析其他方面的因素，培养学生思维的完整性和严谨性，建立解决实际问题的思路和方法。 通过分析，让学生感受化学物质及其转化在生产和生活中的应用，了解化学的价值。同时，让学生学会辩证地看待问题，参与社会性问题的讨论，培养其科学精神和创新意识，提高综合素养

三、单元教学反思

（一）主要亮点

第1课时和第3课时都是基于大概念教学，以真实情境为线索学习课时内容。课时1以探索二氧化硫熏蒸银耳对其品质的影响，寻找二氧化硫熏蒸银耳的最优方法为线索，采用微型化实验教学，用针筒吸取二氧化硫进行性质实验验证，避免有毒二氧化硫气体外逸，最后再用针筒将氢氧化钠溶液注入收集了二氧化硫的试管，整个过程避免了二氧化硫对环境的污染，充分体现了绿色化学的理念。课时3以认识酸雨、模拟酸雨的形成过程，寻找防治酸雨的方法为线索，学生全程以探究活动为主，教师引导，体现了学生的主体地位、锻炼了学生的动手操作能力以及实验创新的能力。

（二）存在不足

对于硫黄熏蒸银耳的二氧化硫残留量仅限于文字描述，没有找到具体的数据或者图表，若有图表，学生的感受会更加直观和深刻。学生的动手实验操作能力和实验设计的能力还有待提高。以学生探究为主的课堂，由于学生的操作水平参差不齐，课堂时间把控有难度。

（三）再教设计

将模拟酸雨的形成过程探究学习前置，这样可以为课堂节约部分时间，将更多的时间用于寻找防止酸雨的策略上，还可以让学生进一步去查阅文献，找到一些更新的方法；或者可以让学生去了解防治酸雨这样的工作涉及的专业和岗位，然后以小论文的形式给同学们进行普及，对他们今后的职业生涯规划有一定的帮助。对生活中的情境素材还可以进一步挖掘，然后根据单元教学整体思路对教材内容进行整合并寻找切入点，提出阶梯式问题引发学生思考，将培养学生核心素养落实到化学课堂。

参考文献：

[1] 王晶，毕华林.普通高中教科书化学必修第二册[M].北京：人民教育出版社.2021.

[2] 中华人民共和国教育部制定.普通高中课程标准（2017年版2020年修订）[S].北京：人民教育出版社，2023.

[3] 刘徽.大概念教学：素养导向下的单元整体教学设计[M].北京：教育科学出版社，2022：46.

[4]李刚.推理-表征-解释：构建教师大概念教学的逻辑框架[J].比较教育研究，2022，44（4）：72-77+87.

[5]徐洁.基于大概念的教学设计优化[M].上海：华东师范大学出版社，2021：71.

[6]刘艳萍，章巍.学科大概念统领下的单元整体教学之整校探索[J].中小学管理，2021（7）：27-31.

[7]成安.高中化学创设情境教学五法[J].中国教育学刊，2019（S2）：14-15.

[8]张玉娟，朱征，刘芳.化工思维引领的高中化学课堂深度学习——以"不同价态含硫物质的转化"的教学设计为例[J].江苏教育，2022（83）：51-54.

[9]刘臣，郭玉林.融合知识、情境与实际问题的单元教学策略与实践——以"化工生产中的重要非金属元素"为例[J].中学化学教学参考，2022（23）：6-11.

[10]程宇婕，王文静，翁定悦等."不同价态含硫物质的转化"实验改进[J].中学化学教学参考，2023（11）：59-61.

[11]付士林，高玉龙.发展学生"变化观念"的项目式教学——以"利用'价-类'二维图实现硫代硫酸钠的制备"为例[J].化学教与学，2023（08）：13-19+7.

[12]王冰清，许钦贤，赵雨晴等.高中化学"含硫物质及其转化"的大单元教学——以"是否有必要建设一座硫酸工厂"为例[J].高中数理化，2023（16）：75-78.

第七章

化学反应的速率与限度单元教学设计

"化学反应的速率和限度"为人教版《普通高中教科书化学必修第二册》第六章第二节的内容,是《普通高中化学课程标准》(2017年版2020年修订)必修课程主题3"物质结构基础及化学反应规律"中二级标题"化学反应的限度和快慢"的内容。本节着重探讨人类面对化学反应要考虑的两个基本问题:外界条件对化学反应速率和反应限度的影响,人类如何更高效利用和控制化学反应。该部分的知识帮助学生对化学变化有更全面的认识,推翻了学生原有的"化学反应能够完全进行"的认知,为学生形成"平衡思想"奠定基础。新课程标准关于化学反应与能量及化学反应速率与限度的内容在初中化学、高中必修模块和选修模块中均有安排,既有学习的阶段性,又有必修、选修的层次性,在具体内容上前后还有交叉和重叠,学生概念的形成和发展呈现一种螺旋式上升的状态。本节课的知识,为今后学习选择性必修1化学反应速率与化学平衡、水溶液中的离子反应与平衡打下基础,也为学生"宏观辨识与微观探析""变化观念与平衡思想""证据推理与模型认知"等学科核心素养的发展提供有力保障。

反应限度是通过实验和化学史实(炼铁高炉尾气之谜)来说明其存在,虽涉及了反应的"可逆性"及"平衡状态",但未从原理、定义的高度予以重点讨论。本节教学充分联系生产、生活实际,以"学生发展为本"为指导思想,体现了教材编写意图,努力营造"新课标化学课堂教学"的研究氛围。通过探究实验来提升对影响化学反应限度的认识,同时培养学生的实验设计能力、思维能力、实验能力,增强学生的合作学习意识。遵循由浅入深、从感性到理性,由宏观到微观,由简单到复杂的认识过程,引导学生自主归纳、总结,体现了新课程理念。

一、单元整体设计

基于人教版教材的内容排布顺序,必修2先探究化学平衡状态及其特征,选修1再探究化学平衡移动、化学平衡常数概念及化学平衡常数的意义等内容,整合教材的资源优势,更加符合学生认知规律。

"化学反应的速率与限度"是人教版化学必修第二册第六章第二节的内容,是在能量基础上从不同角度更加深入认识化学反应。化学课程中不断学习各类化学反应,而每一个化学反应都有其实际意义,通过本节内容的学习,学生体会到不同的化学反应有不同的速率、不同的限度。实际生产生活中我们能够依据影响反应速率的条件，调控反应速率，根据我们的需求，快的反应可以让其变慢；慢的反应，依据需求可以变快，从而体会到化学反应是有条件的，条件是可以控制的，从更深层次体会研究化学反应的价值和应用。而本节的内容更加深入系统地研究化学反应的规律，真正使学生从研究者的角度认识反应，学生初步建立基于条件改变控制化学反应的观念，提升"宏观辨识与微观探析""变化观念""证据推理与模型认知"等学科核心素养。同时，本节内容也将为后续化学反应原理部分研究化学反应的速率、限度和方向打下坚实的基础。由于本单元内容的学习是由浅入深、由表及里的过程，因此将本单元的学习大情境设计为工业合成氨、二氧化硫和水反应及高炉炼铁尾气之谜等的认识、分析，激发学生学习兴趣的同时，也让学生体验到自然科学规律的逻辑。

（一）课程标准内容要求

《普通高中化学课程标准》（2017版2020年修订）对该部分的内容要求是：体会从限度和快慢两个方面去认识和调控化学反应的重要性；了解可逆反应的含义，知道可逆反应在一定条件下能达到化学平衡；知道化学反应平均速率的表示方法，通过实验探究影响化学反应速率的因素；认识化学变化是有条件的，学习运用变量控制方法研究化学反应，了解控制反应条件在生产和科学研究中的作用。

针对化学反应的限度和快慢这部分，课程标准的情境建议是：寻找化学反应存在限度的证据，如高炉炼铁、合成氨、氯化铁与碘化钾的反应、氯气与水的反应等；汽车安全气囊的膨胀、食物腐败等生活中与化学反应速率有关的现象；了解催化剂在调控化学反应速率中的作用，如燃料电池、工业制硝酸（或硫酸）、合成氨、汽车尾气处理等反应中催化剂的作用。

课程标准对该部分的学业要求是：能从化学反应限度和快慢的角度解释生产、生活中简单的化学现象；能描述化学平衡状态，判断化学反应是否达到平衡；能运用变量控制的方法探究影响化学反应速率的因素；能初步解释化学实验和化工生产中反应条件的选择问题。

表 7-1 化学反应的速率与限度的内容要求

主题维度	内容要求
化学反应的速率与限度	（1）通过生活认识不同的化学反应其速率不同，了解化学反应速率的概念及其表达方式 （2）通过实验探究影响化学反应快慢的因素，学会控制变量的思想在化学中的应用，培养学生严谨认真的科学态度和精神 （3）掌握可逆反应的定义和表示方法 （4）掌握化学平衡状态建立的过程 （5）掌握化学平衡状态的定义、特征和标志

(二)单元知识与学科核心素养

1.单元主要知识

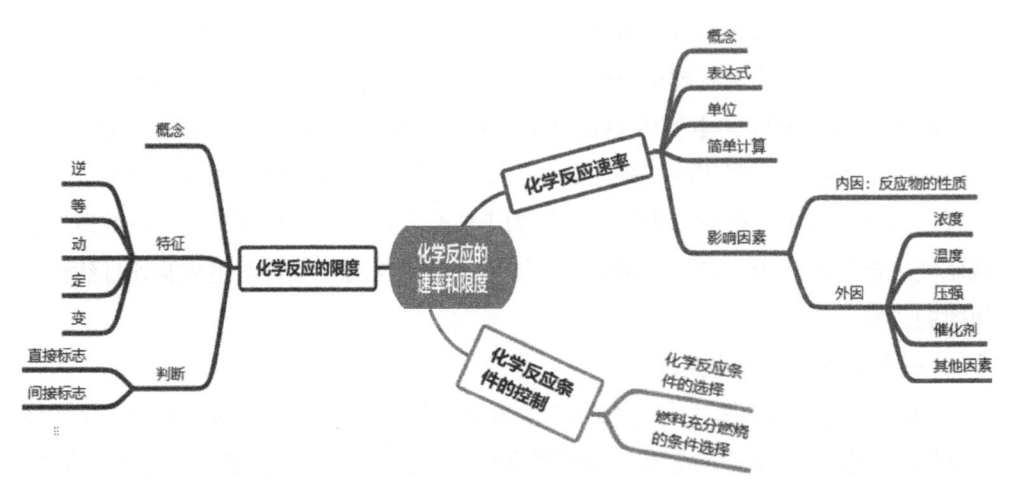

图7-1 单元主要知识导图

本单元的主题是化学反应的限度与快慢,主要选取了"化学反应速率""化学反应速率影响因素"以及"化学反应限度"三个方面内容。化学反应速率主要分定性和定量两个方面,定性方面为化学反应速率概念的分析及外界条件改变对化学反应速率结果的判断。化学反应限度包括可逆反应、化学平衡的概念、特征、判断和调控。

化学反应速率概念和影响因素具有很强的基础性、辐射性、扩展性和融合性,以此为中心主线组织课程和教学,能帮助学生将头脑中的知识网络化、结构化,加深对化学反应本质的理解。从一定意义上讲,化学反应速率和限度是联系选择性必修1"化学平衡""水溶液中的电离平衡"的纽带,是学生进行科学探究的重要理论依据,是中学化学课程必须重点学习的内容。

2.学科核心素养分析

本单元内容虽少,3课时即可完成,却集中体现了以下化学学科核心素养。

(1)宏观辨识与微观探析:从宏观方面,能通过一些特殊的实验现象定性辨别化学反应的快慢,或者通过化学反应速率这个物理量来定量表示和比较化学反应快慢;在微观层面,可以通过物质结构等解释化学反应的快慢和外界因素是如何影响化学反应快慢的。通过实验"认识化学反应存在限度",从宏观上意识到有的化学反应是进行不完全的,即认识到可逆反应的存在;通过交流研讨二氧化硫的催化氧化反应是如何进行的，从微观上分子变化的角度解释可逆反应的反应原理。

（2）变化观念与平衡思想：意识到化学平衡是存在的、是相对的，并且反应条件改变，化学平衡会发生移动。知道化学变化需要一定的条件，并遵循一定规律；认识化学变化有一定限度，是可以调控的。能多角度、多动态地分析化学反应，运用化学反应原理解决实际问题。

（3）证据推理与模型认知：建立观点、结论和证据之间的逻辑关系；构建计算化学反应速率、平衡转化率和判断平衡状态的认知模型。知道可以通过分析、推理等方法认识化学平衡的特征及其影响因素，建立模型。能运用模型解释化学现象，揭示现象的本质和规律。

（4）科学探究与创新意识：运用变量控制法，通过实验探究，归纳和理解反应条件对化学反应速率的影响。

（5）科学态度与社会责任：通过举例，知道在生产和生活中需要加快或者延缓某些化学反应快慢，明白调控化学反应条件在生产和科学研究中具有十分重要的意义。具有可持续发展意识和绿色化学观念，能运用化学平衡原理对与化学有关的社会热点问题做出正确的价值判断。

（三）大概念建构

本单元的主题是化学反应速率与限度，该主题在教材中主要以"化学反应速率""速率影响因素"以及"化学反应限度"三节进行阐述。在教材内容的选取和教师实际的教学中，均充分体现了单元知识与化学学科核心素养的紧密联系。

学生在高一阶段接触了多种类型的化学反应，如氧化还原反应、离子反应等，也逐渐了解了化学反应中的能量变化，知道化学反应可以转变成热能、电能等等。在前面的学习中，主要讨论了化学反应的两大特征：物质变化同时伴随能量的变化。本节则是从另一个角度研究化学反应。探讨人类在面对具体的化学反应时要考虑的两个基本问题：外界条件对化学反应速率和化学反应限度的影响；人类要如何更高效利用和控制化学反应，如提高燃料的利用率。本节内容是对前面两节内容的拓展和延伸，通过学习让学生对化学反应特征的认识更深入、更全面，让其在头脑中建立起有关化学反应与速率、限度的完整而又合理的知识体系，本节教材是高中化学学习的重点，也是难点。

本节通过实验探究影响化学反应速率的因素，学习运用变量控制方法研究化学反应，了解控制反应条件在生产和科学研究中的作用。第一部分学习了化学反应速率的计算，以定量的方法描述化学反应的快慢，本节内容是对上节内容的拓展和完善。第二部分学习可以使学生对化学反应速率的认识更深入、更全面，在头脑中建立起有关化学反应速率的描述、研究、改变的完整而又合理的知识体系。这部分内容是后面学习化学反应限度概念的基础，同时也为选择性必修《化学反应原理》中进一步学习化学反应速率做好铺垫，宏观上实现大概念的构建。

表 7-2 "化学反应的速率与限度"部分大概念层级

学科大概念	单元大概念	课时大概念
化学反应有速率和限度	外界条件对化学反应速率和化学反应限度有影响	Ⅰ.化学反应速率定量描述化学反应的快慢 Ⅱ.控制反应条件在生产和科学研究中具有重要作用和意义 Ⅲ.任何化学反应都具有一定的限度

（四）学情分析

学生在日常生活中对常见的一些化学反应的快慢有感性的认识，如橡胶的老化、食品的变质、金属的腐蚀等。但这些仅仅是从生活的角度去理解而未上升到学科知识的高度，即未能从化学学科的角度去理解和分析这些现象，只从感性的层面理解，已经没有困难。因此在教学中，化学反应速率和化学反应限度的理性层面分析就比较重要，而且定量的计算对于高一的学生还有一定的难度，这就需要老师在教学过程中通过适当引入，激发学生的学习兴趣展开教学活动。由于该节课要用实验探究的方法使学生认识外界因素对化学反应速率的影响，因此，学生可能会在控制反应条件、设计对照实验以及实验操作等方面产生学习障碍，这就需要教师适时进行点拨，从而引起学生的深层次的思考并达到降低学习难度的目的。

本单元授课对象为高一年级学生，他们在初中以及高一上学期的学习中已掌握了一定的化学知识、积累了一定的学习经验。学生经过高一上学期的学习已经接触了部分可逆反应，并且已经初步具备了科学探究的一般方法和思路，在能力上，学生已拥有了一定的实验能力、观察能力、分析问题的能力和初步解决问题的能力，能初步分析、归纳实验结论。同时学生对新知识的学习又具有强烈的好奇心，利用学生的好奇心和求知欲，在实验中去探索。但是教材上没有呈现化学平衡状态建立这一微观过程，对学生的抽象思维能力要求较高，这使学生在建立平衡的观念上存在一定的难度，需要老师加以引导，提高抽象思维能力。

（五）单元学习目标与课时目标

表 7-3 "化学反应速率与限度"单元学习目标与课时学习目标

单元学习目标	课时学习目标
1.宏观辨析：了解化学反应速率的概念和基本计算。通过对实验现象的观察，理解外界条件对化学反应速率的影响 2.变化观念：认识化学反应条件对化学反应速率的影响（控制变量） 3.认知模型：能通过基本公式计算反应速率，能用一定的理论模型说明外界条件对化学反应速率的影响 4.科学探究：培养学生的探究精神和依据实验事实得出结论的科学态度，培养学生的团队协作精神	**第1—2课时 化学反应速率与影响因素** 1. 知道化学反应速率有快有慢；认识不同的化学反应其速率不同，了解化学反应速率的概念及其表达方式 2. 知道化学反应的快慢受浓度、温度、压强、催化剂等外界条件的影响，认识控制化学反应速率对人类生产、生活的意义 3.通过运用变量控制的方法探究影响化学反应速率的因素，诊断并发展学生实验探究能力以及科学推理能力
	第3课时 化学反应限度 （1）通过实验认识化学反应的限度、可逆反应和化学平衡的含义，能够结合实例体会可逆反应存在限度，能从化学反应限度的角度解释化工生产中简单的化学现象，知道当一定的外界条件改变时化学反应限度可能发生改变 （2）结合正、逆反应速率的变化理解可逆反应形成化学平衡状态的原因，能够总结归纳出化学平衡状态的特征，并能结合物质浓度、化学键变化等概念，识别可逆反应是否为化学平衡状态 （3）能够结合合成氨的化学反应体会从限度和快慢两个方面调控化学反应的重要性，认识控制反应条件在生产和科研中的重要性

（六）"化学反应速率与限度"单元活动设计

本节课以培养学生自主获取新知识的能力为目的来设计教学，采用发现、探究的教学模式，其主要过程设计为：创设情景→引导发现→探索问题→提出新的概念→提出研究题目→组织探究学习活动、收集信息→概括→实际应用→完善体系。

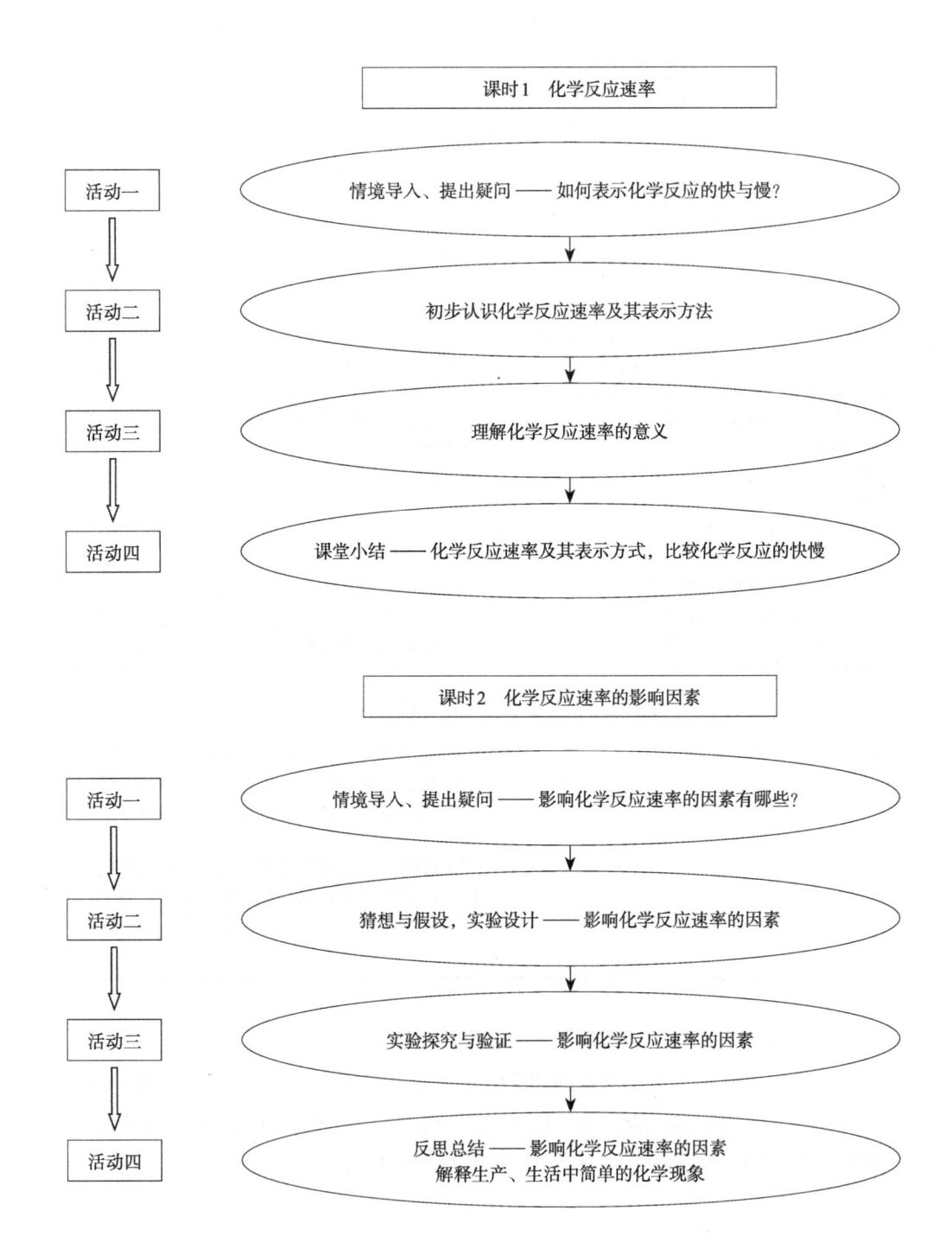

```
┌─────────────────────────────────────────────────┐
│            课时1  化学反应速率                   │
└─────────────────────────────────────────────────┘

[活动一]  →  情境导入、提出疑问 —— 如何表示化学反应的快与慢？
   ↓
[活动二]  →  初步认识化学反应速率及其表示方法
   ↓
[活动三]  →  理解化学反应速率的意义
   ↓
[活动四]  →  课堂小结 —— 化学反应速率及其表示方式，比较化学反应的快慢


┌─────────────────────────────────────────────────┐
│         课时2  化学反应速率的影响因素             │
└─────────────────────────────────────────────────┘

[活动一]  →  情境导入、提出疑问 —— 影响化学反应速率的因素有哪些？
   ↓
[活动二]  →  猜想与假设，实验设计 —— 影响化学反应速率的因素
   ↓
[活动三]  →  实验探究与验证 —— 影响化学反应速率的因素
   ↓
[活动四]  →  反思总结 —— 影响化学反应速率的因素
             解释生产、生活中简单的化学现象
```

```
                    ┌─────────────────────────┐
                    │  课时3  化学反应限度      │
                    └─────────────────────────┘
                                 │
┌──────┐            ╭──────────────────────────────────────────────╮
│活动一│ ────▶      │ 情境设置、提出问题，引发学生思考，推导出可逆反应 │
└──────┘            ╰──────────────────────────────────────────────╯
   │                             │
   ▼                             ▼
┌──────┐            ╭──────────────────────────────────────────────╮
│活动二│ ────▶      │ 实验探究，理解可逆反应的特征和化学平衡概念       │
└──────┘            ╰──────────────────────────────────────────────╯
   │                             │
   ▼                             ▼
┌──────┐            ╭──────────────────────────────────────────────╮
│活动三│ ────▶      │ 思考交流，整理化学平衡的特征与判断，通过课题练习加以深化 │
└──────┘            ╰──────────────────────────────────────────────╯
   │                             │
   ▼                             ▼
┌──────┐            ╭──────────────────────────────────────────────╮
│活动四│ ────▶      │ 解释生产、生活中的化学现象，了解控制化学反应条件在生│
└──────┘            │ 产、生活和科学研究中的作用                       │
                    ╰──────────────────────────────────────────────╯
```

图7-2 "化学反应速率与限度"单元活动设计

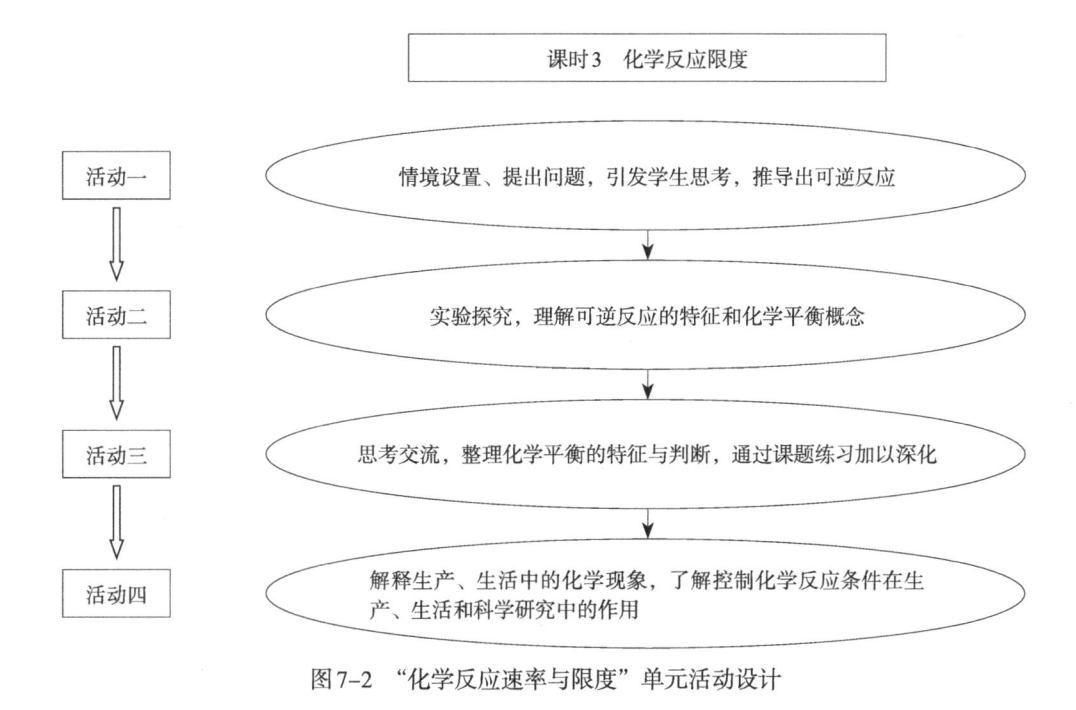

二、"化学反应速率与限度"教学设计示例

根据真实情境下大概念教学的要求，精心设定学习内容和课堂容量，因此"化学反应速率与限度"的学习需要3课时，第3课时为"化学反应限度"。

（一）大概念析读

结合新课程标准规定的内容要求，教师在教学过程中需创设真实情境，开展基于真实问题情境的大概念教学，引领学生从能力利用和转化等视角分析和掌握化学反应限度的知识，搭建相应的知识体系框架，逐步形成合理利用化学反应中能量变化的意识和思路，提升化学学科核心素养的同时，发展其问题解决意识和决策能力。教学内容上，首先学生需要在认识可逆反应的基础上，进一步学习化学平衡状态的概念和特征。将必修中对可逆反应的感性认识上升为理性认识、定量认识、全面认识，层层递进。

在化学反应限度这一块学生存在的问题：学生在之前的学习中认为A+B两种物质发生化学反应，只要A物质过量，B物质一定会被消耗完。学生没有"化学反应有限度"的意识，如何在本节课中帮助学生建立化学反应的限度就显得非常有意义。要突破学生的前概念，本节课从"高炉炼铁尾气之谜"入手，从"问题"直接引入新课题，使将要学习的内容一目了然。让学生带着疑惑，进一步实验探究三氯化铁与碘化钾的反应，结合影响速率的因素让学生自我感知到，反应在一定条件下进行到一段时间后反应物和生成物可以在体系中共存，且含量不变，再进一步提出可逆反应的限度的概念。

（二）课时学习目标

（1）知道化学反应有快有慢，知道化学反应速率的基本概念、表达式。

（2）通过对化学反应速率影响因素的探究和学习，发展对单一变量条件控制的认识。

（3）了解可逆反应。

（4）理解化学平衡状态和学会平衡状态的判断。

（5）了解化学反应有一定限度，是可以调控的，培养学生的变化观念与平衡思想的化学学科核心素养。

（6）了解控制化学反应条件在生产生活和科学研究中的作用。

（7）能依据实际条件和化学知识解决真实化学问题，结合实验探究活动学习科学方法，认识科学探究过程，体会技术手段创新对化学学科的重要价值，逐步形成科学态度，发展实践创新能力。

（三）学习重难点

◆学习重点

（1）化学反应速率的定义、表达式、计算方法；

（2）影响化学反应速率的因素；

（3）控制变量的实验思想；

（4）可逆反应；

（5）化学平衡状态的建立和判断；

（6）化学反应的调控。

◆学习难点

（1）影响化学反应速率的因素；

（2）化学反应平衡状态的判断。

（四）教学过程设计

表 7-4　第 1 课时　化学反应速率

教学环节	活动线	问题线	知识线	素养线
环节一：情境导入提出疑问，如何表示化学反应的快与慢？	活动1：体会不同的化学反应进行的快慢差异	问题1：宏观物体的运动有快有慢，那化学反应呢？ 问题2：你所知道的化学反应中，哪些是进行比较快的，哪些是进行比较慢的？	化学反应的快慢表示方法	通过生活中常见化学反应快慢的举例，明白化学反应的快慢在生产生活中具有十分重要的意义
环节二：初步认识化学反应速率及其表示方法	活动2：阅读自学化学反应速率相关内容	问题1：如何定量的描述化学反应进行的快慢？ 问题2：什么是化学反应速率？其表示的意义是什么？ 问题3：如何进行定量计算？	化学反应速率的概念、表示方法、单位、计算公式	引导学生从微观粒子的角度解释宏观现象，进一步培养宏观辨识与微观探析的学科素养
环节三：理解化学反应速率的意义	活动3：课堂练习，进一步理解化学反应速率的意义	问题1：在某一化学反应中，反应物B的浓度在5s内从2.0mol/L变成0.5mol/L，在这5s内B的化学反应速率为_____。 问题2：在2L密闭容器中，加入一定量的H_2和N_2，在一定条件下发生反应。4s内，测得生成NH_3的平均反应速率为$0.2 mol \cdot L^{-1} \cdot s^{-1}$，则4s内$H_2$和$N_2$的平均反应速率为多少？2s时$NH_3$的物质的量是多少？	1.化学反应速率是一段时间内的平均反应速率，而不是某一时刻的瞬时速率，取正值 2.在同一化学反应里用不同的物质表示的化学反应速率可能不同，但意义相同，故描述化学反应速率时必须指明具体的物质 3.在同一化学反应中不同的物质表示的化学反应速率之比等于化学计量数之比	明确概念，能进行简单的定量计算。学会运用科学的方法，构建化学反应速率的模型认知完成化学反应速率的学习

续表

教学环节	活动线	问题线	知识线	素养线
环节四：总结反思，学以致用，比较化学反应的快慢	活动4：通过练习理解化学反应速率的比较方法	问题：反应 A（g）+3B（g）$\rightleftharpoons$ 4C（g）+2D（g）在不同条件下反应，其平均反应速率 v（X）如下，其中反应速率最大的是（ ） A. $v(C) = 0.2 \text{ mol} \cdot \text{L}^{-1} \cdot \text{s}^{-1}$ B. $v(D) = 6 \text{ mol} \cdot \text{L}^{-1} \cdot \text{min}^{-1}$ C. $v(B) = 8 \text{ mol} \cdot \text{L}^{-1} \cdot \text{min}^{-1}$ D. $v(A) = 4 \text{ mol} \cdot \text{L}^{-1} \cdot \text{min}^{-1}$	化学反应速率的比较方法	在宏观方面，能通过一些特殊的实验现象定性辨别化学反应的快慢，能通过化学反应速率来定量表示和比较化学反应快慢

表7-5　第2课时　化学反应速率的影响因素

教学环节	活动线	问题线	知识线	素养线
环节一：情境导入提出疑问	活动1：解释生活中涉及速率的化学现象	问题1：为什么有的反应速率快，有的反应速率慢？ 问题2：影响化学反应速率的因素有哪些呢？	影响化学反应速率的因素	能对有关化学的真实问题提出相应合理的假设，以问题引导学生自主学习
环节二：猜想与假设，实验设计	活动2：猜想影响化学反应速率的因素并设计相关实验	问题1：如何设计对照实验？ 问题2：对于化学反应的快慢，如何借助反应现象来判断？ 问题3：化学反应快慢的影响因素不止一个，实验中如何处理多个影响因素的情况？	1. 对照实验的设计 2. 实验现象主要有颜色变化快慢，固体减少快慢，产生浑浊快慢，温度变化快慢，等等，判断化学反应速率 3. 控制变量的思想	培养设计实验方案的能力，加深科学探究中"控制变量法的"应用
环节三：实验探究与验证	活动3：学生分组实验，探究影响化学反应速率的因素	问题：实验现象是什么？你能得出什么结论？	温度、浓度对化学反应速率的影响	实验探究环节，让学生在探究中了解和运用定量法，通过小组实验探究，培养合作交流能力

续表

教学环节	活动线	问题线	知识线	素养线
环节四：总结反思学以致用知识迁移	活动4：从影响化学反应速率因素的角度解释生产、生活中的简单的化学现象	问题1：如何通过改变条件调控化学反应速率？ 问题2：如何促进有利的化学反应？如何抑制有害的化学反应？	控制化学反应速率的意义	从生产生活事实中获取知识，形成辩证发展的思维

表 7-6　第 3 课时　化学反应限度

教学环节	活动线	问题线	知识线	素养线
环节一：创设情境以趣激学建立联系	活动1：结合生产实践、解释炼铁高炉尾气之谜	问题1：一个化学反应在实际进行时，反应物能否完全转变为生成物？ 问题2：为什么增加炼铁高炉的高度不能改变高炉尾气中的CO比例呢？	1.可逆反应含义 2.常见的可逆反应	能对有关化学的真实问题提出相应合理的假设，培养获取信息、提取信息的能力
环节二：实验探究收集证据构建模型	活动2：学生分组实验，三氯化铁和碘化钾的反应	问题1：这类反应有什么样的共性？ 问题2：请大家写出Fe^{3+}与I^-反应的离子方程式。如果二者发生反应，如何检验产物？怎么保证Fe^{3+}反应完全？	1.化学平衡状态的描述 2.从反应速率的视角分析化学平衡状态的建立过程 3.化学平衡状态的定义	借助实验探究，初步建立物质转化的理论模型，在实验探究中培养学生合作和系统假设的能力，科学探究能力、演绎推理能力，形成模型认知和变化观
环节三：深化模型提升理解归纳整理	活动3：根据活动1和2，自主整理，认识可逆反应，理解化学平衡状态的建立过程、特征及标志，再通过练习加深理解	问题1：可逆反应在一定条件下所能达到的最大程度是什么？ 问题2：如何判断可逆反应已达到平衡状态了呢？ 问题3：该状态具有什么特征？	1.化学平衡的建立 2.化学平衡状态的特征 3.化学平衡状态的判断	构建物质转化思维模型，形成变化观念和模型认知的素养能力。加强综合分析能力，培养获取信息、提取信息的能力

续表

教学环节	活动线	问题线	知识线	素养线
环节四：学以致用加深理解升华研究	活动4：从化学反应限度和快慢的角度解释生产、生活中的简单的化学现象	问题1：如何促进有利的化学反应 问题2：如何抑制有害的化学反应	控制化学反应条件的意义：促进有利的化学反应，抑制有害的化学反应	从生产生活事实中获取知识，形成辩证发展的思维
环节五：综合提升解决问题证实猜想交流评价	活动5：了解控制反应条件在生产、生活和科学研究中的作用	问题1：如何控制生产成本 问题2：如何实现反应在实际生产中的可能性	1.应用实例：工业合成氨 2.多角度分析、评价相对复杂的实际问题	形成变化观念和模型认知的素养能力，培养创新思考能力，树立可持续发展的绿色化学思想

三、单元教学反思

本节内容能够充分发挥化学反应的重要价值，帮助学生从化学反应速率和化学反应的限度两方面发展认识化学反应的基本角度。通过学生自己设计实验，研究分析出影响化学反应速率的因素。在明确化学反应速率的基础上，能够解释化学反应平衡建立的过程、化学平衡的特征，知道化学平衡受外界因素的影响。学生进一步意识到化学反应的速率和限度可以通过改变外界条件进行调控，不仅学会控制变量设计实验的方法，也进一步明白化学反应条件控制的重要意义，更让学生体会学习化学对于生产、生活和科学研究的重要作用。

（一）本单元教学特色

（1）从实验探究入手创设学生积极探究学习的氛围。在第2课时中，教学主要环节就是学生完成影响化学反应速率的因素的实验。从实验目的、假设与推论、实验设计、实验操作到实验现象、数据与结论，突显教为主导学为主体的教学理念。第3课时中，学生从一个全新的角度去认识化学反应——化学反应的限度，发展了学生证据推理的思想和科学探究的精神。最后再回到生产、生活，利用所学新知识解决实际问题。

（2）采用"大概念统领下的问题式探究"教学模式。围绕化学反应快慢的定性判断和定量计算、化学反应限度的模型建构，完成对化学反应的多维认知，培养学生的模块整体意识。

（3）设计实验及图表分析，锻炼学生实验及化学分析能力。工业合成氨因无明显现象，不适宜做课堂实验，故选用$FeCl_3$和KI的反应作实验探究，以培养学生的证据推理能力。再综合运用c-t图、v-t图、表格多维度帮助学生形成化学平衡状态的整体认知。本节课旨在使学生明确变化与平衡间对立统一的关系，形成变化观念与平衡思想的系统化学思维。

（4）重视课堂诊断。概括总结，掌握抽象知识学习方法，通过分析平衡状态的建立过程，诊断并发展学生对化学平衡认识思路的结构化水平。

（二）存在不足

化学平衡的概念相比于以往学习的内容更加抽象，晦涩难懂，与学生日常生活经验存在一定距离。所以在教学中更需要充分利用化学实验手段或化学史实帮助学生理解，教学设计应更贴近学生的认知水平和思维习惯。这些方面要斟酌得巧妙些。

（三）再教设计

化学反应限度是对化学反应速率内容的深化与应用。可以通过对已经学习的氯气与水反应，初步建立起可逆反应的概念，知道可逆反应的特征。继而通过实验探究的形式，使学生亲身感受可逆反应在一定条件下不可能进行到底，是有限度的。可以选取$2Fe^{3+}+2I^-=2Fe^{2+}+I_2$的反应，既可以帮助达成本节课对可逆反应和化学平衡认知的教学目标，又是对先前知识的复习回顾、加深理解，一举两得。

参考文献：

[1]中华人民共和国教育部制定.普通高中课程方案（2017年版2020年修订）[S].北京：人民教育出版社，2020.

[2]王晶，毕华林.普通高中教科书化学必修2化学反应原理[M].北京：人民教育出版社，2023.

[3]刘焕亮.基于学科核心素养的单元整体教学设计[J].中学化学教学参考，2019（10）：36-37.

[4]韦钰.以大概念的理念进行科学教育[J]人民教育，2016（1）：41-45.

[5]何彩霞.化学观念统领下的知识结构及认识思路：以"物质组成"知识为例[J]化学教学，2015（8）：10-14.

[6]黄建萍.基于学科大概念的生物单元教学设计研究[D]南昌：南昌大学，

2020.

[7] 温·哈伦.韦钰译.以大概念理念进行科学教育[M].北京：科学普及出版社，2016：3.

[8] 牟鹏洲，蒲玉，闫绿维，等.基于信息技术的"教、学、评"一体化教学设计——以"化学反应限度"为例[J].化学教育（中英文），2023，44（17）：102-108.

[9] 丁娟娟，丁伟.结合手持技术的"化学反应速率与限度"大单元教学[J].中学化学教学参考，2022（8）：11-14.

[10] 陆莉发.素养为本的"化学反应的限度"教学设计[J].中学化学教学参考，2021（14）：14-16.

[11] 梁兰玉.变量控制法在高中化学实验中的实践研究[D].重庆：西南大学，2021.

[12] 王志兴."化学反应的速率与限度"知识与能力提升[J].中学生数理化（高一使用），2020（6）：3-6.

[13] 陈锦.基于SOLO分类理论实现高中化学螺旋式知识进阶——以"化学反应速率"第一课时为例[J].中学化学教学参考，2023（17）：25-27.

第八章

乙醇与乙酸单元教学设计

高中化学新课标的一种重要理念是学习生活中的化学，学习有用的化学。有机物是人类赖以生存的重要物质基础，它们的开发利用大大提高了人类的生活质量，并且改变了人类的生活方式。本单元共包含四节内容：第一，认识有机化合物；第二，乙烯与有机高分子材料；第三，乙醇与乙酸；第四，基本营养物质。

本节教学内容是人教版高中化学必修第二册第七章"有机化合物"第三节"乙醇和乙酸"，共两个课时。第一课时"乙醇"是继烃类——甲烷、乙烯之后，学习的第一种烃的衍生物，它是联系"烃"与"烃的衍生物"的桥梁，在有机物的相互转化中处于核心地位。学习这一课时，既稳固了前面所学的烃的性质，又对学习生活中的另外有机物及其他烃的衍生物具有指导性的作用，可以让学生在烃的衍生物的学习中，抓住官能团的结构和性质这一中心，确认结构决定性质这一普遍性规律，为学习其他烃的衍生物构建认知模型，使学生学会触类旁通的学习方法，提高学生的学习能力。同时也为选修进一步学习有机化学的学生打下坚实的知识基础，而且乙醇和乙酸也是与生产、生活、社会密切联系的典型的烃的衍生物。

第二课时"乙酸"是一种重要的化工原料，其产品已渗透到人类生活的许多领域，在生活和工农业生产中具有广泛用途。通过我们身边的醋酸类产品，可以认识乙酸的化学性质和用途，更重要的是让学生认识到学习有机化学的重要性以及有机物质与人类生活的关系。醋酸是我们的生活用品，是典型的烃的衍生物，从烃的衍生物的组成、结构和性质出发，让学生知道官能团对有机物性质的重要影响。本课时对于学好本章其他烃的衍生物的知识有着指导性的作用。另外乙酸在实际生活、工农业生产、科学研究中应用十分广泛，学好本课时知识，也具有比较重要的理论意义和现实意义。

总而言之，本单元内容安排在烃以后，是从烃到烃的衍生物过渡的重要环节，要注意从烃到烃的衍生物的结构变化，体会官能团与性质的关系，对于学好本章其他烃的衍生物的知识有着指导性的作用。学生通过学习这部分知识，能够掌握乙醇和乙酸的结构以及化学性质，因此，本单元内容是本章的重点之一。

一、单元整体设计

（一）课程标准内容要求

《普通高中化学课程标准》（2017年版2020年修订）对"简单的有机化合物及

其应用"部分的内容包括有机化合物的结构特点、典型有机化合物的性质、有机化学研究的价值以及学生必做实验等四个方面，如图所示。

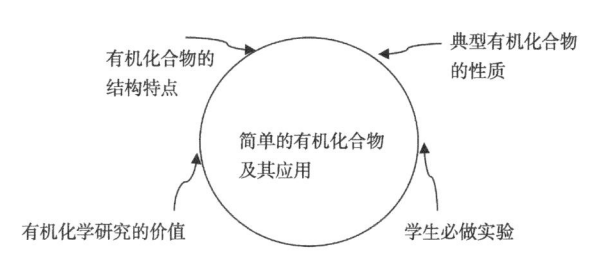

图 8-1　课程标准内容要求

表 8-1　课程标准解读

课程标准	课标解读
1.以乙醇为例认识有机化合物中的官能团，认识乙醇的结构及其主要性质与应用 2.认识乙醇的官能团与性质的关系，知道有机物之间在一定条件下是可以转化的	1.了解乙醇的物理性质，能从乙醇的微观结构出发利用官能团解释乙醇的化学性质 2.通过对乙醇的学习，体会有机化学反应与无机化学反应在反应条件、反应试剂及反应产物等方面的差异，深化"结构决定性质，性质反映结构""性质决定用途"等学科观念

1. 有机化合物的结构特点

知道有机化合物分子是有空间结构的，以甲烷、乙烯、乙炔、苯为例认识碳原子的成键特点，以乙烯、乙醇、乙酸、乙酸乙酯为例认识有机化合物中的官能团。知道有机化合物存在同分异构现象。

2. 典型有机化合物的性质

认识乙烯、乙醇、乙酸的结构及其主要性质与应用；结合典型实例认识官能团与性质的关系，知道氧化、加成、取代、聚合等有机反应类型。知道有机化合物之间在一定条件下是可以转化的。

3. 有机化学研究的价值

知道合成新物质是有机化学研究价值的重要体现。结合实例认识高分子、油脂、糖类、蛋白质等有机化合物在生产、生活中的重要作用。

（二）章节核心素养

1. 宏观辨析与微观探析

以乙醇、乙酸为例，论证结构决定性质，性质反映结构的辩证关系。知道乙醇和乙酸的结构特征，了解其中的官能团，掌握相关性质。

2.证据推理与模型认知

通过设计实验分析、推理乙醇和乙酸分子组成及结构，建立认知模型，会运用认知模型去解释乙醇和乙酸的性质。

3.科学探究和创新意识

通过参与对乙醇及乙酸分子组成、结构的探究掌握学习有机物的基本思路和方法，加强归纳、推理能力，善于合作，敢于质疑，勇于创新。

4.科学态度与社会责任

通过了解乙醇和乙酸的来源、生产用途以及理化性质辩证看待化学对人类的影响，认识化学对创造更多物质及精神财富的巨大贡献。从自身做起，形成简约适度、绿色低碳的生活方式。

（三）大概念建构与整体设计

大概念是学科中的核心概念，是基于事实基础抽象出来的深层次的、可迁移的概念。大概念并非化学学科中的某一部分知识的具体概念，它反映的是学科的本质以及核心观点，具有共识性和统领性。

1.大概念构建

本章教学设计的大概念是依据《普通高中化学课程标准》（2017年版2020年修订），从化学学科核心素养出发，在明确本章学习目标的基础上提炼出来的。课程标准中指出：以乙烯、乙醇、乙酸、乙酸乙酯为例认识有机化合物中的官能团；认识乙烯、乙醇、乙酸的结构及其主要性质和应用；结合典型实例认识官能团与性质的关系等。针对必修阶段"乙醇和乙酸"的学习，围绕"结构决定性质"这一大概念，抽提出次级大概念：有机物分子中的官能团决定其性质，以此强调认识官能团与性质的关系。普通高中化学课程以全面发展学生化学学科核心素养为主旨，确定课程的主题、模块和系列。以"乙醇和乙酸"为例展示"生活中常见的有机化合物"的大单元教学案例，其中容纳的课时大概念为乙醇和乙酸的官能团决定性质，性质决定用途，用途反映性质。

表8-2 "乙醇与乙酸"部分大概念层级

学科大概念	单元大概念	课时大概念
生活中的有机化学	结构决定性质，性质决定用途	乙醇和乙酸的官能团决定性质，性质决定用途，用途反映性质

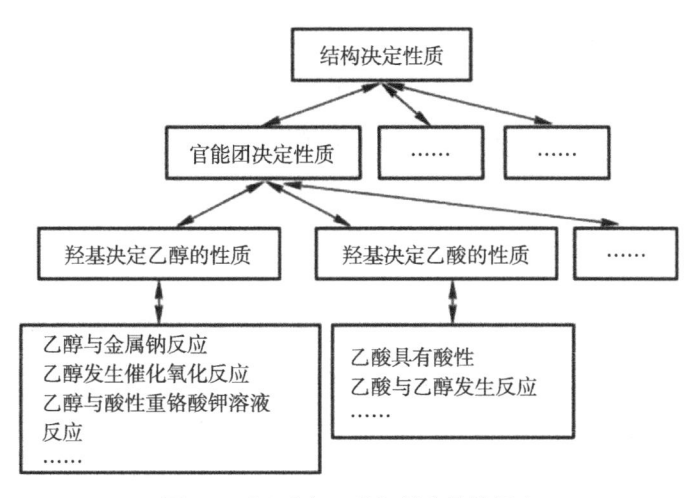

图 8-2 "乙醇与乙酸"部分具体概念

2. 大概念整体设计

围绕"结构决定性质、性质决定用途"这一大概念，在必修课程中，遵循从简单到复杂、从熟悉到不熟悉的原则，按照"结构—性质—用途"的顺序来进行整体设计学习流程。

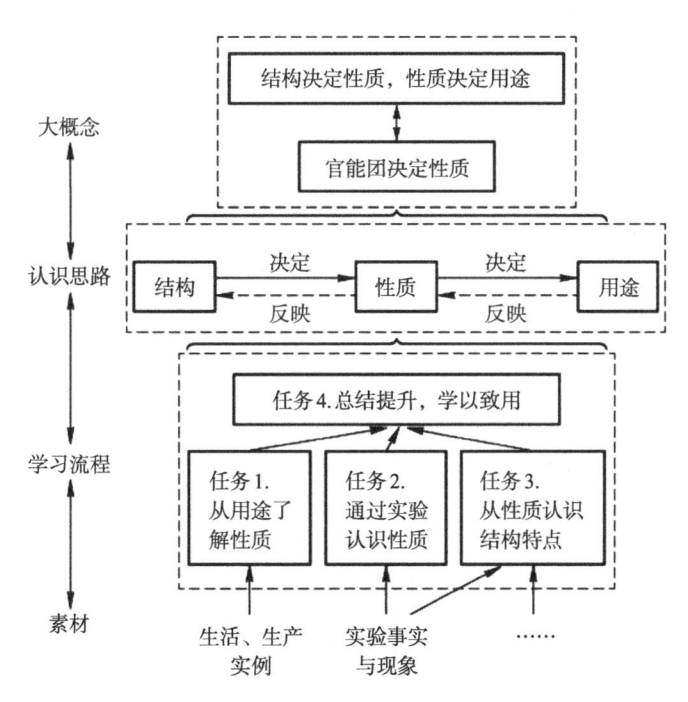

图 8-3 依据大概念整体设计的学习流程

(四)学情分析

高一学生在中学接触到的有机物知识并不多,但是对生活中的酒精和醋有一些认识。在前面学习了烷烃,对乙烷的结构能做出正确的分析,这对引出烃的衍生物乙醇和乙酸奠定了基础。初中阶段学生只知道乙酸是一种酸,只知道乙酸能电离出H^+。在这一章,学生从最简单的有机物学习,对于有机物的结构和特征性质都有一定的了解。

知识基础:乙醇和乙酸是学生比较熟悉的有机物,生活中极其常见。

素养薄弱点:学生微观结构想象力不足,不能宏观、微观相结合;思维上深度不够,实验探究能力不足。

从学生心理情况看,由于乙醇和乙酸是生活中经常接触到的物质,十分贴近生活,容易激起学生的探究欲望。从学生学习能力上看,经过高一半年多的学习,学生的自学能力、理解能力以及思维创造能力都有了明显的提高。但是学生对乙醇和乙酸的认识主要还停留在宏观表象阶段,还没有从微观构造角度来认识乙醇和乙酸;虽然前面已经学习了甲烷、乙烯两种有机物,但还没有关于有机物官能团的认识,也没有建立起"结构—性质—用途"的有机物学习模式。所以在教学中,应该突出强调乙醇的结构对性质的影响以及性质对用途的决定作用,在学生的头脑中逐步建立起"结构—性质—用途"的有机物学习模式。

(五)单元学习目标与评价目标

1.学习目标

表 8-3 单元学习目标与课时学习目标

单元学习目标		课时学习目标
(1)理解物质的性质与用途间的内在联系,强化生活意识和社会责任 (2)根据乙醇、乙酸的组成与结构,理解乙醇、乙酸的性质及应用,培养"宏观辨识与微观探析"的核心素养。了解烃的衍生物和官能团的概念,结合官能团认识有机物的分类、性质,培养"宏观辨识与证据推理"的核心素养	第1课时	(1)通过乙醇分子结构的构建和性质实验探究过程,诊断并发展学生探究实验、证据推理的水平 (2)通过宏观—微观—符号三重表征乙醇与钠,乙醇的催化氧化反应,乙酸的酯化反应诊断并发展学生宏观辨识与微观探析水平 (3)通过创设情境,求真探究,诊断并发展学生科学态度和社会责任的认识水平
	第2课时	(1)乙酸分子结构和性质实验探究,形成证据推理意识和"结构决定性质"的学科观念 (2)学会从宏观、微观、化学方程式三重表征乙酸的酸性,酯化反应。认识官能团是辨识有机物的基本视角,构建有机物的认识模型 (3)了解官能团与性质的关系,知道有机物之间在一定条件下是可以转化的,培养变化观念与联系思想

2.评价目标

（1）通过乙醇分子结构的构建和性质实验探究过程，诊断并发展学生探究实验、证据推理的水平。

（2）通过宏观—微观—符号三重表征乙醇与钠，乙醇的催化氧化反应，乙酸的酯化反应，诊断并发展学生宏观辨识与微观探析水平。

（3）通过创设情境，求真探究，诊断并发展学生科学态度和社会责任的认识水平。

（六）单元活动设计

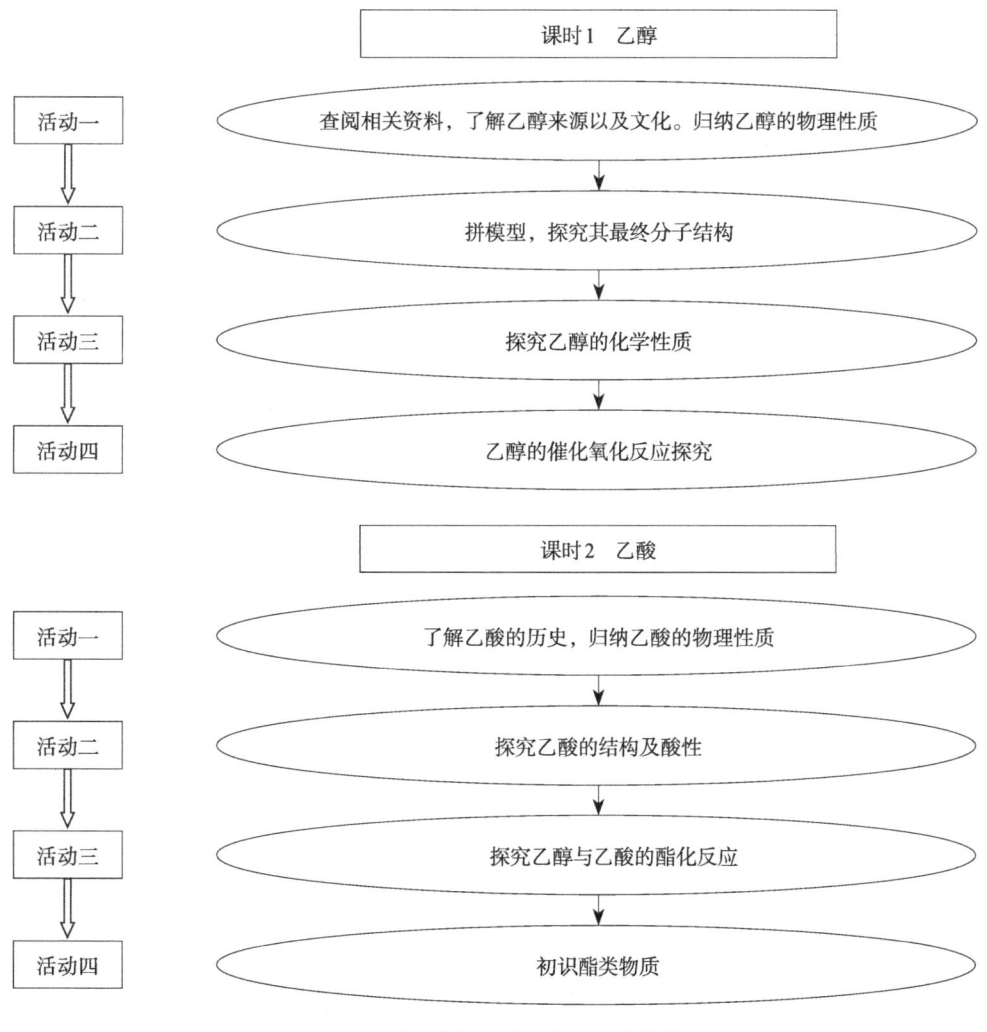

课时1 乙醇

- 活动一：查阅相关资料，了解乙醇来源以及文化。归纳乙醇的物理性质
- 活动二：拼模型，探究其最终分子结构
- 活动三：探究乙醇的化学性质
- 活动四：乙醇的催化氧化反应探究

课时2 乙酸

- 活动一：了解乙酸的历史，归纳乙酸的物理性质
- 活动二：探究乙酸的结构及酸性
- 活动三：探究乙醇与乙酸的酯化反应
- 活动四：初识酯类物质

图8-4 "乙醇与乙酸"单元活动设计

二、"乙醇与乙酸"教学设计示例

(一)课时学习目标

(1)知道乙醇和乙酸的物理性质。
(2)掌握乙醇的组成、结构、官能团以及烃的衍生物的定义。
(3)学会应用乙醇和乙酸的结构分析其化学性质。
(4)能够从微观角度解释乙醇的催化氧化反应和酯化反应。

(二)教学重难点

教学重点

(1)乙醇的结构和性质;乙醇的催化氧化反应。
(2)乙酸的结构、酸性和酯化反应。

教学难点

(1)宏观、微观、符号三重表征乙醇的催化氧化反应。
(2)酯化反应实验。

(三)教学方法

演示法、讲授法、情境教学法、小组合作探究法、模型演示、小组讨论、实验探究以"结构—性质—用途"的学习方式,从乙醇和乙酸的结构出发,学习其性质,进一步拓展到它们的用途,树立结构决定性质,性质决定用途的有机物学习方法。

(四)教学思路

表 8-4 "乙醇与乙酸"教学思路

学习任务线	初识乙醇和乙酸	乙醇和乙酸结构分析	乙醇和乙酸性质探究	应用乙醇和乙酸
情境线	生活中的化学——乙醇和乙酸	搭建乙醇和乙酸模型	乙醇能否与钠反应?乙酸是否具有酸的通性	乙醇和乙酸在生活中有哪些实际用途?
知识线	乙醇和乙酸的物理性质	乙醇分子的结构、烃的衍生物,乙醇与乙酸的官能团	乙醇与钠反应,乙酸具有酸的通性	乙醇乙酸的用途
素养线	科学态度 社会责任	模型认知 证据推理	科学探究 创新意识	科学态度 社会责任

（五）教学过程

表8-5　第1课时　乙醇

教学环节	教师活动线	学生活动线	设计意图
课前创设情境	展示中国传统诗词中与酒有关的诗句。	观看，体验	以古典诗词为切入口，培养学生人文素养以及对诗词美的感受
初识乙醇，归纳物理性质	请学生观察实验台上的酒精试剂，结合生活中对乙醇的描述和应用，乙醇有哪些性质	阅读教材77页，结合生活常识，归纳乙醇的物理性质	多途径感官认识、阅读，分析乙醇物理性质，培养学生总结归纳能力
分析乙醇结构	展示乙烷的球棍模型演示用氧原子插入乙烷结构的方式	探究乙醇的分子结构，得出只有两种结构。思考哪种形式才是乙醇的结构式呢？	通过模型演示，直观体验乙醇的结构，认识有机物结构
实验探究乙醇结构和性质	探究乙醇结构性质实验 1.演示改进实验：乙醇与钠反应 问题1：煤油属于烃类，钠存放在煤油中，说明了什么问题？ 问题2：观察反应现象，"乙醇和水"与"乙醇和钠"，谁反应更剧烈？ 问题3：对比反应前后乙醇化学键变化 2.烃的衍生物概念解析 3.官能团概念的建立	观看实验演示，记录实验现象、汇报实验现象 活动1：煤油不与乙醇反应，得出乙醇的结构简式为：CH_3CH_2OH 或 C_2H_5OH 活动2：定义烃的衍生物 活动3：描述实验现象，比较钠与乙醇和水反应现象的异同。指出乙醇和钠的反应方程式及断键位置 得出结论：乙醇羟基中氢原子不如水中氢原子活泼 活动4：类比钠与水反应，写出钠与乙醇反应方程式 $2CH_3CH_2OH+2Na \rightarrow 2CH_3CH_2ONa+H_2\uparrow$ 活动5：给出烃的衍生物定义	1.学会从宏观、微观、化学方程式三重表征乙醇与钠反应；培养学生类比、分析和表达能力 2.根据钠与乙醇反应、钠与水反应实验现象的异同归纳、推论乙醇羟基中氢原子与水中氢原子活泼性大小
生活中的乙醇	1.乙醇在生活中可用作燃料，请写出乙醇燃烧的化学方程式 2.谈谈生活中如何正确使用酒精？	1.写出乙醇燃烧的化学方程式 $C_2H_5OH+3O_2 \xrightarrow{\text{点燃}} 2CO_2+3H_2O$ 2.描述燃烧现象：淡蓝色火焰，放出大量的热 3.交流生活中使用酒精的注意事项	体会化学服务于生活，激发学生学好化学、用好化学的兴趣。培养学生生活中正确使用化学用品的安全意识

续表

教学环节	教师活动线	学生活动线	设计意图
探究乙醇的催化氧化反应	1.演示乙醇的催化氧化实验 强调：明确操作 注意铜丝前后变化以及溶液气味变化 引导学生根据现象分析 问题1.铜丝变黑是因为什么？ 问题2.铜丝变红是因为什么？ 问题3.刺激性气味气体是什么？ 1.资料支撑：乙醛的物理性质 2.思考铜丝在整个过程中起什么作用？ 3.写出该过程的化学方程式	1.观察并记录实验现象，小组汇报，分析原因 2.符号表征：写出乙醇催化氧化化学方程式 3.微观探析反应中乙醇化学键的变化 4.构建乙醇→乙醛转化的模型 O₂ 红色 CH₃CHO Cu H₂O CuO 黑色 CH₃CH₂OH	1.学会从宏观、微观、化学方程式三重表征乙醇催化氧化，多感官感悟化学变化 2.知道有机物之间在一定条件下是可以转化的，培养学生发现有机反应与官能团、化学键的联系，构建有机物学习认知模型 3.培养变化观念与平衡思想 4.培养探究意识、分析和表达能力
乙醇的氧化反应	1.自制装置实验：在装有高锰酸钾溶液的试管中，通过长颈漏斗鼓入气体，观察对比实验现象 2.引导学生构建乙醇→乙醛→乙酸转化图	1.在装有高锰酸钾溶液的试管中，通过长颈漏斗鼓入气体，观察对比实验现象 2.构建乙醇→乙醛→乙酸转化图 乙醇 →O₂氧化→ 乙醛 →O₂氧化→ 乙酸 CH₃CH₂OH CH₃CHO CH₃COOH K₂Cr₂O₇ ↑ K₂Cr₂O₇ 3.理解条件不同，氧化产物不同	1.利用自制实验装置，学生沉浸式体验化学变化 2.构建乙醇→乙醛→乙酸转化图，将知识结构化，有利于记忆、理解及熟练应用知识
总结讨论乙醇的用途	1.结合乙醇的性质，分组讨论乙醇在生活中的用途 2.过量饮酒可能会造成什么后果？	交流讨论乙醇的用途及过量饮酒的危害	培养学生表达能力、安全意识和社会责任感。 建立结构—性质—用途，用途反映性质，性质反映结构的学科大概念
小结	有机化合物 结构 →决定/反映→ 性质 →决定/反映→ 用途 醇类 → 乙醇 羟基(-OH) — 1.与钠反应生成氢气 2.燃烧 → 做燃料 3.催化氧化成乙醛 4.强氧化剂氧化成乙酸 — 工业原料		

续表

教学环节	教师活动线	学生活动线	设计意图
自主学习，拓宽视野	拓展性实践 1.查阅相关资料，进一步了解乙醇的性质和用途 2.查阅车用乙醇燃料相关知识 3.了解我国的酿造酒文化历史 4.其他与乙醇相关的有趣的研究	分组课后完成	1.感受化学与生活的密切联系 2.强化生活意识和社会责任

表8-6　第2课时　乙酸

教学环节	活动线	问题线	知识线	素养线
环节一：创设情境，导入新课，激发学生的学习兴趣	新课导入教师讲述醋的来历	结合生活实践、查阅资料，了解醋的历史以及醋的性质	1.了解醋的酿造 2.知道醋有酸性 3.家里做鱼放醋味道更加鲜美	通过实例和化学思维发现生活中的化学问题，发展核心素养
环节二：探究并交流评价乙酸的物理性质	取实验台上的乙酸，结合生活常识，观察描述乙酸的物理性质	问题1：乙酸常温下是什么颜色，什么状态？ 问题2：乙酸具有什么气味？ 问题3：乙酸溶解性如何？ 问题4：乙酸的熔点和沸点是多少？ 问题5：冰醋酸是什么？	乙酸的物理性质描述：乙酸俗名醋酸，是一种无色透明液体，具有刺激性气味，易溶于水和乙醇。乙酸的熔点为16.6℃，沸点为117.9℃。当温度低于16.6℃，乙酸就凝结成晶体，称为冰醋酸，为纯净物	能够通过观察认识物质的部分物理性质，由实践上升到理论高度
环节三：宏微结合构建模型符号表征形成概念	观察乙酸的球棍模型	问题1：乙酸的分子式是什么？ 问题2：乙酸的最简式是什么？ 问题3：写出乙酸的结构式和结构简式		认知不断由宏观到微观、由感性到理性方向深化表征

续表

教学环节	活动线	问题线	知识线	素养线
环节四：探究乙酸的酸性	1.联系生活实际，设计合理实验，推测乙酸是否像无机酸一样，具有酸的通性 2.完成教材79页【思考与讨论】	问题1：能否使酸碱指示剂变色 问题2：能否与活泼金属反应 问题3：能否与碱性氧化物反应 问题4：能否与碱反应 问题5：能否与某些盐反应 问题6：如何比较醋酸与碳酸的酸性强弱	弱酸性：$CH_3COOH \rightleftharpoons CH_3COO^- + H^+$ 一元弱酸，具有酸的通性 1.与指示剂反应：石蕊变红 2.与金属反应（Na） $2Na + 2CH_3COOH = 2CH_3COO^- + 2Na^+ + H_2\uparrow$ 3.与碱性氧化物反应（CuO） $2CH_3COOH + CuO = 2CH_3COO^- + Cu^{2+} + H_2O$ 4.与碱反应（NaOH） $CH_3COOH + OH^- = CH_3COO^- + H_2O$ 5.与盐反应（Na_2CO_3） $2CH_3COOH + CO_3^{2-} = 2CH_3COO^- + 2H_2O + 2CO_2\uparrow$ 6.用食醋可以清除水垢（主要成分是$CaCO_3$） $2CH_3COOH + CaCO_3 = (CH_3COO)_2Ca + H_2O + CO_2\uparrow$ 该实验验证了酸性：$CH_3COOH > H_2CO_3$	培养学生知识运用和迁移能力，学以致用，培养学生用已经有的知识储备解决新问题的能力

续表

教学环节	活动线	问题线	知识线	素养线
环节五：乙酸特殊的化学性质：酯化反应	联系生活，用化学知识解释	问题1：烧鱼时常加醋并加点料酒，这样鱼的味道就变得香醇。为什么？ 问题2：设计乙醇与乙酸的酯化反应 【思考与交流】 （1）碎瓷片的作用是什么？ （2）浓硫酸的作用是什么？ （3）饱和Na_2CO_3溶液的作用是什么？ （4）导管末端为什么不能插入饱和Na_2CO_3溶液中？ （5）酯的分离方法是什么？ （6）酯化反应可能有哪些脱水方式？如何确定？ 问题3：为什么"酒是陈的香"？	1.乙醇和乙酸可能发生了反应，生成了具有香味的物质 2.实验现象：上层有无色油状液体产生，可闻到香味。结论：在浓硫酸存在并加热的条件下，乙酸和乙醇发生了化学反应 （1）防止暴沸 （2）浓硫酸作催化剂和吸水剂，既加快了反应速率又提高了反应物的转化率 （3）用饱和碳酸钠溶液吸收乙酸乙酯：溶解乙醇，中和乙酸，降低乙酸乙酯的溶解度，便于液体分层 （4）防倒吸 （5）分离出乙酸乙酯的方法是分液 酯化反应（取代反应）：酸和醇起作用，生成酯和水的反应 酯化反应是可逆反应，乙酸乙酯会与水反应生成酸和醇 酯基： $$\begin{matrix}O\\\|\\-C-O-R\end{matrix}, 或写作—COOR$$ （6）用原子示踪法确认酯化反应脱水方式是酸脱羟基，醇脱羟基上的氢原子 $$CH_3-\overset{O}{\underset{\|}{C}}-OH + H-O-C_2H_5 \xrightarrow[\Delta]{浓硫酸}$$ $$CH_3-\overset{O}{\underset{\|}{C}}-O-C_2H_5 + H_2O$$ 3.陈年老酒中含有酯类，酯是有芳香气味的物质，存在于各种水果和花草中，可做香料	能借助微观阐述宏观现象，并进行正确符号表征，能够解释生活中的常识问题

续表

教学环节	活动线	问题线	知识线	素养线
环节六：课堂小结，诱导启思	总结生活中的化学	问题1：通过认识乙酸，说明有机酸的特征是什么？ 问题2：能否归纳羧基的性质？ 问题3：生活处处有化学，课后有兴趣的同学进一步了解周围哪些物质含有酯类以及酯类的用途	1.含有羧基官能团 2.酸的通性；酯化反应	能总结理论，能够激发学习兴趣，鼓励学生课外探究，学以致用

三、单元教学反思

以"乙醇与乙酸"的单元教学设计为基础展开大概念教学下的单元教学反思，以大概念统领具体知识，建立具体知识与大概念的对接，有利于促进学生从化学知识向化学学科核心素养的转化。以大概念为统领进行单元教学，有利于教师把握教学内容的本质和关键，让具体内容的学习服务于学生学科核心素养的发展。

第1课时"乙醇"是有机化学部分一个重要的内容。这节课老师用的教学思路是：设疑 — 问题探究（发现问题 — 实验探究）— 多媒体演示（解决问题）— 规律应用 — 练习反馈。"乙酸"是我们生活中经常接触到的物质，大家都很熟悉，故采用情境教学法、合作实验探究法、学生自主学习、交流归纳等方法。

具体从以下三部分进行阐述。

（一）主要亮点

第一课时重点问题解决得较好，详略得当，深广度把握得较好；该强调的重要知识、该交代的细节、该联系的知识都按教学目的要求处理得较为恰当；通过实验探究、知识对比联系，引导学生去思考、发现问题，具体分析，达到师生共同学习的和谐气氛，激发了学生主动探索、解决问题的兴趣。

通过演示实验，使乙醇与钠的反应更直观，学生记忆理解更加方便。而乙醇的氧化反应是本节课的重点，则通过演示实验及动画效果图，使得学生对于催化氧化反应的断键位置的理解更为透彻。

在本课时的设计和教学过程中，关键是要通过乙醇模型、多媒体课件、补充实验等直观教学辅助手段，帮助学生理解"官能团"的概念和作用，引导学生通过实验观察、课件展示分析，自行总结、归纳乙醇的化学反应类型与分子结构中化学键断裂的关系。注意引导学生大胆假设、自主思考、主动探索。

　　本节课采取的教学方法主要是基于化学核心素养的探究式学习。中学化学课堂中探究教学是在教师指导下，学生通过提出问题，猜想与假设，制订计划，进行实验，收集证据，解释与结论，反思与评价，表达与交流等环节获取化学知识的一种实践活动。从本节课可以看出，探究学习具有很大的灵活性，它不一定是完整的研究过程，可以着重凸显其中的某一个或某几个环节，但总体要体现以下特点：

　　（1）探究教学要以"问题"为主线；

　　（2）探究教学要以"学"为中心；

　　（3）探究教学要以"做"为基础。

　　杜威提出从"做"中学。探究学习和接受学习最大的区别是教师不先告诉结论，而是让学生通过各式各样的探究活动亲自得出结论，体验学习过程，对知识进行重新建构。在本节课的教学中学生进行自主实验探究乙醇分子结构及化学性质，参与对化学知识的评价，独立完成学案，小组讨论合作，从感性认识上升到理性认识。教学情况：从课程设计来看，本课的教学目标基本实现，对学生的基础知识教学、基本技能培养及情感教育均达到了较好的效果。教学效果：乙醇是学生接触到的第一个重要的烃的衍生物，该课时在烃和烃的衍生物之间起到承前启后的桥梁作用。因此在设计本课教学方案时，教师依据新课程的教学理念，结合化学学科特点及学生的认知水平，改变了原教材的编排体系。由展示一瓶酒引入，再以演示实验为切入点和主线，引发学生对乙醇性质的思考。鼓励学生去质疑、分析、探究，启发学生对问题的多方面思考。

　　第二课时本节课的设计从学生熟悉的生活用品醋入手展开教学，通过视频向学生讲述了醋的来源、醋的广泛应用，能够很自然地激发学生的兴趣。通过搭建乙酸的两个模型认识乙酸的分子结构，让学生对于乙酸的结构有了直观的认识。通过设计实验证明乙酸酸性，锻炼了学生科学探究的素养。在探究乙酸与乙醇的反应过程中，提高了学生的逻辑推理、归纳演绎能力，发展了学生"宏观辨识与微观探析"的核心素养，体现了新课标的要求。本节课力图让学生深化对"结构决定性质，性质决定用途"这一认识，通过最后课堂小结环节，证明这一思维模式已经在学生的脑子里生根发芽。

　　酯化反应在有机合成中的应用非常广泛，因此乙醇和乙酸的酯化反应是教学重点和难点，课堂探究活动应该围绕酯化反应展开，乙醇和乙酸的酯化反应实验涉及浓硫酸的使用和加热操作，有一定的危险性，以教师演示为宜。在课堂活动中，实验操作部分由教师完成,但是观察实验、发现问题、探究规律的任务由学生完成,教师也要设计一系列驱动型问题帮助学生达成学习目标。

(二) 本节课的不足之处

虽然本节课的教学任务大体完成,但仍有不足需要改进的地方。

老师作为新课标的主导者,应该将课堂时间充分还给学生,在今后的教学中还应该多给学生表达与总结的机会。在进行总结过程中,学生没有充分理解老师的用意,所以在总结过程中出现了偏差。在本节课中,教学目标基本达成,但存在时间安排不当,课堂练习内容较少,部分知识点只是进行了讲解,未及时进行练习等问题,同时,在讲解过程中,存在知识点的遗漏以及表述不当的现象。应合理安排好时间,及时做到讲完每个知识点后,学生及时得到巩固;同时,要加强备课,将每个知识点熟记于心,不漏讲,不错讲,并能以学生能听懂的方式表达出来。本节课要求学生掌握乙酸的分子结构和性质,从微观角度理解乙酸发生化学反应的断键方式,了解乙酸在生活中的作用。知道根据有机物的官能团对有机物进行分类,认识常见的官能团。本节课内容难度不大,教师可以多从生活举例。本节课的板书设计有些欠缺,在教学过程中,没有及时地将相应内容板书在黑板上,是本节课的一点遗憾。

在教学中存在理论与实践有些脱节的情况,由于实验条件和设备的限制,有的实验学生操作起来有一定的危险性,高中课堂上的教学可能缺乏充分的实践环节,只能满足基本的实验探究与设计,部分实验探究延伸到学生的课外研究性学习课题,所以课堂上知识的深度和广度学习还存在一定的不足,高中课程往往只能涵盖基础的概念和方法,从而导致学生无法深入和全面系统地认知乙醇和乙酸。

(三) 再教设计

由于时间的关系,这节课只完成了前面环节,没有时间进行练习反馈,只好把练习留到课后让学生完成。必修1、必修2最大教学难点是教学深广度的把握,同时由于教学内容高度浓缩,每节课牵涉的知识广,使得课堂容量普遍较大。如何在45分钟时间内处理好每个环节,尽可能收到理想的教学效果,并不是一件容易的事。哪些内容一定要讲,哪个环节可以省略,课堂上讲哪几个例题,课后布置哪些练习,都要好好琢磨,对每一节课都要下足够功夫,做好充足的准备。新课标强调,教学是教师与学生的交往、互动,师生双方相互交流、相互沟通、相互启发、相互补充,在这个过程中教师与学生分享彼此的思考、经验和知识,交流彼此的情感、体验与观念,丰富教学内容,求得新的发现,从而达成共识、共享、共进的效果,实现教学相长和共同发展。本节课虽然有师生的互动,但在调动培养学生积极参与上还是不够的。如：乙醇的结构可以让学生两人一组进行讨论，从而获得感性认识。采用让学生试写醇的结构，再通过实验探究其真实结构的方式效果可能会更好。

贴近生活、社会实际，重视化学与其他学科的联系。化学科学与生产、生活和科学技术的发展有着密切的联系，对社会发展、科技进步和人类生活质量的提高有着广泛而深刻的影响。在教学中，教师应重视内容主题的选择和组织，紧密联系生产、生活实际，使学生认识到化学能够创造更多物质财富满足人民日益增长的美好生活需要；使学生能综合运用所学知识解释和解决有关的问题。例如，在乙醇的教学中，教师可选择酒在人体内的转化途径、酒驾的检验、不同饮用酒中酒精的浓度、工业酒精和食用酒精的区别等内容，使学生充分认识化学科学的价值。根据学生的层次可以进一步设置群体合作，组织学生进行小组或团队合作项目，让他们共同研究有机化合物的相关主题。每个小组可以选择一个特定的有机物，进行调研和实验，并最终展示他们的研究成果，可以在本单元教学后将成果展示设置成复习课或者融合在研究性学习课题中。进一步将教学融合信息化技术手段，发展教学现代化和信息化，可以使用虚拟实验和模拟软件。利用虚拟实验室或模拟软件，让学生进行模拟实验方案设计和展示，然后结合希沃的投屏功能展示学生小组的实验过程和结果。虚拟实验可以弥补实际实验的不足，提供更多的实践机会和交互性，更好地培养学生的探究兴趣和基础科研能力，为学生的终身学习和可持续性发展奠定更加坚固的基础。

参考文献

[1] 王祖浩.普通高中课程标准实验教科书·化学2[M].南京：江苏教育出版社，2007.

[2] 中华人民共和国教育部制定.普通高中课程方案（2017年版2020年修订）[S].北京：人民教育出版社，2020.

[3] 王晶，毕华林.普通高中教科书化学必修2化学反应原理[M].北京：人民教育出版社，2023.

[4] 陈廷俊.基于化学观念建构的"知识情境化"教学实践与思考：以人教版《化学2》"乙醇"教学设计为例[J].化学教与学.2014，(11)：15-17+32.

[5] 张雪莲.浅谈如何在高中化学实验教学中渗入绿色化学理念[J].现代阅读（教育版），2014（5）.

[6] 伊宏.寻找潜力股的88条法则[M].北京：中国经济出版社，2007.

[7] 徐宾.高中化学必修模块教学的基本策略[J].中学化学教学参考,2007(10):12-13.

[8] 张逵.中学生化学思维障碍的形成及矫正策略[J].中学化学教学参考,2007(10):28-30.

第九章

化学与可持续发展单元教学设计

合理开发利用自然资源是化学教学的内容之一，也是化学研究和应用的重要组成部分。本单元内容属于人教版化学第二册第八章，是必修模块最后一章。在此之前，学生已经系统学习了钠、铝、铁、铜等金属以及氯、硫、氮等非金属及其化合物的主要性质、用途；也能相对熟练运用物质分类及转化、离子反应和氧化还原反应等规律；对金属的冶炼、海水资源、生活中的医药肥料、化石燃料、绿色化学等相关知识也有一定的了解，这些都为本单元的学习打下了基础。此部分作为高中必修模块的最后一章，突出化学在生产生活中扮演的重要角色，是对已有知识的实际应用。从知识层面来说，对学生总结复习很重要；从价值层面来说，学生进一步感受化学的实际价值，体会化学在资源的合理开发利用以及环境保护过程中承担的重要任务，这些感受和体会对其未来升学和就业方面都可能产生一定的影响。

一、单元整体设计

教材从金属矿物、海水资源和化石燃料的开发利用三个方面，表明化学在自然资源的合理开发和综合利用方面的重要作用。从生活中常见的化肥、农药、医药以及食品添加剂等化学品入手，让学生近距离感受化学在生活中的广泛应用。介绍化学在环境保护中作出的贡献和努力。通过本单元的学习，学生认识和体会化学在自然资源开发和利用中的重要意义，认识到化学与可持续发展的重要关系，从而树立资源合理开发利用和环境保护意识。

（一）课程标准内容要求

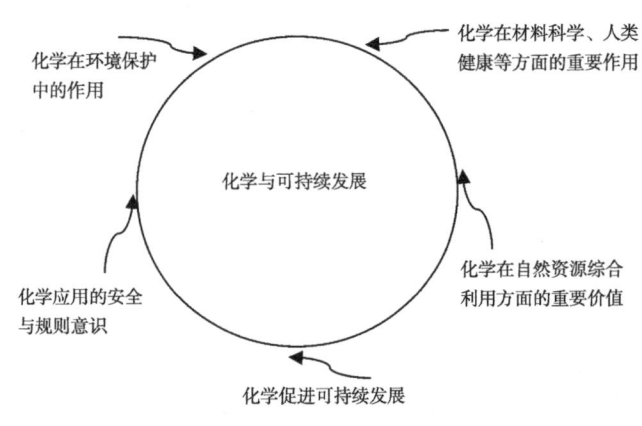

图9-1 "化学与可持续发展"课程标准内容要求

《普通高中化学课程标准》(2017年版2020年修订)中关于本单元内容要求主要围绕化学促进可持续发展，化学在材料科学、人类健康等方面的重要作用，化学在自然资源综合利用方面的重要价值、化学在环境保护中的作用、化学应用的安全与规则意识等5个方面，如图1所示。结合Fe、Al等常见金属的冶炼、海水提镁、"空气吹出法提溴"、煤、石油和天然气的综合利用等相关实例认识化学科学与技术合理使用的重要性。知道化学科学与技术的不断创新和发展是解决人类社会发展中遇到的问题、实现可持续发展的有效途径。了解化学原理、化工技术对于节能环保、清洁生产、清洁能源等产业发展的重要性。树立"绿色化学"的观念，形成资源全面节约、物能循环利用的意识。

（二）单元知识与学科核心素养

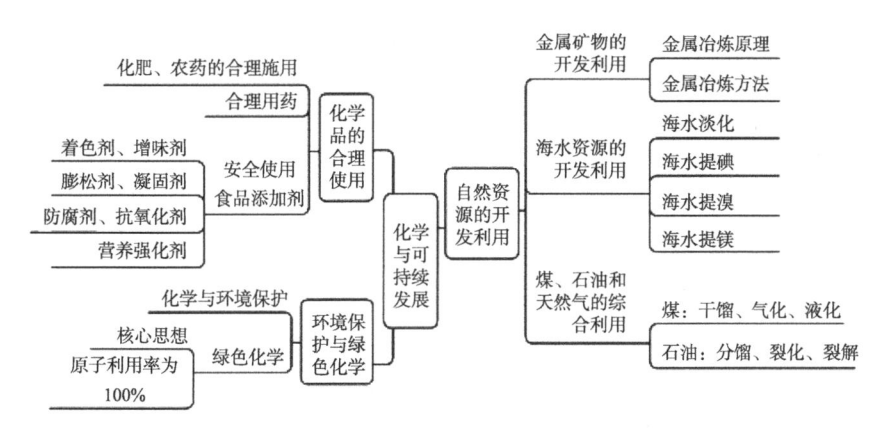

图9-2 "化学与可持续发展"单元知识网络图

本单元的主题是化学与人类的可持续发展，主要选取了"自然资源的开发利用""化学品的合理使用"以及"环境保护与绿色化学"三个维度进行阐述。在内容的选取和实际教学中，都充分体现了化学学科核心素养。例如，学生需要利用已有的氧化还原理论，结合物质的性质，合理选择适宜的金属冶炼方法；结合氧化还原理论和物质分离提纯的方法建立海水中化学资源开发利用的流程模型图；通过理论分析并小组实验验证，掌握物质转化的规律和本质；从身边的环境问题引入，追溯绿色化学的源头；从原子的角度认识绿色化学的核心，体会化学对社会发展的重大贡献；建立可持续发展意识和绿色化学观念，能对与化学有关的社会热点问题做出正确的价值判断。

（三）大概念建构

大概念是学科中的核心概念，是基于事实基础抽象出来的深层次的、可迁移的概念。大概念并非化学学科中的某一部分知识的具体概念，它反映的是学科的本质以及核心观点，具有共识性、统领性和可迁移性。大概念可以是一个概念、一个规律或者一句统识性的话。本章教学设计的大概念是依据《普通高中化学课程标准》（2017年版2020年修订），从化学学科核心素养出发，在明确本章学习目标的基础上提炼出来的。具体内容见表1。

表9-1 "化学与可持续发展"部分大概念层级

学科大概念	单元大概念	课时大概念
化学与人类社会的可持续发展	化学在人类社会发展进步的过程中发挥重要作用	Ⅰ.化学与自然资源的合理开发利用 Ⅱ.化学与人类生活的密切联系 Ⅲ.化学与绿色发展

人类和其他生物生存的生物圈与大气圈、水圈和岩石圈不断地进行着物质和能量的交换，共同构成了地球生态系统。"可持续发展"一词最早是1972年在斯德哥尔摩举行的联合国人类环境研讨会上正式讨论提出的。可持续发展主要是指既满足当代人的需求，又不损害后代人满足其需求的发展，是科学发展观的基本要求之一。可持续发展实际就是对相关资源、能源持续循环利用，着重强调生态环境与经济的和谐发展，开发相应的节流措施，提高资源的利用率和转化率。

"绿色化学"目前也已经得到了世界广泛的响应。绿色化学的核心是利用化学原理从源头上减少和消除工业生产对环境的污染；反应物的原子全部转化为期望的最终产物。绿色化学有助于生态环境的可持续发展。虽然不能说环境问题全部由化学的发展造成，但是却也或多或少与化工产品的化学物质污染有着一定的关系。因此，绿色化学应运而生。它对环境治理的要求，从先污染，后治理转变为开发清洁工艺技术，设计新型绿色工艺流程，开发新型绿色化工产品，减少污染源头，这些对生态环境的可持续性发展都起着至关重要的作用。

（四）学情分析

在接触本单元之前，学生已经具备了常见的金属钠、镁、铝、铁、铜及其化合物和常见的非金属碳、氯、硫、氮元素及其化合物的相关组成、性质、应用知识，对常见金属的冶炼以及自然资源也有一定的了解，能够利用元素周期表和元素周期律系统地去认识物质，能相对熟练运用物质分类及转化、离子反应和氧化还原反应等规律解决学习中的问题，以上这些均为本单元的学习打下了坚实的基础。

（五）单元学习目标与课时目标

表 9-2　单元学习目标与课时学习目标

单元学习目标		课时学习目标
（1）能举例说明自然资源的主要类型、成分和用途 （2）能从化学的角度分析从资源到产品的转化途径，能对资源的开发利用和能源的使用方案进行评价 （3）能辩证地看待资源使用的利弊及其对环境和社会的影响 （4）能根据物质性质选择合适的分离、提纯、转化方式，初步形成物质转化的思维模型，能用绿色化学思想分析和讨论问题	第1课时	（1）从电子转移的角度认识金属冶炼的本质，根据不同金属元素的性质，能利用氧化还原反应的原理选择合适的冶炼方式 （2）以常见金属矿物的开发利用途径为载体，体会化学在自然资源的开发利用中实现物质转化的重要作用 （3）知道合理开发利用金属资源的途径以及重要性，树立资源保护意识和绿色化学思想
	第2课时	（1）知道海水资源的类型，从物质分离提纯的角度出发，了解海水淡化的几种方法，理解蒸馏原理 （2）结合物质性质，认识海水制盐、海水提溴的原理，能初步进行相关实验的设计 （3）通过海水提溴工艺流程图的绘制和分析，形成工业提取物质的一般思路和方法
	第3课时	（1）了解煤、石油、天然气的化学组成 （2）通过资料收集，了解化石燃料综合利用的主要途径

（六）单元活动设计

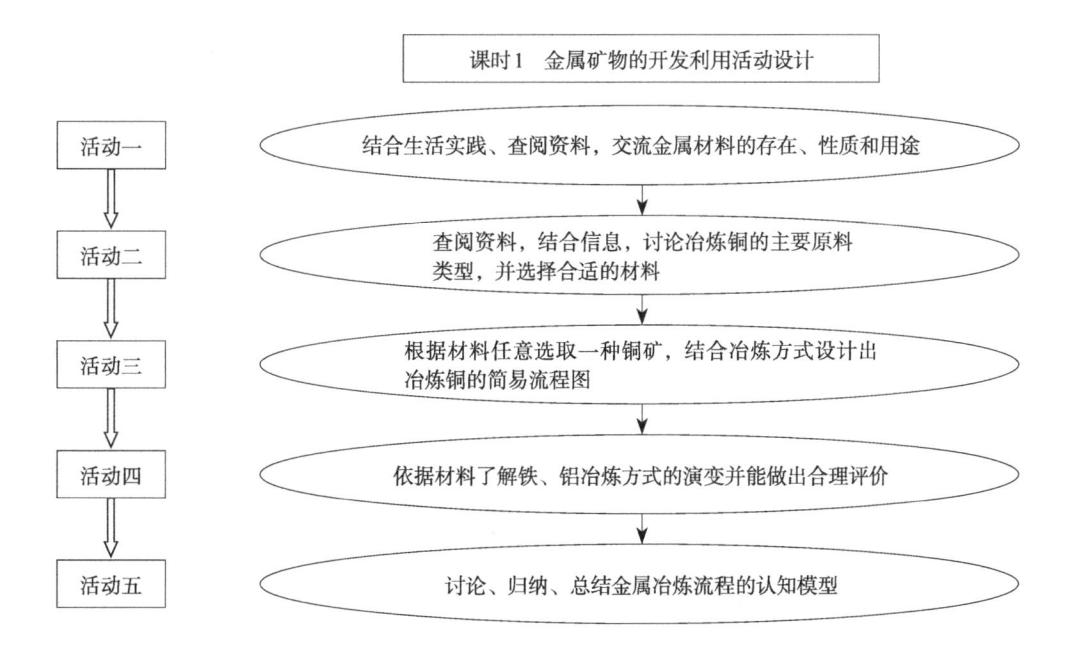

课时1　金属矿物的开发利用活动设计

活动一：结合生活实践、查阅资料，交流金属材料的存在、性质和用途

活动二：查阅资料，结合信息，讨论冶炼铜的主要原料类型，并选择合适的材料

活动三：根据材料任意选取一种铜矿，结合冶炼方式设计出冶炼铜的简易流程图

活动四：依据材料了解铁、铝冶炼方式的演变并能做出合理评价

活动五：讨论、归纳、总结金属冶炼流程的认知模型

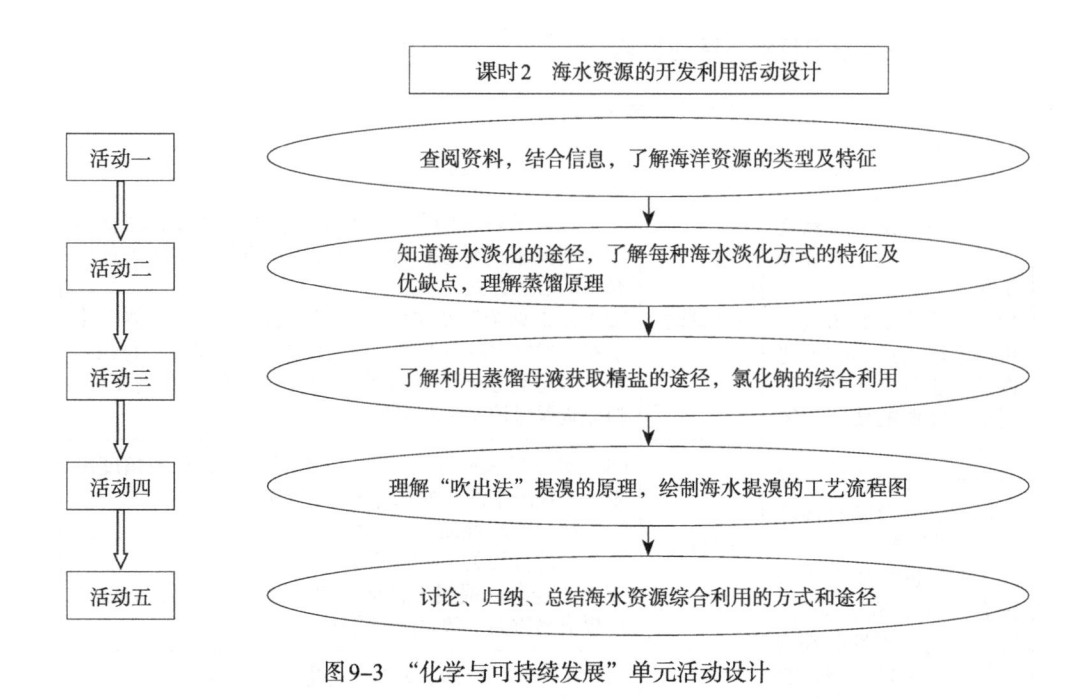

```
课时2  海水资源的开发利用活动设计
```

活动一 → 查阅资料，结合信息，了解海洋资源的类型及特征

活动二 → 知道海水淡化的途径，了解每种海水淡化方式的特征及优缺点，理解蒸馏原理

活动三 → 了解利用蒸馏母液获取精盐的途径，氯化钠的综合利用

活动四 → 理解"吹出法"提溴的原理，绘制海水提溴的工艺流程图

活动五 → 讨论、归纳、总结海水资源综合利用的方式和途径

图9-3 "化学与可持续发展"单元活动设计

二、"化学与自然资源的合理开发利用"教学设计示例

本课时大概念为"化学与自然资源的合理开发利用"，对应的课程标准为"以海水、金属矿物、煤、石油等的开发利用为例，了解依据物质性质及其变化综合利用资源和能源的方法"。根据学习内容和课堂容量，本节的学习需要3个课时，第1课时为"金属矿物的开发利用"；第2课时为"海水资源的开发利用"；第3课时为"煤、石油和天然气的综合利用"。

（一）大概念析读

"化学与自然资源的合理开发利用"内容选取金属矿物、海水和化石燃料这些人类社会中的重要自然资源，关注的重点是依据物质性质及其变化综合利用自然资源。

完成"化学与自然资源的合理开发利用"大概念教学，需要结合真实情境，以海水、金属矿物、煤、石油和天然气等的开发利用为例，了解依据物质性质及其变化综合利用资源和能源的方法。认识化学对于构建清洁低碳、安全高效的能源体系所能发挥的作用。本节主要完成以下教学内容，最终达成课时大概念，指向单元大概念。

（1）自然界中金属的存在形式及不同的冶炼方法。

（2）海水资源的类型及开发利用途径。

（3）化石燃料综合利用的类型和途径。

（二）课时学习目标

（1）能够说出金属冶炼的本质，结合金属活泼性，知道并能正确选择常见金属的冶炼方式。

（2）了解海水淡化的方法，结合不同元素的性质，能说出海水提溴的原理并尝试画出海水提溴的简易流程图。

（3）结合材料，了解煤、石油、天然气的主要组成，了解煤、石油、天然气综合利用的方法和途径。

（三）学习重难点

◆学习重点

（1）化学方法在金属的冶炼以及海水资源的综合利用中的重要作用。

（2）化石燃料综合利用的方法和途径。

◆学习难点

结合金属冶炼的原理，不同的金属选取恰当的冶炼方法。

（四）教学过程设计

"自然资源的开发利用"教学设计

表9-3　课时1　金属矿物的开发利用教学设计

教学环节	活动线	问题线	知识线	素养线
环节一：了解金属材料的存在、性质、用途	活动1：结合生活实践、查阅资料，交流金属材料的存在、性质和用途	问题1：与纯金属相比，合金性质有何变化？ 问题2：生活中常见的合金及其用途有哪些？ 问题3：为什么古代货币以铜币为主？	1.合金结构的改变决定了性质的差异 2.物质的结构决定性质，性质决定用途	获取信息、提取信息的能力，发现生活中的化学，体会化学在生活中的应用
环节二：寻找冶炼铜的原材料和冶炼方法	活动2：查阅资料，结合信息，讨论冶炼铜的主要原料类型，并选择合适的材料	问题1：金属冶炼的本质是什么？ 问题2：常见的铜矿有哪些？ 问题3：我国古代炼铜方法主要有哪些？	1.氧化还原基本理论知识 2.化工生产中的元素观和变化观	借助氧化还原理论，初步建立物质转化的理论模型，形成元素观和变化观

续表

教学环节	活动线	问题线	知识线	素养线
环节三：冶炼铜的工艺流程设计	活动3：根据材料任意选取一种铜矿，结合冶炼方式设计出冶炼铜的简易流程图	问题1：不同的铜矿选取何种冶炼方法？ 问题2：工业流程图中主要包含哪些主要内容？ 问题3：现代湿法炼铜的优点有哪些？	1.工艺流程图的设计 2.冶炼过程中发生的主要化学方程式书写 3.电解原理的应用	构建物质转化思维模型，形成变化观念和模型认知的素养能力
环节四：铁、铝的冶炼方式演变	活动4：依据材料了解铁、铝冶炼方式的演变并能做出合理评价	问题1：冶炼铁的基本步骤有哪些？常采取的还原剂有哪些？ 问题2：铝的冶炼史给你带来了哪些启示？	1.热还原法和电解法在冶炼金属中的应用 2.铝热反应的原理及应用	从化学史中获取知识，形成辩证发展的思维
环节五：搭建金属冶炼流程的认知模型	活动5：讨论、归纳、总结金属冶炼流程的认知模型	问题1：常见金属冶炼的方法有哪些？ 问题2：金属冶炼的流程包含哪些主要步骤？	1.金属冶炼流程的认知模型搭建 2.多角度分析、评价相对复杂的实际问题	形成变化观念和模型认知的素养能力，树立可持续发展的绿色化学思想

表9-4 课时2 海水资源的开发利用教学设计

教学环节	活动线	问题线	知识线	素养线
环节一：了解海洋资源的类型及特征	活动1：结合生活实践、查阅资料，交流海洋资源的存在类型、特征和用途	问题1：海洋中有哪些资源？有哪些化学资源？ 问题2：海洋资源有哪些特征？	海洋资源蕴藏丰富且类型多样	发现生活中的化学，体会化学在生活中的应用
环节二：海水水资源的综合利用	活动2：了解海水淡化方式的特征及优缺点	问题1：如何利用海水水资源？ 问题2：海水淡化途径有哪些？ 问题3：蒸馏的原理、装置及操作要点有哪些？	1.海水淡化途径 2.蒸馏的原理、装置及操作要点	借助氧化还原理论，初步建立物质转化的理论模型
环节三：海水化学资源的综合利用之海水制盐	活动3：粗盐提纯的方法路径	问题1：粗盐中主要杂质有哪些？如何除去？ 问题2：NaCl的综合利用途径有哪些？	1.物质分离提纯的方法及试剂选择 2. NaCl的综合利用	依据物质转化，形成元素观和变化观的素养能力

续表

教学环节	活动线	问题线	知识线	素养线
环节四：海水化学资源的综合利用之海水提溴	活动4：依据材料了解海水提溴的原理	问题1：海水提溴的基本步骤有哪些？常采取的氧化剂有哪些？ 问题2：海水提溴的主要流程包含哪些？	1.海水提溴的原理，发生的主要化学方程式书写 2.海水提溴工艺流程图的设计	构建物质转化思维模型
环节五：课堂归纳总结	活动5：讨论、归纳、总结海水资源综合利用的方式和途径	如何做到合理开发利用海洋资源？	从海水中获取水资源、化学资源以及能量的重要意义	树立可持续发展的绿色化学思想

三、单元教学反思

（一）主要亮点

"化学与可持续发展"是高中化学中的一个重要单元，它主要涵盖了能源、环境和材料等方面的内容。本单元向学生展示了化学在金属资源、海洋资源以及化石燃料等自然资源的开发利用中所发挥的重要作用，主要体现在两个方面。一方面，化学为自然资源的开发利用提供了理论依据和技术支撑；另一方面，在自然资源的开发利用和环境保护、人与自然可持续发展过程中对化学提出了更高的要求。

本单元的教学目标是通过已有氧化还原反应理论知识、物质转化相关思维模型的再利用，完成金属矿物、海洋资源和化石燃料的综合利用相关内容的学习，同时了解化学在可持续发展中的作用，认识能源、资源的合理利用和环境保护的重要性，树立起可持续发展的理念。为了达成这些目标，在本单元教学中，教师采用真实情境贯穿教学始终，让学生在关键问题的驱动下解决真问题，进行真思考，达成真发展。为了提升学生的课堂积极性和参与度，课堂上组织了小组讨论和成果汇报等活动，学生展示出了一定的资料收集、信息处理能力和协作交流能力。通过这些方式，学生对于所学内容的理解和掌握程度得到了提高。在探究中完成思维模型建构，在拓展应用中验证、运用思维模型。学生对于化学与可持续发展的关系有了更深入的理解，同时也较好地掌握了相关知识和技能。

（二）存在不足

在本单元的教学中，教师的处理仍存在一些不足之处。对于复杂的概念和技术，如海水提溴过程中涉及的"空气吹出法"、石油综合利用途径中的催化裂化、催化裂解、催化重整等概念，还需要进一步解释和引导才能让学生更好地理解；另外，对于不同学生的学习情况还需要进行个性化的辅导和帮助，以更好地满足他们的学习需求。

（三）再教设计

本设计面向的是高三年级的学生，由于本单元的内容涉及的背景知识比较广，需要记忆的内容较多，学生的知识点方面可能会有不同程度的遗忘。基于以上原因，学生掌握这部分教材看起来似乎很简单，但是真正的落到实处还是要求学生能够根据具体情境选择、整合不同模块的知识并用于解决实际问题。这就要求教师和学生需要在课前、课中、课后通力合作，全心投入，方能达到预期的目标。在教学前，教师要求学生把涉及的知识以概念图、流程图或者表格的形式整理出来，提前复习相关知识。这样的话，在课堂教学中，学生就能够带着目的去听讲，快速提取已有知识，运用相关技能，帮助他们听懂及时消化。在课后，要求学生归纳总结出内容笔记，进一步加深记忆所学知识点，按质按量完成针对性的练习，从而比较圆满地达到教学目的。

参考文献：

[1]王晶，毕华林.普通高中教科书化学必修第二册[M].北京：人民教育出版社.2021.

[2]中华人民共和国教育部制定.普通高中课程标准（2017年版2020年修订）[S].北京：人民教育出版社，2023.

[3]解慕宗，罗娟，何丽.基于模型认知和社会责任感培育的化学教学——以"金属矿物的开发利用"为例[J].化学教学，2021（3）：38-44.

[4]邢启华.基于学生化学核心素养发展的教学实践——以"开发利用金属矿物"为例[J].化学教与学，2019（11）：14-16+5.

[5]孙江涛.核心素养视角下"金属矿物的开发利用"教学[J].中学化学教学参考，2020（6）：31.

[6]晏拓.化学学科核心素养导向下的常态课教学探索——以"开发利用金属矿物和海水资源"为例[J].中学化学教学参考，2018（17）：16-20.

[7]张景伟，申燕.学科核心素养视域下高中化学教材的新变化及教学启示——以"化学与可持续发展"为例[J].化学教育（中英文），2022，43（11）：21-26.

[8]詹发云.基于真实生产场景的教学——以"金属的性质与冶炼"单元复习

为例[J].化学教育（中英文），2019，40（19）：11-17.

[9]高莉红.聚焦可持续发展观的高中化学教材研究[D].上海：上海师范大学，2022.

[10]李姗姗，唐劲军.基于发展学生化学学科核心素养的教学设计——以"海水资源的开发利用"为例[J].化学教学，2017（08）：42-46.

[11]薛盼，杨光辉，邓玉华.基于化学学科核心素养的"活动元"教学设计——以"海水资源的开发利用及流程设计"为例[J].教育科学论坛，2020（19）：16-20.

[12]邱燕珠，王朝晖，欧阳志斌.知识与素养同步增长的化学教学设计与实施——以"海带提碘"教学为例[J].化学教与学，2022（23）：51-54.

[13]童文昭，李火木，邹国华.促进素养发展的项目式探究实验教学——以"海带提碘"为例[J].中小学实验与装备，2021，31（03）：31-34.

[14]莘赞梅，支梅，秦林，等."从海水中提取有用物质"复习课教学设计[J].化学教学，2009（6）：57-58.

第十章

盐类水解单元教学设计

本节教学内容是人教版高中化学选修一第三章"水溶液中的离子反应与平衡"第三节"盐类的水解"。高中化学新课标的一个重要理念是学习生活中的化学，学习有用的化学。盐类的水解是化学反应原理的重要内容之一，是水溶液中的离子反应和平衡的重要组成部分，对我们学习高中化学具有举足轻重的作用。本单元主要包括三部分内容，它们分别是盐类的水解规律、影响盐类水解的因素、盐类水解的应用。本节不仅是高中化学的重点和难点，更是高考的必考点和热点。"盐类的水解"是弱电解质的电离平衡以及化学平衡移动原理等知识的综合应用，在教学中起着承上启下的作用。

一、单元整体设计

盐类水解平衡的建立有助于学生构建一个完整的电解质溶液的平衡体系。盐类的水解是在学生已经学习了化学平衡原理的基础上讨论电解质在水溶液中的电离行为，包括弱电解质的电离平衡和水的电离平衡两个平衡体系；学生也知道溶液酸碱性的本质原因，在此基础上再来探究盐类在水溶液中的酸碱性规律，这样有助于促进学生的认知发展。同时盐类水解是后续电化学学习的必备基础。从知识结构上讲，盐类水解平衡是继弱酸、弱碱及水的电离平衡体系之后的又一个电解质溶液的平衡体系，有助于学生构建完整的电解质溶液的平衡体系。盐类的水解是电解质的电离、水的电离平衡和水的离子积、溶液的酸碱性，以及平衡移动原理等知识的综合运用。因此，本节内容在教学中起着承前启后的作用，是理论教学中的重点和难点。

（一）课程标准内容要求

表 10-1　普通高中化学课程标准（2017 年版 2020 年修订）课标分析

课程标准	课标解读
1.认识盐类水解的原理和影响盐类水解的主要因素 2. 能正确书写盐类水解的离子方程式，能通过实验证明盐溶液中存在的水解平衡，能举例说明水解反应与平衡在生产、生活中的应用	1.实验探究盐溶液呈现不同酸碱性的原因，认识盐类水解的原理 2.能应用盐类水解规律判断盐溶液的酸碱性 3.能综合运用离子反应、化学平衡原理，分析和解决生产、生活中盐类水解应用的实际问题

本节内容选自化学2019年人教版选择性必修1第三章第三节"盐类的水解"，课程标准对这节内容的要求是：认识盐类水解的原理和影响盐类水解的主要因素。教学的主体内容是通过实验探究不同盐溶液酸碱性，并归纳盐溶液酸碱性与盐的类型之间的关系，为分类讨论盐类水解打下基础。从微观粒子层面分析盐类水解原理，通过思考与讨论引导学生举一反三深化对原理的理解，形成盐类水解的模型。同时强化实验在盐类水解影响因素探究上的作用，注重证据推理的培养。最后对强酸弱碱盐呈酸性，强酸强碱盐呈中性，强碱弱酸盐呈碱性的原因进行分类总结。在深入理解盐类水解是盐溶液呈现不同酸碱性的原因，以及为什么水解（水解原理），哪些条件会影响盐类水解（影响水解平衡的因素）等相关知识后，再初步了解盐类水解的应用，为第二课时中解决学习、生活中与盐类水解相关的实际问题做铺垫。

（二）单元知识与学科核心素养

通过对盐类水解的存在及平衡移动的分析，形成并发展学生的微粒观、平衡观和守恒观。通过实验现象的观察，分析现象，整合数据，得出结论，引导学生形成认识水溶液中离子反应与平衡的基本思路。通过让学生画微观图示，解释宏观现象，结合自然现象、生活问题以及应用，引导学生发展运用化学知识分析问题、解决问题的能力。综合发展学生的"宏观辨识与微观探析""变化观念与平衡思想"和"证据推理与模型认知"等化学学科核心素养，培养系统思维能力。

（1）科学探究与创新意识：能根据不同盐溶液的酸碱性，设计实验方案，完成实验操作，观察、分析、解释物质及其变化的现象。

（2）变化观念与平衡思想：运用化学平衡移动原理分析盐类的水解平衡的相关问题。

（3）证据推理与模型认知：建立盐溶液酸碱性判断的思维模型，并能运用该模型解释水解的相关问题。

（三）大概念建构

本单元教学设计的大概念是依据《普通高中化学课程标准》（2017年版2020年修订），从化学学科核心素养出发，在明确本单元学习目标的基础上提炼出来的。水溶液广泛存在于生命体及其他赖以生存的环境中，许多化学反应都是在水溶液中进行的。其中酸碱盐等电解质在水溶液中发生的离子反应，以及弱电解质的电离平衡，盐类的水解平衡和难溶电解质的沉淀溶解平衡，都与生命活动、工农业生产和环境保护等息息相关。

表 10-2 "盐类水解"部分大概念层级

学科大概念	单元大概念	课时大概念
酸碱盐在水溶液中发生离子反应	酸碱盐水溶液中的离子反应与平衡	I 盐类水解中的离子反应与平衡 II 盐类水解的应用

普通高中化学课程以全面发展学生化学学科核心素养为主旨，确定课程的主题、模块和系列。在选择性必修1课程中，依据化学学科的基础性研究领域，设置了"水溶液中的离子反应与平衡"这一主题。该部分内容是必修第一册酸碱盐在水溶液中的离子反应的延伸，从平衡的角度进一步认识酸碱盐水溶液中的离子反应。以盐类水解中的离子反应与平衡为例展示"水溶液中的离子反应与平衡"的大单元教学案例。

（四）学情分析

高二的学生已经具备独立思考的能力，思维比较活跃，并且通过前一阶段的学习，学生已经具备了分析溶液中各种粒子微观行为的能力，有了一定的知识储备，这些都为进一步学习奠定了基础。

但是学生已经连续学了两节全新的理论知识，难度都比较大，心理上难免会产生一定的疲倦感和畏惧感。此外，鉴于学生的思维定式和不同的认知，例如，某些学生认为盐溶液就应该是中性，要改变学生固有的认识，只通过老师简单的讲解是很难的；而另一些学生已经对某些盐溶液的酸碱性现象有所了解，例如碳酸钠溶液、碳酸氢钠溶液呈碱性等，这可能会使他们失去科学探究的兴趣，从而给本节内容的学习造成一定的困难。

学生在初中阶段已经了解盐不一定呈中性，如碳酸钠、碳酸氢钠呈碱性，但是对于原理不清楚，原理分析是本节课需要让学生掌握的内容。通过弱电解质和水的电离两个平衡体系的学习，学生初步从微观角度认识了溶液酸碱性的实质，这些是学习本节内容的基础。本节内容的盐类水解实际也是一种平衡，通过引导让学生进行知识迁移，学生比较容易理解。

（五）单元学习目标与课时目标

表 10-3　单元学习目标与课时学习目标

单元学习目标	课时学习目标	
1.能用化学平衡原理、微粒观解释盐类水解的微观本质 2.能用化学用语正确表示盐类的水解 3.能正确书写溶液中的守恒表达式 4.能在思考分析过程中倾听他人意见，相互启发，体会合作交流的重要性与快乐。体验科学探究的乐趣，学会透过现象看本质。建立个性与共性、对立与统一的科学辩证观	第1课时	1.认识盐类水解现象。了解不同盐溶液的酸碱性，通过实验探究理解盐溶液的水解规律 2.能用化学用语正确表示盐类的水解，能通过实验证明盐类水解是真实存在的 3.通过开展对盐类水解基本规律的实验探究活动，发展学生实验探究的水平，深化实验探究意识，提升实验探究水平 4.通过微观视角下盐类水解规律的探究，完成盐类水解模型构建，提升科学探究与模型认知的化学学科核心素养的发展水平
	第2课时	1.通过实验探究，认识影响盐类水解的主要因素 2.结合真实情境中的实例，了解盐类水解在生产生活中的应用，培养科学态度与社会责任的核心素养 3.通过真实情境下问题的研究和解决，体会化学的社会价值，深刻认识科学、技术和社会之间的相互关系，形成可持续发展思维

（六）"盐类的水解"单元活动设计

活动一 → 设置问题情境，新课导入

活动二 → 实验探究不同盐溶液的酸碱性与盐的类别之间的关系

活动三 → 理论分析不同盐溶液酸碱性不同的原因探究并交流盐类水解的原理

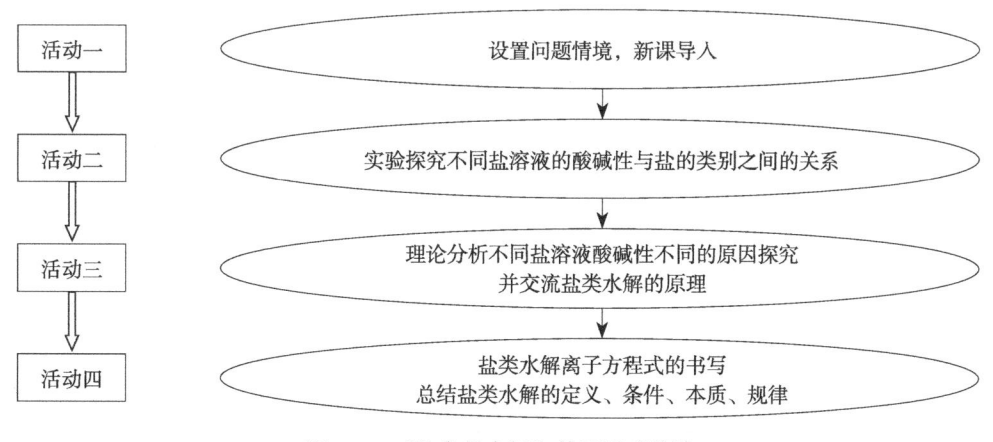

活动四 → 盐类水解离子方程式的书写　总结盐类水解的定义、条件、本质、规律

图 10-1　"盐类的水解"单元活动设计

二、"盐类的水解"教学设计示例

（一）大概念析读

"盐类的水解"这部分内容主要包含了盐类水解的定义、本质、规律、影响因素以及应用，关注的重点是结合电解质在水溶液中的变化以及水的电离，从微观粒子的角度认识并理解盐类的水解，充分运用和体现了化学基本原理和基础知识，是进一步落实宏观辨识与微观探析、变化观念和平衡思想等化学学科核心素养的重要内容之一。

完成"盐类的水解"大概念教学，需要结合真实情境，以常见的盐类为例，通过实验了解不同的盐类可能呈现不一样的酸碱性，打破盐类呈中性的固有认知。通过对常见典型盐类水溶液的微观粒子种类、粒子间可能发生的离子反应与存在的平衡分析，最终达成课时大概念，完善"酸碱盐水溶液中的离子反应与平衡"这一单元大概念。

（二）课时学习目标

（1）了解不同盐溶液的酸碱性，通过实验探究理解盐溶液的水解规律；

（2）能正确书写盐类的水解相关方程式；

（3）通过微观视角下盐类水解规律的探究，完成盐类水解模型构建，提升科学探究与模型认知的化学学科核心素养的发展水平。

（三）学习重难点

◆学习重点

（1）盐类水解原理及盐溶液呈现酸碱性的规律；

（2）盐类水解方程式的书写；

（3）盐类水解模型构建与拓展运用。

◆ 学习难点

不同盐溶液呈现不同酸碱性的原因。

（四）教学过程设计

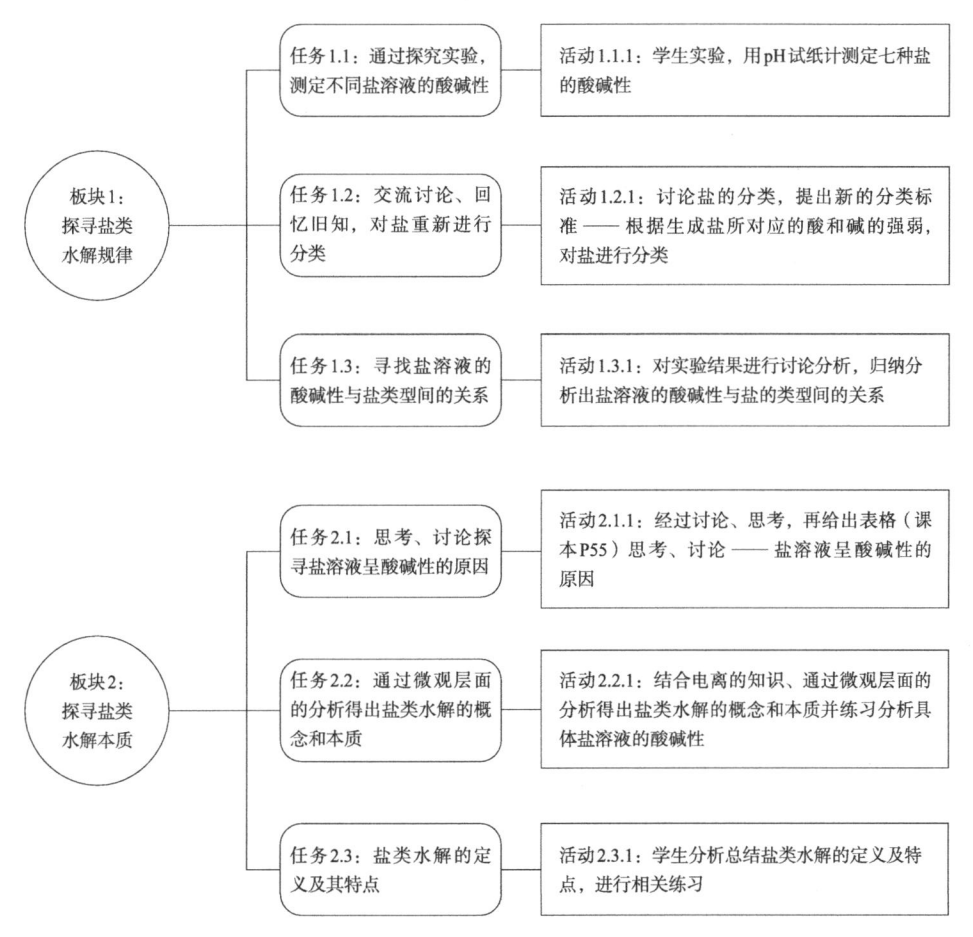

图 10-2　盐类的水解（第 1 课时）主要任务活动图

板块 1：探寻盐类水解规律
- 任务 1.1：通过探究实验，测定不同盐溶液的酸碱性
  - 活动 1.1.1：学生实验，用pH试纸计测定七种盐的酸碱性
- 任务 1.2：交流讨论、回忆旧知，对盐重新进行分类
  - 活动 1.2.1：讨论盐的分类，提出新的分类标准——根据生成盐所对应的酸和碱的强弱，对盐进行分类
- 任务 1.3：寻找盐溶液的酸碱性与盐类型间的关系
  - 活动 1.3.1：对实验结果进行讨论分析，归纳分析出盐溶液的酸碱性与盐的类型间的关系

板块 2：探寻盐类水解本质
- 任务 2.1：思考、讨论探寻盐溶液呈酸碱性的原因
  - 活动 2.1.1：经过讨论、思考，再给出表格（课本 P55）思考、讨论——盐溶液呈酸碱性的原因
- 任务 2.2：通过微观层面的分析得出盐类水解的概念和本质
  - 活动 2.2.1：结合电离的知识、通过微观层面的分析得出盐类水解的概念和本质并练习分析具体盐溶液的酸碱性
- 任务 2.3：盐类水解的定义及其特点
  - 活动 2.3.1：学生分析总结盐类水解的定义及特点，进行相关练习

表 10-4　盐类的水解（第 1 课时）教学过程设计

教学环节	活动线	问题线	知识线	素养线
环节一：创设情境，导入新课，盐类水解的概念	活动1：设置问题情境，新课导入	1. Na_2CO_3 属于盐类，为什么俗称"纯碱"？ 2. 酸溶液呈酸性，碱溶液呈碱性，那么，盐溶解于水后所形成的溶液是否一定呈中性？ 3. 盐溶液的酸性、碱性是由什么因素决定的呢？	根据参与中和反应的酸和碱的性质强弱，对盐进行重新分类	引导学生从微观粒子的角度解析宏观现象，培养宏微结合的化学学科核心素养

教学环节	活动线	问题线	知识线	素养线
环节二：实验探究并交流评论盐溶液的酸碱性与盐的类别之间的关系	活动二：用合适的方法测试下列盐溶液的酸碱性	1.通过实验，哪些盐的水溶液显酸性？哪些盐的水溶液显中性？哪些盐的水溶液显碱性？ 2.实验所用的盐，既不会电离出H^+，也不会电离出OH^-，为什么也会显示出一定的酸性或者碱性？ 3.分析实验结果，归纳盐溶液酸碱性与盐的类型间的关系有什么规律吗？	1.不同的盐可能显示出不同的酸碱性 2.盐溶液的酸碱性与盐的类别之间的关系	培养小组合作探究学习，基于实验事实得出结论的科学态度
环节三：探究并交流盐类水解的原理	活动三：分析盐溶液呈不同酸碱性的原因	1.回顾水的电离情况，溶液的酸碱性判断的依据是什么？ 2.CH_3COONa溶液中存在哪些微粒？哪些微粒间可能结合？对于水的电离平衡有什么影响？反应后溶液中$c(H^+)$与$c(OH^-)$的相对大小关系是怎样的？ 3.NH_4Cl溶液中存在哪些微粒？哪些微粒间可能结合？对于水的电离平衡有什么影响？反应后溶液中$c(H^+)$与$c(OH^-)$的相对大小关系是怎样的？ 4.盐类的水解本质上发生了什么变化？ 5.通过以上分析，如何判断盐溶液呈现酸碱性？你能否尝试建立这一判断的模型？	1.溶液的酸碱性与$c(H^+)$和$c(OH^-)$的相对大小的关系 2.CH_3COONa电离出的CH_3COO^-和水电离出的H^+结合生成弱电解质醋酸，$c(H^+)<c(OH^-)$，溶液呈碱性 3.NH_4Cl电离出的NH_4^+和水电离出的OH^-结合生成弱电解质$NH_3\cdot H_2O$，$c(H^+)>c(OH^-)$，溶液呈酸性 4.盐类水解的定义、本质及规律 5.分析并初步建立盐溶液呈现酸碱性的模型。	学会从宏观和微观相结合的方式解读化学问题，培养类比分析和表达能力，达成宏观辨识与微观探析、证据推理与模型认知的化学核心素养
环节四：盐类水解离子方程式的书写	活动四：盐类水解离子方程式的书写规则	1.如何书写盐类水解方程式？ 2.书写过程中需要注意哪些要点？	盐类水解方程式的书写要点 （1）找"弱"离子，谁弱写谁，都弱都写 （2）盐类水解属于可逆反应 （3）阳离子水解生成H^+，阴离子水解生成OH^-，遵循电荷守恒	培养变化观念与平衡思想，从微粒观的角度建立盐类水解的模型并进行应用

三、单元教学反思

以"盐类的水解"的单元教学设计为基础展开大概念教学下的单元教学，以大概念统领具体知识，建立具体知识与大概念的对接，有利于促进学生从化学知识向化学学科核心素养的转化；有利于教师和学生把握教学内容的本质和关键；有利于让具体内容的学习服务于学生学科核心素养的发展。

本节课初步达成了教学目标，也突破了重难点，总体效果良好。具体从以下三部分进行阐述。

（一）主要亮点

本节课通过实验探究和逐层深入的问题设置，让学生从对宏观实验现象的感性认识出发，经过思考讨论，抽象概括，逐步形成了对微观本质的理性认识，进而得出盐类水解的定义并把握其实质和规律，成功地突破了本节课的重难点。实验探究、问题讨论的教学模式充分体现了新课程改革中"学生为主体，教师为主导"的教学理念。学生动手实验的积极性高、讨论热烈、主动探究意识强，课堂气氛活跃。通过自己动手做，用眼看，动脑思，并运用自己已学的知识探究分析得出新结论，充分培养了学生实验操作能力、问题分析能力及自主学习能力。教学程序的设计关注学生情感的发展。学生最初对开门见山的设问感到困惑，接着因实验结果而感到好奇，再因自主分析得出盐类水解的概念和实质而兴奋，最后又因总结出盐类水解的规律，体会到成功的喜悦。课堂上教师要关注学生的情感发展，使学生任何时候都保持学习的兴趣和探究的热情。

（二）不足之处

由于学生自主实验及讨论交流的环节较多，因此教学节奏稍显散乱。今后教师将进一步加强教学准备，对课堂可能情况做充分的设想，设计好解决办法，以便灵活处理教学节奏，保证教学顺利进行。

班级人数较多，学生个体差异较大，知识接受能力参差不齐，个别学生缺乏自信，不敢大胆表达自己的想法，难以做到真正的同步教学，因材施教。在以后的教学中教师将采取分层次提问、个别指导、以优带差等措施逐步改善这一现状。

（三）再教设计

在本节课教学中主要通过创设问题情境，激发学生的积极性，并以问题串调动学生的思维，搭建平台使学生成为学习的主体，引导学生充分理解盐类水解的实质，提高了课堂实效。本节课在课后加一些课外拓展十分有必要，既扩大学生的知识面又可促进其下一步的深入学习。以家庭厨房的常见品（如：纯碱、淀粉、盐、糖、小苏打、面粉、醋等），自制洗涤剂，清洗碗碟的油污，并尝试哪种条件去污效果更佳？思考泡沫灭火器的原理是什么？如何配制$FeCl_3$溶液？

探寻盐类水解的微观本质是本节的重中之重，而在学生的学习过程中，可能有些学生过于关注盐类水解的结果，而忽视了对其本质的理解。教师应当帮助学生转变学习方式，推进深度学习，基于实验探究自主构建概念。通过实验探究、任务驱动确立学生自主学习地位，实现盐类水解概念的自主构建。在问题解决的过程中不断迁移、反思学科知识，认识科学探究的思路和方法。在今后的教学中，应当更加重视"教、学、评"一体化，开展素养为本的教学。重视和发挥学习任务的素养导向功能，通过实验探究、小组讨论、方案设计等活动，实施"教、学、评"一体化，对学生的学习和化学学科核心素养的发展水平给予准确的把握，并给出进一步深化的指导，落实核心素养，提升知识关联与认识思路结构化水平。

参考文献：

[1] 范楼珍，吴海建.普通高中教科书化学选择性必修1化学反应原理[M].北京：人民教育出版社.2020.

[2] 中华人民共和国教育部制定.普通高中化学课程标准（2017年版2020年修订）[S].北京：人民教育出版社，2023.

[3] 李慧，张惠萱，字敏.基于项目式教学的盐类水解教学设计[J].广州化工，2023，51（9）：228–230.

[4] 刘靓.促进学生学科理解的"盐类的水解"思维课堂教学研究[D].济南：山东师范大学，2023.

[5] 郭艳涛."盐类的水解"教学设计[J].中学化学教学参考，2023（12）：31–33.

[6] 杜艳艳，冯艳芳，李海霞.基于化学学科理解的"盐类的水解"课例设计[J].中学化学教学参考，2023（9）：22–24.

[7] 杨杰，姜建文，曾承辉.基于思维可视化的盐类水解教学实验设计[J].化学教育（中英文），2023，44（3）：104–110.

第十一章 电化学单元设计

电化学是化学学科中的重要分支，研究化学变化和电能转化之间的关系，涵盖了电解质溶液的导电性、原电池、电解池、相关应用等内容。本章节的学习对于高中学生来说具有重要的意义，不仅能够帮助他们深入理解化学知识，还能培养他们的科学思维和实验探究能力。

电化学作为一门交叉学科，与物理学、化学和工程学等领域有着密切的联系。在化学学科中，电化学的研究为我们解释了许多化学现象和反应机理，如电解质溶液中的离子移动、原电池和电解池的工作原理、金属腐蚀等。同时，电化学也在工程学中有着广泛的应用，例如电池技术、电解装置、腐蚀控制等领域。

一、单元整体设计

在本单元的整体设计中，我们将以课程标准内容要求为指导，确保学生达到相关要求。通过学情分析，我们将了解学生对电化学的基本概念和实验操作的理解程度，为后续教学提供依据。在大概念建构的过程中，学生将逐步了解电化学的研究范畴和基本原理，掌握相关术语和表达方式。通过一系列精心设计的单元活动，包括实验、讨论和应用活动，学生将有机会运用所学知识进行实践和应用，培养科学思维和实验探究能力。

（一）课程标准内容要求

课程标准关于电化学学习的内容要求如下。

认识化学能与电能相互转化的实际意义及其重要应用。了解原电池及常见化学电源的工作原理。了解电解池的工作原理，认识电解在实现物质转化和储存能量中的具体应用。了解金属发生电化学腐蚀的本质，知道金属腐蚀的危害，了解防止金属腐蚀的措施。主要涵盖基本概念、基本原理、实验技能和应用能力几个维度，如表1所示：

表 11-1 "电化学"部分课程标准内容要求

掌握基本概念	理解原电池、电解池原理	实验技能	应用能力培养
1.原电池 2.双液电池 3.化学电源 4.电解池 5.金属腐蚀	1.原电池、电解池构成要素 2.原电池、电解池工作原理 3.双液电池的构成和工作原理 4.常见的化学电源和电解池工作原理	1.设计简单的原电池 2.设计简单的电解池	1.新型电池工作原理分析 2.氯碱工业、电镀、电冶金原理分析 3.电化学防腐

通过电化学相关知识学习，培养学生的科学思维和实验探究能力，使其能够理解电化学的基本概念、原理和应用，并具备分析和解决相关问题的能力。

（二）单元知识与学科核心素养

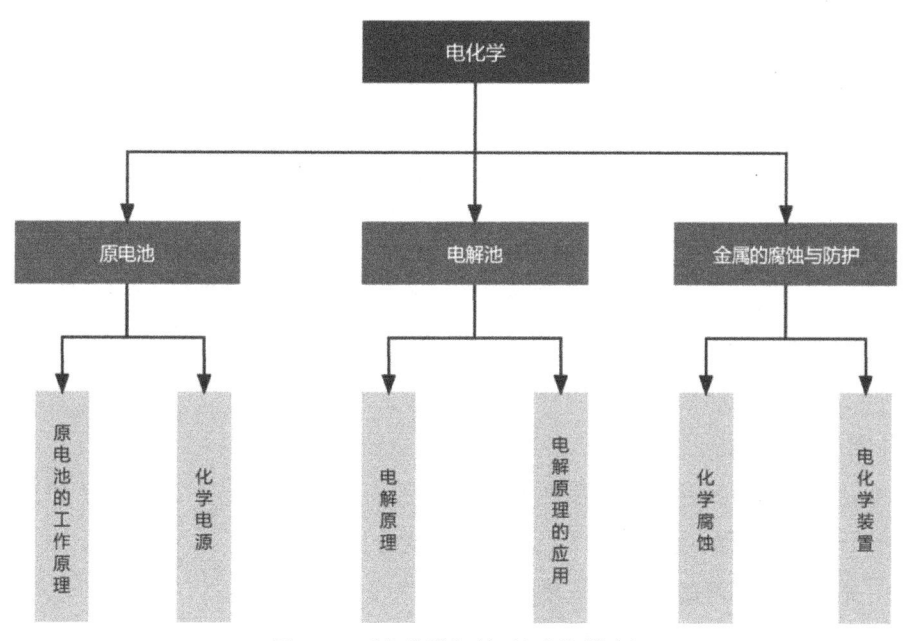

图 11-1 "电化学"单元知识网络图

本单元的主题是电化学，主要体现了以下学科核心素养。（1）科学思维和科学探究：培养学生的科学思维，包括观察、实验设计、数据分析和问题解决能力，在学习电化学的过程中锻炼科学探究的能力。通过实验活动，培养学生的实验操作技能，让学生能够进行电化学实验的设计、执行和结果分析。（2）模型认知：通过

Cu-Zn双液原电池的模型分析，明确原电池的工作原理，帮助学生理解原电池结构上的演变，会设计简单的原电池，从而完成知识和技能的双重迁移。（3）证据推理：根据原电池的工作原理，结合Cu-Zn双液原电池实例和氧化还原反应基本原理，完成利用自发进行的氧化还原反应设计原电池的技能目标。

（三）大概念建构

电化学单元是高中化学课程中的一个主要组成部分，旨在介绍电化学中两种重要的能量转化装置——原电池和电解池的基本原理和应用，帮助学生理解电化学的基本概念、原理和应用，以及综合应用多维度的知识尝试完成电解实验并设计一套燃料电池装置。

通过概念建构，在单元层面上明确了电化学单元的学习目标和内容，以及在每个课时中的具体大概念。课时大概念是对电化学的基本概念进行详细阐述和解读，引导学生逐步了解电化学的核心概念，包括能量转化、原电池、电解池、电化学腐蚀等。通过大概念析读，学生将建立起对电化学整体框架的认知，理解章节核心内容。这有助于学生对学科知识的组织和掌握，同时也为教师在教学过程中的引导和设计指明了方向。

表 11-2 "电化学"部分大概念层级

学科大概念	单元大概念	课时大概念
化学反应中伴随着能量变化	化学能与电能可以通过一定的装置发生相互转化	Ⅰ．化学能转化为电能 Ⅱ．电能转化为化学能 Ⅲ．原电池和电解池原理的基本应用

（四）学情分析

电化学学情分析是指对学生在电化学学习方面的背景知识、理解水平和学习需求进行评估和分析的过程。以下是电化学学情分析要点。

1.关于内容学习的现有水平分析

表 11-3 关于内容学习的现有水平分析

学生现有水平	学生能达到的效果
从能力水平来看，学生具备一定的实验观察能力、比较归纳能力以及实验设计能力	（1）能通过观察实验现象，推测化学反应本质 （2）通过比较单液原电池和双液原电池，能分析双液原电池的工作原理，并归纳出原电池的构成要素 （3）能设计简单的原电池

续表

学生现有水平	学生能达到的效果
从知识储备来看，学生已经掌握了氧化还原反应和单液原电池的基本原理，这为本节课的学习奠定了理论基础	能根据单液原电池原理，类比推理得到双液原电池的工作原理

2. 关于内容学习的发展需求分析

表 11-4 关于内容学习的发展需求分析

知识-技能类	思维-方法类	价值-观念类
（1）能说出双液原电池的工作原理并书写电极反应方程式 （2）能设计简单原电池	（1）能通过观察双液原电池装置的现象推测原电池工作原理 （2）建构原电池模型，并能根据原电池模型设计简单原电池	体会化学能转化为电能对生产、生活的意义

3. 关于内容学习的困难障碍分析

表 11-5 关于内容学习的困难障碍分析

学生的困难障碍分析	教师对策
观察、记录实验现象等方面的能力不够全面，往往会遗漏信息	教学中充分发挥教师的引导作用；通过层层问题设置让学生的思路更明了；立足已有知识解决新问题，提高学生的逻辑思维能力
分不清原电池的正负极以及正负极的反应类型、反应方程式	分析原电池的工作原理时，教师要设置问题台阶，由简到繁、层层递进

通过对电化学学情的分析，教师可以更好地了解学生的起点和学习需求，以便调整教学策略、选择合适的教学方法和资源，提供个性化的学习支持，帮助学生更好地掌握电化学的知识和技能。

（五）单元学习目标与课时目标

课程标准关于电化学学习的学业要求如下。

（1）能分析、解释原电池和电解池的工作原理，能设计简单的原电池和电解池。

（2）能列举常见的化学电源，并能利用相关信息分析化学电源的工作原理。能利用电化学原理解释金属腐蚀现象，选择并设计防腐措施。

（3）能举例说明化学在解决能源危机中的重要作用，能综合考虑化学变化中的物质变化和能量变化来分析、解决实际问题，如新型电池的开发。

根据课程标准中的学业要求，提炼出本单元的学习目标如下表：

表 11-6　单元学习目标与课时学习目标

单元学习目标	课时安排	课时学习目标
理解原电池的工作原理，包括化学反应如何产生电势差；理解电化学电池的结构和工作原理；熟悉氧化还原反应的基本规律和应用；培养实验探究能力和科学思维，通过实验了解电化学实际应用；培养安全意识和环境保护意识，学会在实验中进行安全操作	第1课时	1. 掌握原电池的基本组成部分和结构 2. 理解原电池的工作原理 3. 能根据氧化还原反应理论书写简单的电极反应式和总反应式
	第2课时	1. 能列举常见的化学电源 2. 知道常见的化学电源的工作原理，会书写简单的电极反应式和总反应式 3. 理解燃料电池的工作原理
	第3课时	1. 掌握电解池的基本组成部分和结构 2. 理解电解池的工作原理 3. 会书写简单的电极反应式和总反应式
	第4课时	1. 分析氧化性、还原性强弱在电解中的应用 2. 进行实验设计，验证放电顺序对电解的影响 3. 知道常见的电解池类别，会书写简单的电极反应式和总反应式
	第5课时	1. 知道金属腐蚀的本质和危害 2. 能区分化学腐蚀和电化学腐蚀 3. 能根据实际情况选择合适的防腐措施

（六）原电池单元活动设计

第1课时　原电池工作原理课堂活动设计

活动一：构建 Zn–H$_2$SO$_4$–Cu 单液原电池，复习回顾原电池工作原理

活动二：构建 Zn–CuSO$_4$–Cu 单液原电池和 Zn–CuSO$_4$–Cu 双液原电池，掌握双液原电池的结构和原理

活动三：知道原电池的构成条件，构建原电池模型

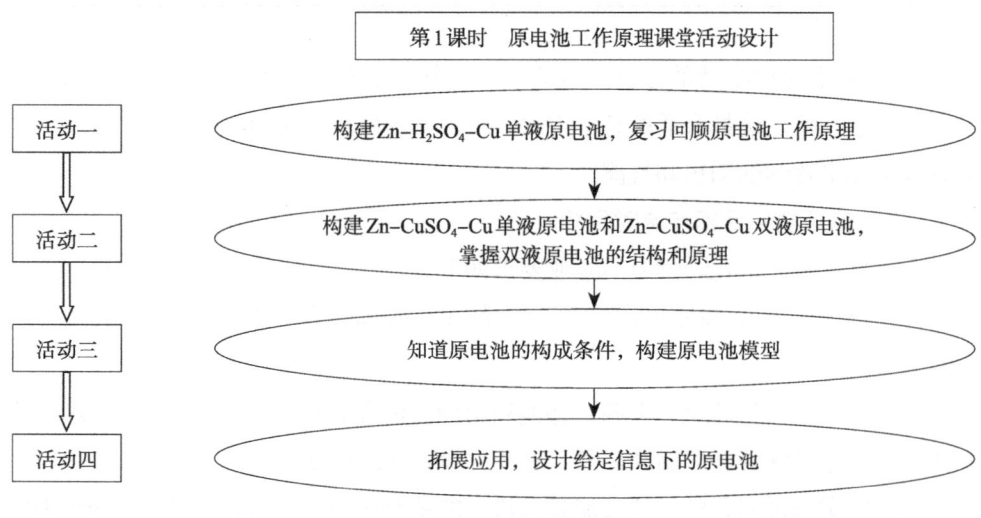

活动四：拓展应用，设计给定信息下的原电池

图 11-2　原电池单元活动设计

二、"原电池工作原理"教学设计示例

原电池工作原理是电化学领域中重要的原理性知识,对于学生学习化学和理解化学现象具有重要意义。

(一)大概念析读

(1)掌握原电池的基本组成部分和结构:从原电池的基本结构入手,学生将氧化还原反应理论应用于理解原电池的组成构件和工作原理。

(2)原电池工作原理:学生理解原电池如何通过化学反应产生电势差,内电路和外电路如何形成闭合回路,如何使电流流动,从而提供电能。

(二)课时学习目标

(1)掌握原电池的基本组成部分和结构,理解原电池的工作原理。

(2)进一步理解化学能与电能的相互转化,认识从简单原电池发展到带有盐桥原电池的过程变化,建立变化观念与平衡思想的科学核心素养。

(3)能根据氧化还原反应理论书写简单的电极反应式和总反应式。

(4)通过设计原电池的实验探究,体验科学探究过程,培养科学探究精神。

(三)学习重难点

◆学习重点

(1)原电池的结构。

(2)原电池的工作原理。

(3)电极反应式和总反应式的书写。

(4)氧化还原反应在原电池中的应用。

◆学习难点

(1)原电池的工作原理。

(2)氧化还原反应在原电池中的应用。

（四）教学过程设计

表 11-7　原电池第 1 课时教学设计

教学环节	活动线	问题线	知识线	素养线
环节一：构建 Zn-H₂SO₄-Cu 单液原电池	使用锌片、铜片和稀硫酸构建一个小型的原电池模型。演示实验	问题1：实验现象有哪些？通过现象可以得出什么结论？ 问题2：闭合回路是如何形成的？ 问题3：原电池的工作原理是什么？	1.负极（Zn）：失去电子，发生氧化反应 正极（Cu）：得到电子，发生还原反应 2.电流由正极流向负极，电子由负极流向正极 3.阳离子向正极移动，阴离子向负极移动 4.原电池工作原理：	通过观察和分析实验现象，培养学生的科学探究能力，鼓励他们提出问题、进行观察、推理和解释实验结果
环节二：构建 Zn-CuSO₄-Cu 单液原电池和 Zn-CuSO₄-Cu 双液原电池	使用锌片、铜片和硫酸铜溶液分别构建一个单液原电池和双液原电池，使用灵敏电流计测量该装置的电流	问题1：如果将电解质硫酸换成硫酸铜，能否形成原电池？请分析其工作原理。 问题2：如何解释灵敏电流计所测电流变化情况？ 问题3：双液原电池的工作原理与单液原电池是否相同？ 问题4：相较单液原电池，双液原电池有何优点？	1.Zn-CuSO₄-Cu原电池的工作原理 2.单液原电池中氧化剂和还原剂直接接触，氧化反应和还原反应并未完全分离在两个区域，使得获得的电流不稳定 3.盐桥的作用 4.Zn-CuSO₄-Cu双液原电池工作原理 5.电极反应式和电池总反应式书写	1.学生实验，培养实验设计、操作、观察和数据记录的技能。 2.利用单液原电池工作原理模型解决双液原电池中的新问题 3.比较不同类型的原电池异同，培养信息获取、分析和整合的能力
环节三：构建原电池模型	结合单液原电池和双液原电池，归纳原电池的构成要素，构建原电池模型	问题1：构成原电池的要素有哪些？ 问题2：如何判断给定条件下能构成原电池？	原电池的构成条件	通过对单液原电池和双液原电池的归纳总结，建构原电池模型，发展学生模型认知的思维方法

续表

教学环节	活动线	问题线	知识线	素养线
环节四：拓展应用 设计原电池	以反应 $2FeCl_3 + Cu = 2FeCl_2 + CuCl_2$ 为依据，设计一个相对高效原电池	问题1：高效原电池包含哪些结构？ 问题2：如何判断电极材料和电解质？	双液原电池的设计	根据建构的原电池模型设计简单原电池，完成知识和技能的迁移应用

三、"化学电源"教学设计示例

化学电源的学习能促进学生对原电池模型、氧化还原反应有更深的认识，通过电极材料的改变理解物质的性质在原电池模型中的运用，理解一次电池、二次电池以及新型电池的工作原理，培养证据推理和模型认知的学科素养。

（一）大概念析读

（1）掌握化学电源的基本组成：从原电池的基本原理出发，通过改变两极材料、氧化剂、还原剂来认知一次电池、二次电池。

（2）化学电源与原电池工作原理的升华：学生通过课时1，已经对原电池原理有了全盘的认知。原电池在生活中的应用也显得更为有高度，这也是满足学科素养的要求，让知识应用于生活实际中。

（二）课时学习目标

（1）了解化学电源的种类及工作原理。

（2）知道化学电源在生产、生活和国防中的实际应用。

（3）掌握一次电池、二次电池、锂电池的反应原理，会书写电极反应式。

（4）了解新型电池的工作原理。

（三）学习重难点

◆学习重点

认识一次电池和二次电池及其工作原理。

◆学习难点

电池反应的方程式和电极反应式的书写。

（四）教学框架

以科学大概念视角，基于新概念的形成及新的认识角度、认识思路和认识方式，联系化学学科大概念，深化化学学科认识。大概念统摄下高中化学教学设计思路包括问题线、知识线、能力线和情境线五个方面。教学环节包括：揭示主要概念、大概念视角认识主要概念、基于大概念理解主要概念、围绕大概念建立跨学科联系以及思考链接新知环节。

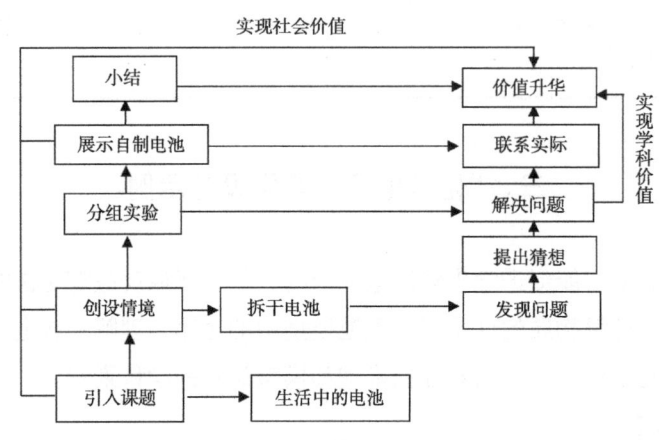

图11-3 原电池第2课时教学框架

（五）教学过程设计

表11-8 原电池第2课时教学设计

教学环节	活动线	问题线	知识线	素养线
环节一：拆电池发现问题	拆解一个废弃的碱性锌锰干电池，给大家展示电池的组成、构建，通过查阅资料对材料进行解读，和学生共同重组一次电池。演示实验	问题1：外壳分为两个部分，有涂层，其中金属外壳可能是什么作用？哪一极？什么材料？ 问题2：黑色物质和少量白色物质都是什么呢？接着还会看见一个隔膜，那是什么呢？ 问题3：白色隔膜是什么呢？隔膜剪开后还有什么呢？	1.外壳为合金材料，黑色物质为MnO_2，少量白色物质为KOH。 2.白色隔膜是用于将正极区和负极区分离的。黑色物质是Zn粉和KOH，然后还会看见少量的绿色物质，所以可以试着推测那个金属针是铜质的。 3.构建碱性锌锰干电池（一次电池）	通过观察和分析拆解后的碱性锌锰干电池，培养学生的科学探究能力，鼓励他们提出问题、进行观察、推理。

续表

教学环节	活动线	问题线	知识线	素养线
			金属外壳 Zn粉和KOH混合物 离子型导电隔膜 MnO₂和KOH混合物 铜针	
环节二：完成任务环节：构建碱性Zn-Mn干电池	将所需完成的任务做成学案表格，再把教材总反应方程式给学生们作为指引，引导学生自己完成任务	问题1：大家通过观察这个示意图，一起来进行下列表格的分析，并完成： 电极材料？ 负极： 正极： 问题2：电极反应？ 还原剂： 氧化剂： 问题3：离子导体？	1.负极：Cu棒 正极：金属皮 2.还原剂：Zn粉 氧化剂：MnO_2 3.离子导体：碱性物质KOH 4.电池总反应式和电极反应式书写	1.培养学生分析问题，解决问题的能力。培养表达能力 2.利用分析的知识、已有的课本知识，更好地归纳和总结 3.总结出碱性锌锰干电池的优点，为引入膜电池埋下伏笔
环节三：找出碱性锌锰干电池的优点，对比之前的双液-盐桥原电池，它又有什么突出优势	结合碱性锌锰干电池和双液-盐桥原电池的差异，找出干电池（一次电池）相较于双液原电池的优点，利于引入燃料电池	问题1：通过碱性锌锰干电池的拆解分析，发现两极在一个电解质中（单液原电池）和两极不在一个电解质中（盐桥——双液原电池）哪个更好？ 问题2：通过这一系列的对比实验，大家发现膜电池比简单双液-盐桥原电池又要更好吗？好在哪？	1.双液-盐桥原电池的实际电流数据 2.膜电池实际电流数据	通过对双液原电池的电流测量和对单池膜电池的电流测量，发现电解质的接触面积对电流有很大影响，让学生自己找到比双液-盐桥原电池更优化的点。从而培养学生探寻知识的兴趣，不断深入思考获得真理的满足感

续表

教学环节	活动线	问题线	知识线	素养线
环节四：延伸应用、优化膜电池——二次电池（燃料电池）	以优化原电池为核心，从单液电池到双液-盐桥电池，到分离两极但却增大电解质接触面积的膜电池，最后再到可以不断重复利用的燃料电池	问题1：燃料电池是如何连续工作的？ 问题2：燃料电池的优点有哪些？	1.燃料电池中氢氧燃料电池的反应原理 2.教材中酸性燃料电池的示意图和电极反应式 3.完成可持续性反应的燃料电池	通过实验操作和实验装置让学生感知持续工作的新型燃料电池的可发展性，再次领会到化学科技给人类社会带来的改变
环节五：总结电池的发展历程	将整个原电池的发展历程全部串成自己的思路	问题1：电池的发展都经过了哪些改变？ 问题2：今后生活、生产中还要怎样升级改造现有的电池？	电池的可持续性、绿色环保、社会责任感	根据建构的原电池模型设计简单原电池，完成知识和技能的迁移应用

四、单元教学反思

（一）主要亮点

本教学设计中的第1课时分为四个板块，分别是"构建 $Zn-H_2SO_4-Cu$ 单液原电池""构建 $Zn-CuSO_4-Cu$ 单液原电池和 $Zn-CuSO_4-Cu$ 双液原电池""建构原电池模型""拓展应用——设计原电池"。四个板块之间为递进关系，环环相扣，逐步深入，能够很好地体现课标当中"能分析、解释原电池的工作原理，设计简单原电池"的要求，并且通过实验现象推导结论，然后建构模型，体现证据推理与模型认知的化学核心素养。

本教学设计中的第2课时重要知识点有三个，分别是锌锰碱性电池的工作原理、膜电池的原理、燃料电池的工作原理。教学中先让学生通过化学电源发展史和生活中的电池联系，通过拆解电池，让学生独立思考与讨论相结合，深入理解原电池模型，培养学生的思维能力和合作意识、观察与分析能力、知识迁移能力。结合化学电源的发展历史，对比电池的性能，分析电池优与劣的影响因素。促进学生对电化学知识的深入理解，同时也会使学生在情感态度和价值观方面体会化学的实用性，增加学习的兴趣，培养学生的宏观探究与微观辨析能力，培养社会责任感。教学中通过直观的观察，引导学生讨论分析，使学习更加身临其境，收到较好的教学效果。让学生基于大概念视角尝试书写电池的电极反应式，加深对物质的性质和氧化还原反应的理解。

为了减少理论说教，教师组织学生进行分组实验，让他们自己动手搭建原电池，并观察其工作过程。通过小组合作，共同解决复杂的问题或完成项目。通过与同学互动，他们可以分享想法、协同工作，并从不同观点中获得启发，这种合作有助于培养学生团队合作和沟通技能。通过实验操作，学生能够更加深入地理解原电池的构成要素和各部件的作用，并直观体验单液原电池和双液原电池的异同。师生一起分析实验中的变量、控制条件和数据，以确定实验是否符合科学方法的原则，这有助于培养科学思维中的实验和观察技能。在理解原电池工作原理的基础上，帮助学生构建原电池的模型，并利用模型完成给定信息下原电池的设计，真正实现知识和素养的双重迁移、提升。

（二）存在不足

本次教学主要是对必修部分内容的延伸，在教学内容方面，主要是进行理论的讲解，应用涉及的不多，如利用原电池原理判断金属活动性等，这一部分还可以继续扩展深入。对原电池工作原理的推导总结是教学重点和难点，这个部分是环环相扣的。在教学过程中该部分的逻辑推导相对清晰，但有些烦琐，很多知识点不断重复提到。这些不足之处导致教学上没有足够的时间应用模型解决陌生原电池的设计，在以后的教学中应该更加关注时间分配，精练教学语言，少说教、多实践。

（三）再教设计

◆明确学习目标：明确每个课时和整个单元的学习目标。学习目标应该清晰、可测量，能够指导教学活动的设计和评估方法的选择。确保学习目标与课程的核心概念和技能紧密相关，以确保教学的重点和连贯性。

◆多样化的教学方法：创造一个多样化的教学环境，以满足不同学生的学习需求。除了传统的课堂讲授，考虑使用互动性实验、小组合作项目、在线资源、模拟和模型建构等教学方法。这些方法有助于提高学生的参与度，促进对理论知识深层次的理解。

◆评估和反馈机制：设计有效的评估方法，考虑使用多样化的评估方法，如项目、实验报告、口头报告和在线测验，以全面评估学生的知识和技能。同时，建立反馈机制，及时了解学生的需求和问题，并在必要时进行调整。

参考文献：

[1] 范楼珍，吴海建.普通高中教科书化学选择性必修1化学反应原理[M].北京：人民教育出版社.2020.

[2] 中华人民共和国教育部制定.普通高中化学课程标准（2017年版2020年修订）[S].北京：人民教育出版社，2023.

[3] 李林雁.基于认知发展的高中"电化学"教材比较及读本设计[D].长沙：湖南师范大学，2016.

[4] 覃琦.构建以"素养为本"的高中化学总复习课堂教学设计模型——以"电化学原理"第一轮复习为例[J].中小学课堂教学研究，2020（3）：5.

[5] 陈修煜.中美两国高中化学教材中科学探究活动的比较——以"氧化还原与电化学"内容为例[D].杭州：浙江师范大学，2018.

[6] 印志林.高三化学大单元教学设计策略——以"电化学""有机"单元复习为例[J].数理化解题研究，2021（36）：94–95.

[7] 徐瑞花.基于化学学科核心素养的"电化学基础"单元课堂活动的设计[D].济南：山东师范大学，2023.

[8] 李倩.基于提升学生"模型认知"核心素养的电化学教学研究[D].合肥：合肥师范学院，2020.

[9] 康晓娟，刘贝贝，杨波.基于"教、学、评"一体化的教学实践——以"载人航天器中的化学电源"为例[J].中学化学教学参考，2023（17）：17–20.

[10] 陈浩雪，王秋.社会发展中的化学电源[J].中学化学教学参考，2022（10）：90–94.

第十二章

化学反应与电能单元教学设计

——以"金属的腐蚀与防护"为例

化学反应与电能属于典型的电化学原理知识，是高中化学的核心内容之一。学生在必修阶段学习原电池构成要素及其工作原理，认识电池类型和用途，能分析原电池正负极、电子迁移方向、离子移动方向，能基于氧化还原反应设计原电池，初步构建原电池理论模型，故为本单元学习奠定坚实的理论基础。结合生活中化学能与电能相互转化的相关实例、原电池和电解池在生活中的重要用途、金属腐蚀的危害缘由和防护措施，也为本单元学习提供实例扒手。此部分不仅对学生总结复习电化学模块至关重要，同时本节内容充分体现电化学原理的认识发展价值和化学能与电能相互转化的社会应用价值，有利于进一步落实"素养为本"的大单元教学。

一、单元整体设计

教材从化学反应与电能方面展开化学反应与能量的关系，在化学反应与电能视角下，教材又从原电池、电解池和金属的腐蚀与防护三个方面阐述化学能与电能相互转化的形式、电能的利用、金属腐蚀的危害及防护措施等内容。通过化学反应与电能单元的学习，学生能基于氢氧燃料电池、双液电池、铅蓄电池、锂离子电池、氯碱工业等生活实物，认识原电池和电解池的基本工作原理和构成要素。进一步结合生产生活中金属腐蚀的现状，基于电化学腐蚀视角提出阻碍或者减缓金属腐蚀的办法。又结合暖贴中的化学、跨海大桥维护、地下管道维护等方面辩证看待金属腐蚀，有效帮助学生实现从知识向能力、素养的飞跃，能认识化学与生活的重要联系，培养决策能力。

（一）课程标准内容要求

根据新课程标准可知，主题1化学反应与能量的内容要求由"体系与能量""化学反应与热能""化学反应与电能""学生必做实验"四大部分组成，其中本单元隶属于"化学反应与电能"主题维度，故该主题的具体内容要求如表1所示。结合新课程标准规定的内容要求，教师在教学过程中需创设真实情境，开展基于真实问题情境的大概念教学，引领学生从能量利用和转化等视角分析和掌握化学反应与能量的知识，搭建相应的知识体系框架，逐步发展和形成合理开发利用化学反应中能量转变的思路，诊断提升化学学科核心素养，同时发展问题解决意识和决策分析能力。

表 12-1 化学反应与电能主题维度的内容要求

主题维度	内容要求
化学反应与电能	认识化学能与电能相互转化的实际意义及其重要应用 了解原电池及常见化学电源的工作原理 了解电解池的工作原理，认识电解在实现物质转化和储存能量中的具体应用 了解金属发生电化学腐蚀的本质，知道金属腐蚀的危害，了解防止金属腐蚀的措施

（二）单元知识与学科核心素养

金属腐蚀与防护知识网络图：

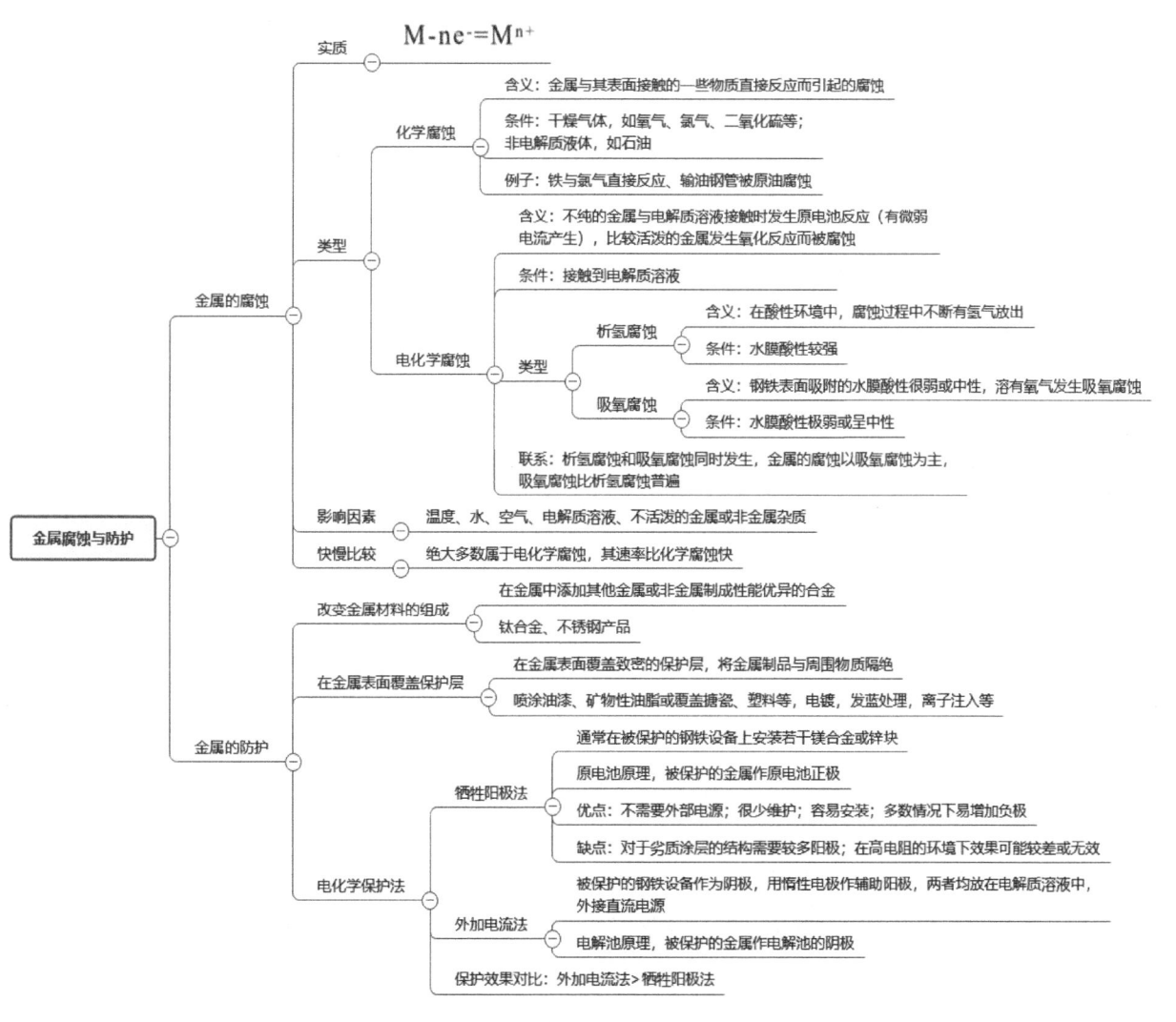

- 金属的腐蚀
  - 实质：$M - ne^- = M^{n+}$
  - 类型
    - 化学腐蚀
      - 含义：金属与其表面接触的一些物质直接反应而引起的腐蚀
      - 条件：干燥气体，如氧气、氯气、二氧化硫等；非电解质液体，如石油
      - 例子：铁与氯气直接反应、输油钢管被原油腐蚀
    - 电化学腐蚀
      - 含义：不纯的金属与电解质溶液接触时发生原电池反应（有微弱电流产生），比较活泼的金属发生氧化反应而被腐蚀
      - 条件：接触到电解质溶液
      - 类型
        - 析氢腐蚀
          - 含义：在酸性环境中，腐蚀过程中不断有氢气放出
          - 条件：水膜酸性较强
        - 吸氧腐蚀
          - 含义：钢铁表面吸附的水膜酸性很弱或中性，溶有氧气发生吸氧腐蚀
          - 条件：水膜酸性极弱或呈中性
      - 联系：析氢腐蚀和吸氧腐蚀同时发生，金属的腐蚀以吸氧腐蚀为主，吸氧腐蚀比析氢腐蚀普遍
  - 影响因素：温度、水、空气、电解质溶液、不活泼的金属或非金属杂质
  - 快慢比较：绝大多数属于电化学腐蚀，其速率比化学腐蚀快
- 金属的防护
  - 改变金属材料的组成
    - 在金属中添加其他金属或非金属制成性能优异的合金
    - 钛合金、不锈钢产品
  - 在金属表面覆盖保护层
    - 在金属表面覆盖致密的保护层，将金属制品与周围物质隔绝
    - 喷涂油漆、矿物性油脂或覆盖搪瓷、塑料等，电镀，发蓝处理，离子注入等
  - 电化学保护法
    - 牺牲阳极法
      - 通常在被保护的钢铁设备上安装若干镁合金或锌块
      - 原电池原理，被保护的金属作原电池正极
      - 优点：不需要外部电源；很少维护；容易安装；多数情况下易增加负极
      - 缺点：对于劣质涂层的结构需要较多阳极；在高电阻的环境下效果可能较差或无效
    - 外加电流法
      - 被保护的钢铁设备作为阴极，用惰性电极作辅助阳极，两者均放在电解质溶液中，外接直流电源
      - 电解池原理，被保护的金属作电解池的阴极
    - 保护效果对比：外加电流法 > 牺牲阳极法

图 12-1 "金属腐蚀与防护"知识网络图

本单元的主题是化学反应与电能，该主题在教材中主要以"原电池""电解池"以及"金属腐蚀与防护"三节进行阐述。在教材内容的选取和教师实际的教学中，均充分体现了单元知识与化学学科核心素养的紧密联系。

实际上，"金属腐蚀与防护"是"原电池""电解池"两节内容的深化和拓展，可以认为是电化学理论或原理在真实问题情境中的实际应用，由于金属腐蚀与防护问题十分复杂，其中涉及的行业、领域也十分广泛，所以本节也可从另一个方面表明化学研究及其应用的重要性。再结合教材本节"研究与实践"栏目，以"暖贴的设计与制作"为主题，开展基于金属腐蚀与防护主题背景下辩证看待金属腐蚀的有趣、实用的课外活动。

以"金属腐蚀与防护"这节为例，教学揭示金属电化学腐蚀原理的内在规律，深化"宏观—微观—符号"关系的三重表征思维模型。从真实的生产或生活情境出发，基于原电池原理，了解金属电化学腐蚀的过程，诊断和发展学生知识迁移、归纳、类比等多种思维能力和探索创新的科学精神。在金属吸氧和析氢腐蚀原理的探究过程中不断启发引导学生发现问题、分析问题、解决问题，融合实验创新设计和信息技术手段，通过不同教学活动来实现交互式教学关系，加深学生对金属的电化学腐蚀原理和防护的认识和理解，师生互动课堂中充分展现教师为主导，学生为主体的教学理念。在化学课堂教学中，秉承以学生为中心，积极渗透德育理念。帮助学生形成化学认识视角和化学认识思路，以此发展学生的化学学科思维方式和解决真实化学问题的能力。从而落实和发展学生宏观辨识与微观探析、证据推理与模型认知、科学探究与创新意识、科学态度与社会责任等化学学科核心素养和勇于探索未知、追求真理、勇攀科学高峰的责任感和使命感，充分体现素养为本的设计理念。

（三）大概念建构

大概念是学科中的核心概念，是基于事实基础抽象出来的深层次的、可迁移的概念。大概念并非化学学科中的某一部分知识的具体概念，它反映的是学科的本质以及核心观点，具有共识性和统领性。

本章教学设计的大概念是依据《普通高中化学课程标准》（2017年版2020年修订），从化学学科核心素养出发，在明确本章学习目标的基础上提炼出来的。本章内容蕴藏的学科大概念是化学反应与能量，对应本单元的主题"化学反应与电能"，进一步提取出单元大概念，即"化学能与电能相互转化的重要应用和实际意义"。

表 12-2 "化学反应与电能"部分大概念层级

学科大概念	单元大概念	课时大概念
化学反应与能量	化学能与电能相互转化的重要应用和实际意义	Ⅰ.原电池的工作原理及实际应用 Ⅱ.电解池的工作原理及实际应用 Ⅲ.金属腐蚀的危害与防护措施

"金属的腐蚀与防护"一节隶属于原电池和电解池工作原理的实际应用，由于日常生活、机械设施、基础建设、高质量发展等方面都大量运用金属材料，倘若在使用过程中金属不慎发生腐蚀，可能会造成日用品更新换代速度快、耐用性短，生产机械的性能受影响，进而带来一定程度上的设备老化或故障，严重的可能引起管道堵塞爆炸、飞机高铁失事、桥梁坍塌等事故。有研究数据统计表明，全世界每90秒钟就有一吨钢铁腐蚀成铁锈。海洋防腐拓荒者侯保荣院士认为金属腐蚀与防护科学虽是一门小科学，但其不仅影响建筑物的寿命，更会影响国计民生的发展。正是由于各行各业高质量发展的需要和相关学科的有机融合推进金属腐蚀与防护科学的进步，同时实践中为生产用品、船舶工程、海洋工程、航天技术、汽车制造等提供理论依据和实操技术。所以了解金属腐蚀不只是认识金属腐蚀的危害，更应该关注金属腐蚀背后的本质原因，结合原因设计防护措施，利用化学知识解决实际问题。提升金属材料的使用寿命是极其重要的社会性议题，同时对能源节约与合理利用也是尤为重要的方面，故而深刻体现出化学知识的知识应用价值和社会情意价值。深入了解金属腐蚀其实是金属防护最牢固的外衣，这就要求不断发展辩证思维和决策能力。

因此，学生需通过了解金属腐蚀的原因，并能从原因出发找寻规避的方法，提出有效的策略解决金属腐蚀这一现象。在金属吸氧和析氢腐蚀原理的探究过程中不断启发和引导学生在生活情境中发现化学问题、分析化学问题、解决化学问题，融合实验创新设计和信息技术手段，通过不同教学活动来实现交互式教学关系，加深学生对金属的电化学腐蚀原理和防护的认识和理解，充分体现以教师为主导，学生为主体的教学理念。通过采用大概念教学，学生从金属腐蚀的危害与防护措施进一步理解化学能与电能相互转化的应用和意义，关注安全问题、国家经济问题和民生问题。这充分体现电化学原理的认识发展价值和化学能与电能相互转化的社会应用价值，有利于落实基于学科核心大概念下素养为本的教学理念。

图12-2 "化学反应与电能"能力与素养体现

（四）学情分析

本单元的授课对象是高二学生，在此之前学生已掌握原电池构成要素、工作原理、正负极判断、电子离子迁移方向判断、设计原电池等知识，在初中阶段认识铁生锈的条件和保护金属的方法。而且具备化学电源、一次电池、充电电池、氯碱工业、电镀、钢铁生锈和防护等生活常识。同时，该阶段的学生具备较强的微粒观、实验观察能力和科学探究能力，对化学充满浓厚的兴趣和学习动机。

根据奥苏贝尔的有意义学习理论，这些知识和经验是学生学习新知识前已具备的"先行组织者"，学生能基于此掌握新知识。由于学生初中阶段对铁在潮湿空气中生锈的原因没有揭示，对保护金属的措施也未触及问题的本质，这也为高中应用化学反应原理的学习提供了重要素材。尽管学生已经初识原电池和电解池原理，但短时期内还不能熟练掌握原理，甚至缺乏将理论知识应用于解决实际问题的能力。再加上学生难以结合真实情境和介质条件分析化学能与电能的转化，难以将真实问题与电化学理论模型进行关联。从微观视角分析问题的能力不全面，对实验探究的思维模式不够具体，对现象的表述不够全面和规范，难以从分析层面精确过渡到实验设计再延伸至改进或创新层面。故而教学中需教师搭设台阶适时、适度地提供针对性的引导和帮助。

本节课将采用宏微结合、实验探究和数字化技术等手段完善学生对以上内容的发展与提升，找寻学生的最近发展区，协助学生自主思考和科学探究，积极突破化学能与电能相互转化的认知局限，基于真实情境进而分析问题掌握相关知识，借助逆向思维探索金属防护的措施，完成对认知的跨越，促进学以致用。

（五）单元学习目标与课时目标

表 12-3　单元学习目标与课时学习目标

单元学习目标	第三节"金属腐蚀与防护"学习目标	
（1）能辨识化学反应中的能量转化形式，能解释化学反应能量变化的微观本质 （2）能分析并解释原电池和电解池的工作原理，能基于氧化还原方程式设计简单的原电池和电解池 （3）能列举常见的化学电源，并能利用相关信息分析化学电源的正负极和解释其工作原理 （4）能利用电化学原理解释金属腐蚀现象，选择并设计防腐措施；能综合考虑化学变化中的物质变化和能量变化来分析、解决实际问题，体会化学对人类发展的重要贡献，如新型电池的开发、暖贴的设计等	第1课时 金属的腐蚀	（1）通过吸氧腐蚀和析氢腐蚀的实验探究，能解释金属发生电化学腐蚀的原因，能用电化学原理解释金属腐蚀的现象 （2）通过宏微视角认识金属腐蚀的本质，初步建立金属电化学腐蚀的理论模型，能正确规范地运用符号表征电极反应式 （3）通过查阅金属腐蚀的资料和电化学腐蚀原理在生产、生活中的应用，认识金属腐蚀的严重性和两面性，辩证看待金属腐蚀，初步形成资源全面节约、物能循环利用的意识
	第2课时 金属的防护	（1）通过生活中钢铁防腐措施，应用原电池原理分析和设计金属的防腐措施，了解"牺牲阳极的阴极保护法"电化学防护方法 （2）通过生活中钢铁防腐措施，应用电解池原理改进开发金属的防腐措施，了解"外加电流的阴极保护法"电化学防护方法 （3）结合金属防护措施，体会化学对生产、生活及人类发展的重要作用，通过实验探究过程利用电化学原理形成解决复杂问题的一般思路与方法

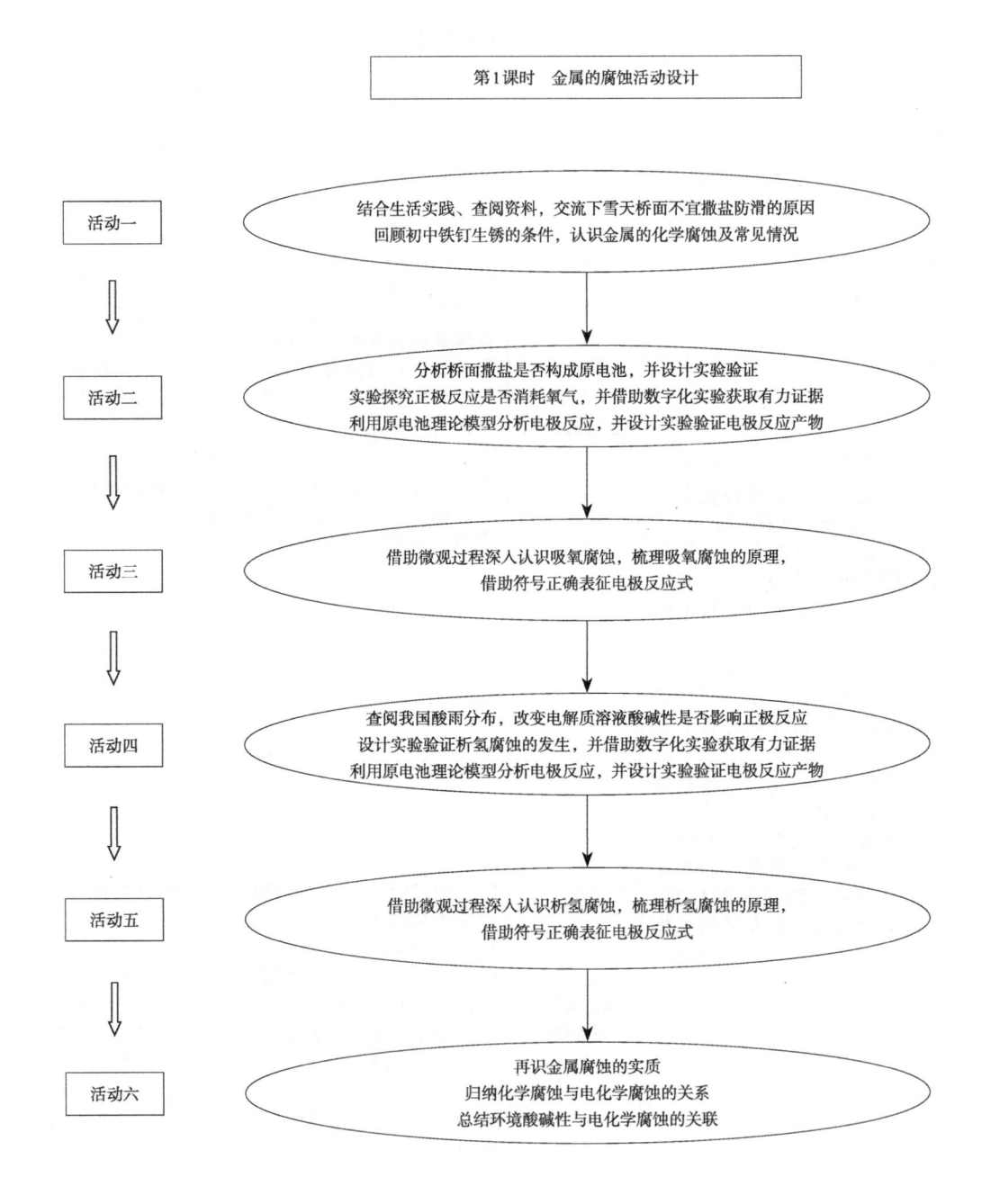

（六）"金属的腐蚀与防护"单元活动设计

第1课时　金属的腐蚀活动设计

活动一
结合生活实践、查阅资料，交流下雪天桥面不宜撒盐防滑的原因
回顾初中铁钉生锈的条件，认识金属的化学腐蚀及常见情况

⬇

活动二
分析桥面撒盐是否构成原电池，并设计实验验证
实验探究正极反应是否消耗氧气，并借助数字化实验获取有力证据
利用原电池理论模型分析电极反应，并设计实验验证电极反应产物

⬇

活动三
借助微观过程深入认识吸氧腐蚀，梳理吸氧腐蚀的原理，
借助符号正确表征电极反应式

⬇

活动四
查阅我国酸雨分布，改变电解质溶液酸碱性是否影响正极反应
设计实验验证析氢腐蚀的发生，并借助数字化实验获取有力证据
利用原电池理论模型分析电极反应，并设计实验验证电极反应产物

⬇

活动五
借助微观过程深入认识析氢腐蚀，梳理析氢腐蚀的原理，
借助符号正确表征电极反应式

⬇

活动六
再识金属腐蚀的实质
归纳化学腐蚀与电化学腐蚀的关系
总结环境酸碱性与电化学腐蚀的关联

第十二章　化学反应与电能　单元教学设计——以"金属的腐蚀与防护"为例 | 179

第2课时　金属的防护活动设计

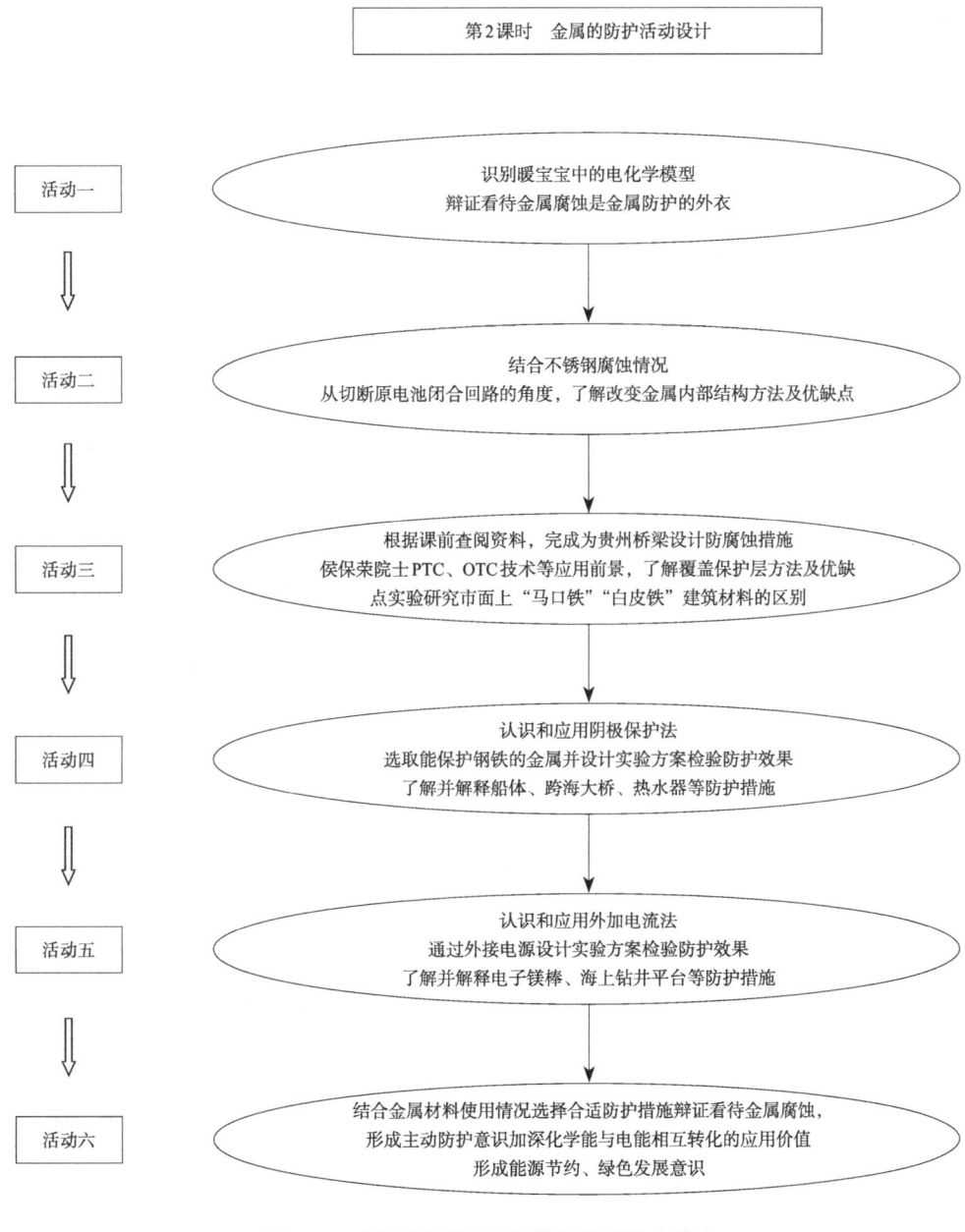

活动一：识别暖宝宝中的电化学模型
辩证看待金属腐蚀是金属防护的外衣

活动二：结合不锈钢腐蚀情况
从切断原电池闭合回路的角度，了解改变金属内部结构方法及优缺点

活动三：根据课前查阅资料，完成为贵州桥梁设计防腐蚀措施
侯保荣院士PTC、OTC技术等应用前景，了解覆盖保护层方法及优缺点实验研究市面上"马口铁""白皮铁"建筑材料的区别

活动四：认识和应用阴极保护法
选取能保护钢铁的金属并设计实验方案检验防护效果
了解并解释船体、跨海大桥、热水器等防护措施

活动五：认识和应用外加电流法
通过外接电源设计实验方案检验防护效果
了解并解释电子镁棒、海上钻井平台等防护措施

活动六：结合金属材料使用情况选择合适防护措施辩证看待金属腐蚀，
形成主动防护意识加深化学能与电能相互转化的应用价值
形成能源节约、绿色发展意识

图12-3 "金属的腐蚀与防护"单元活动设计

二、"金属的腐蚀与防护"教学设计示例

以"金属的腐蚀与防护"为例展示"化学反应与电能"的大单元教学案例，其中容纳的课时大概念为"金属腐蚀的危害与防护措施"，对应的课程标准为"能利

用电化学原理解释金属腐蚀现象,选择并设计防腐措施"。根据人教版新教材的编排和真实情境下大概念教学的要求,精心制定学习内容和课堂容量,因此"金属的腐蚀与防护"的学习需要2课时,第1课时为"金属的腐蚀";第2课时为"金属的防护"。

(一)大概念析读

"金属的腐蚀与防护"内容包括金属的化学腐蚀、金属电化学腐蚀、化学腐蚀与电化学腐蚀关系、酸碱性与电化学腐蚀类别、金属腐蚀的本质、金属电化学防护、牺牲阳极的阴极保护法、外加电流的阴极保护法等,关注的重点是依据电化学理论模型解释金属腐蚀的现象,能借用实验探究电极反应物,能根据数字化实验收集可靠有力证据,能借助逆向思维设计金属防护措施,并能通过实验进行证实,结合生活用途辩证看待金属的腐蚀,充分体现了电化学基本原理和基础知识在实际问题中的应用。

完成"金属的腐蚀与防护"大概念教学,需要结合真实情境,凸显电化学原理和理论模型与现实生产生活的关联。由于金属材料在生产生活等方面应用较为广泛,金属腐蚀的现象又较为普遍,小到钉子的腐蚀,大到跨海大桥、航空母舰等腐蚀,故而其危害也非常严重。又由于金属的腐蚀较为复杂,绝大部分是电化学腐蚀引起的,故而金属的腐蚀与防护成为电化学领域研究的热点范畴。本课时教学教师将通过下雪天桥面撒盐易腐蚀、跨海大桥维护等真实复杂的问题情境,分析钢铁腐蚀的原因。借助电化学原理梳理腐蚀过程,设计防护措施,使学生认识化学在生产、生活中发挥着重要作用,能够化腐朽为神奇,合理运用金属腐蚀现象来造福人类,促进国民经济和民生发展。结合暖贴、蒸汽眼罩等实际应用案例,引导学生辩证看待金属腐蚀的危害,深化能量相互转化观念。本课时主要完成以下教学内容,最终达成课时大概念,指向单元大概念。

(1)金属腐蚀的实质、类型、影响因素和快慢速度;

(2)吸氧腐蚀和析氢腐蚀的含义、条件、联系、腐蚀原理和电极反应式;

(3)改变金属的材料组成、在金属表面覆盖保护层等金属防护方法;

(4)牺牲阳极的阴极保护法和外加电流的阴极保护法两种电化学防护法的含义、防护原理、优缺点、防护案例和效果分析。

(二)课时学习目标

(1)知道金属腐蚀的实质、类型和影响因素,结合真实情境分析化学腐蚀和电化学腐蚀的快慢,能用表格等归纳两者的关系。

(2)能基于腐蚀的复杂问题情境提出形成原电池、正极消耗氧气、电极产物检验等有价值的实验探究问题，能基于物质性质和已有经验设计简单的实验方案，通过收集和表述实验证据，基于实验事实得出结论。

（3）能识别金属腐蚀和防护中的电化学理论模型，能将理论模型与化学事实进行关联和合理匹配，能在解决真实问题情境中不断优化金属腐蚀与防护模型，能正确规范地运用符号表征电极反应式和总反应式。

（4）能利用原电池原理结合真实情境简明合理分析"牺牲阳极的阴极保护法"电化学防护方法，设计"牺牲阳极的阴极保护法"的金属防腐措施，能正确运用符号表征防护原理。

（5）能利用电解池原理结合真实情境简明合理分析"外加电流的阴极保护法"电化学防护方法，设计"外加电流的阴极保护法"的金属防腐措施，能正确运用符号表征防护原理。

（6）了解电化学腐蚀原理在生产、生活中的应用，能分析金属腐蚀的危害在金属材料生产、生活和科学技术等方面存在的问题，辩证看待金属腐蚀的危害，基于查阅相关文献资料等途径提出创造性的建议和具体处理方案，初步形成资源全面节约、物能循环利用的意识。

（7）能依据实际条件和化学知识解决真实化学问题，结合实验探究活动学习科学方法，认识科学探究过程，体会技术手段创新对化学学科的重要价值，逐步形成科学态度，发展实践创新能力。

（三）学习重难点

◆学习重点

（1）金属腐蚀的实质、类型和影响因素；

（2）金属电化学腐蚀原理；

（2）金属的电化学防护原理。

◆学习难点

（1）金属发生吸氧腐蚀的原理；

（2）设计实验确定吸氧腐蚀的电极反应和产物；

（3）选择电化学原理解释"牺牲阳极的阴极保护法"和"外加电流的阴极保护法"，设计防护措施验证效果。

（四）教学过程设计

表 12-4　第 1 课时　金属的腐蚀

教学环节	活动线	问题线	知识线	素养线
环节一：创设情境 以趣激学 回顾旧知 建立联系	活动一：结合生活实践、查阅资料，了解贵州大桥下雪天桥面不宜撒盐防滑的原因；回顾初中铁生锈的条件，认识金属的化学腐蚀及常见情况	问题1：为什么下雪天不宜在桥面上撒盐防滑呢？ 问题2：初中学习过铁生锈需要具备什么条件呢？ 问题3：金属的化学腐蚀是什么？满足什么条件才发生金属的化学腐蚀？请结合生活实例说明	1.铁生锈条件：有氧气、潮湿空气等 2.金属化学腐蚀的含义（直接接触） 3.金属化学腐蚀的条件（干燥气体、非电解质液体） 4.生活中金属化学腐蚀的案例（铁与氯气直接反应、输油钢管被原油腐蚀等等）	结合生活实例和化学思维发现并探索现实生活中化学问题以及难题，发展核心素养
环节二：实验探究 收集证据 证实猜想 交流评价	活动二：分析桥面撒盐是否构成原电池，并设计实验验证； 实验探究正极反应是否消耗氧气，并借助数字化实验获取更为有力的证据； 原电池理论模型分析电极反应，并设计实验验证电极反应产物	问题1：下雪天桥上撒盐防滑是否构成原电池？ 问题2：如何设计实验证明设计的装置实现将化学能转化为电能？ 问题2：相比化学腐蚀，电化学腐蚀速率有何特点？ 问题3：请结合原电池原理，分析下雪天桥面撒盐情境中构成原电池的正负极材料和反应物分别是什么？ 问题4：如何设计实验探究正极反应消耗氧气？ 问题5：结合模拟钢铁腐蚀实验的现象，导管中水柱变化推测具支试管内的物质发生哪些变化？ 问题6：能否在原有实验基础上融入数字化手段，收集更有力的证据？结合实验获取的现象和数据，你能得出什么结论呢？	1.原电池原理 2.大多数金属属于合金材料。 3.形成原电池可加快反应速率，电化学腐蚀速率比化学腐蚀速率快 4.判断原电池正负极材料和电极反应物 5.设计实验验证氧气参与正极反应 6.导管中水柱上升和氧气传感器数据下降说明正极反应消耗氧气 7.设计实验验证正极反应产物和负极反应产物 8.酚酞溶液检验正极产物 OH^-，铁氰化钾溶液检验负极产物 Fe^{2+}，少数组别滴加 KSCN 溶液检验负极产物不含 Fe^{3+}	能对有关化学的真实问题提出相应合理的假设，从环环相扣的问题解决的过程中，体会电化学思维模型在探讨金属腐蚀现状的价值，能根据实验现象诊断猜想的合理性，能借助现象思考微观机理，从而识别理论模型与具体反应的关系，并关联和适配

续表

教学环节	活动线	问题线	知识线	素养线
		问题7：请猜想正负极反应产物，如何设计实验检验正极产物和负极产物？	（课末补加2滴酚酞溶液，观察到溶液变红）	
	（酚酞溶液变红可能需等待较长时间，建议取用原电池实验中正极附近的溶液进行检验）			
环节三：宏微结合构建模型符号表征形成概念	活动三：借助微观过程深入认识吸氧腐蚀，梳理吸氧腐蚀的原理，借助符号正确表征电极反应式。	问题1：结合微观动画，能否用电化学原理分析氧气在正极得电子并解释钢铁生锈过程？ 问题2：你能否规范、正确地运用符号表征电极反应式和总反应式？ 问题3：能否借助原电池原理，说明下雪天为何桥面不能撒盐防滑？ 问题4：你是否能为吸氧腐蚀下定义？吸氧腐蚀的发生需要满足什么条件？	1.微观动画将吸氧腐蚀过程可视化 2.规范正确表征电极反应式： （−）Fe−2e⁻ = Fe²⁺ （+）O₂+4e⁻+2H₂O = 4OH⁻ 总反应式： 2Fe+O₂+2H₂O=2Fe(OH)₂ 3.原电池原理关联腐蚀过程：Fe(OH)₂进一步氧化成Fe(OH)₃，Fe(OH)₃失去部分水生成Fe₂O₃·xH₂O，（铁锈的主要成分） 4.吸氧腐蚀定义、发生条件（钢铁表面吸附的水膜酸性很弱或呈中性，但溶一定量的氧气时）及腐蚀速度一般较慢	认知不断由宏观到微观、由感性到理性方向深化，能从定性与定量结合的视角收集证据，通过证据推理出合适的结论和正确表征

续表

教学环节	活动线	问题线	知识线	素养线
环节四：联系生活发现化学实验探究收集证据	活动四：查阅我国酸雨分布，分析改变电解质溶液酸碱性是否影响正极反应； 设计实验验证析氢腐蚀的发生，并借助数字化实验获取有力证据； 原电池理论模型分析电极反应，并设计实验验证电极反应产物	问题1：自然界的环境全是中性吗？请结合我国地区酸雨分布图分析在实际日常生活中，钢铁表面的水膜中电解质是什么物质？ 问题2：电解质溶液酸碱性是否会影响正极反应？ 问题3：请分析酸性环境下的正负极材料和反应物分别是什么？ 问题4：如何设计实验探究正极反应析出氢气？ 问题5：结合模拟钢铁酸性环境下腐蚀的实验现象，导管中水柱变化推测具支试管内的物质发生哪些变化？ 问题6：能否在原有实验基础上融入数字化手段，收集更有力的证据？结合实验获取的现象和数据，你能得出什么结论呢？ 问题7：请猜想正负极反应产物，如何设计实验检验电极反应产物？	1.原电池原理，判断酸性环境下构成原电池的正负极材料和电极反应物 2.用盐酸溶液模拟酸雨环境，设计实验验证正极反应产生氢气 3.导管中水柱下降和pH传感器数据下降说明正极反应产生氢气 4.设计实验验证正极反应产物和负极反应产物，pH传感器氢离子浓度数据变化检验H^+参与反应，铁氰化钾溶液检验负极产物Fe^{2+}	能更进一步贴近事实，模拟现实环境来建立理论模型和真实事物的关联，能将原型和模型结合环境进行评价和改进，能基于假设设计实验方案，小组合作收集证据，基于现象和数字化数据分析得出结论

续表

教学环节	活动线	问题线	知识线	素养线
环节五：宏微结合深化模型符号表征完善概念	活动五：借助微观过程深入认识析氢腐蚀梳理析氢腐蚀的原理，借助符号正确表征电极反应式	问题1：结合微观动画，能否用电化学原理分析氢离子在正极得电子并解释钢铁生锈过程？ 问题2：你能否规范、正确地运用符号表征电极反应式和总反应式？ 问题3：你是否能为析氢腐蚀下定义？析氢腐蚀的发生需要满足什么条件？	1.微观动画将析氢腐蚀过程可视化 2.规范正确表征电极反应式： （−）$Fe-2e^-=Fe^{2+}$ （+）$2H^++2e^-=H_2\uparrow$ 总反应式： $Fe+2H^+=Fe^{2+}+H_2\uparrow$ 3.析氢腐蚀定义、发生条件（在酸性环境中）及腐蚀速度	能借助微观阐述宏观现象，并进行正确符号表征，能依据环境条件等，区分模型
环节六：有机诱导启迪思维课末存疑课后展学	活动六：再识金属腐蚀的实质；归纳化学腐蚀与电化学腐蚀的关系；总结环境酸碱性与电化学腐蚀的关联	问题1：通过认识化学腐蚀和电化学腐蚀，说明金属腐蚀的实质是什么？ 问题2：能否结合表格归纳化学腐蚀与电化学腐蚀关系？ 问题3：电解质溶液酸碱性与电化学腐蚀有何关联？换句话说，何时发生吸氧腐蚀？何时发生析氢腐蚀？	1.金属腐蚀的实质：$M+ne^-=M^{n+}$ 2.金属腐蚀的影响因素包括水、空气、电解质溶液、温度、不活泼金属等 3.金属腐蚀绝大多数是电化学腐蚀，速率比化学腐蚀快 4.吸氧腐蚀和析氢腐蚀取决于金属表面电解质溶液的酸碱性，往往同时发生，实际上吸氧腐蚀更为普遍，往往以吸氧腐蚀为主，一般只有在金属活动顺序表中氢之前的金属才可能发生析氢腐蚀	能总结理论模型及其使用条件和适用范围，逐渐熟练科学探究的一般过程和发展创新意识

表 12-5 第 2 课时：金属的防护

教学环节	活动线	问题线	知识线	素养线
环节一：创设情境 以趣激学 回顾旧知 建立联系	活动一：结合生活真实情境识别暖宝宝中的电化学模型，回顾金属电化学腐蚀；初步形成辩证看待金属腐蚀是金属防护的外衣的意识	问题1：蒸汽眼罩或暖宝宝发热过程中蕴藏怎样的电化学原理呢？ 问题2：蒸汽眼罩、暖宝宝等构成原电池与桥梁腐蚀构成原电池有何关联？	1.探究蒸汽眼罩、暖贴的发热原理，分析其中铁粉、碳粉、盐、水、空气等构成原电池，构成原电池使反应速率变快 2.辩证看待金属腐蚀，从金属腐蚀出发思考主动防护的方法	结合生活实例和化学思维发现金属腐蚀的双面性
环节二：类比归纳 总结概括 交流评价 应用展望	活动二：考虑金属腐蚀的防护措施；结合不锈钢也会发生腐蚀的情况，从切断原电池闭合回路的角度，了解改变金属内部结构方法及优缺点；通过视频了解耐候钢涂层技术	问题1：从哪些视角考虑金属腐蚀的防护措施？ 问题2：世上是否存在不被腐蚀的金属？不锈钢永远保持无锈蚀状态吗？ 问题3：结合不锈钢的设计，其中蕴藏怎样的防护视角？	1.从金属、与金属接触的物质及两者反应的条件等考虑金属腐蚀的防护措施 2.改变金属材料的内部结构方法：通过在金属中添加其他金属或非金属可以制成性能优异的合金。 3.改变金属内部结构方法的实例：不锈钢餐具、钛合金、耐候钢等 4.耐候钢优点：能够缩短施工的工期、提升建筑速度、有利于绿色环保并节省成本	能列举事实说明化学对人类发展的伟大贡献，能从金属腐蚀视角抓住金属防护的措施，形成合理利用自然资源的观念

续表

教学环节	活动线	问题线	知识线	素养线
环节三：方法引领实验探究交流评价诊断分析	活动三：根据课前查阅资料，完成为贵州桥梁设计防腐措施； 了解侯保荣院士PTC（复层矿脂包覆防腐蚀技术）技术2007年在青岛港液体化工码头钢柱的浪花飞溅区防护；研究和科研团队对OTC（氧化聚合包覆技术）应用前景的分析； 了解覆盖保护层方法及优缺点； 实验研究市面上"马口铁""白皮铁"建筑材料的区别。	问题1：结合初中自行车涂层等防护措施，你能为贵州桥梁设计提出怎样的涂层防护措施呢？ 问题2：通过了解侯保荣院士的PTC技术，你能否总结这种防护方法的原理和优缺点？ 问题3：你能否设计实验探究市面上常用的"马口铁""白皮铁"的区别？能否分析表面破损后腐蚀情况，同时设计实验检验钢铁板是否被腐蚀？	1.桥梁钢索在载荷作用下受大气腐蚀因子、温度、紫外线等影响会腐蚀，采用覆盖保护层技术高呼钢索、衔接柳丁等进行保护 2.覆盖保护层法：在金属表面覆盖致密的保护层，将金属制品与周围物质隔开是普遍采用的防护方法 3.覆盖保护层法的应用实例：汽车表面喷漆、钢铁发蓝处理、电镀、离子注入等 4.覆盖保护层法的优点：技术成熟、操作简便、绿色环保、维修简单、保护期长 5.使用金属的目的不同，金属表面覆盖的保护层就不同 6.金属活动顺序：锌>铁>锡。白皮铁破损时，薄钢板表面的镀层锌作负极被腐蚀；马口铁破损时，薄钢板作负极而被腐蚀	能运用所学知识探讨和分析诊断国家化学科研工程的防腐措施，能从多方面评估和认识防护方法，形成绿色化学、能源转化利用、环境保护等观念。

续表

教学环节	活动线	问题线	知识线	素养线
环节四：联系生活实验探究收集证据效果评析	活动四：认识和应用阴极保护法；选取能保护钢铁的金属并设计原电池实验方案检验防护效果。根据效果检验，对铁钉设计培养皿实验放置一天以模拟阴极保护法的应用场景；在实验结束后将铁钉放置一天，检验表面或用微型显微镜观察防腐蚀效果；与未经保护的铁钉进行比较，以评估防腐蚀效果； 查阅资料了解船体、跨海或跨江河大桥、热水器等金属腐蚀情况和防护措施，从确保设备和结构在恶劣环境或长期使用下能够保持性能、安全性和可靠性的视角解释金属防护原理；总结船体、跨海或跨江河大桥、热水器等防护措施，具有降低维护成本、延长设备使用寿命和提供更好性能等优点	问题1：能否通过对"马口铁""白皮铁"的认识，结合电化学原理正确选择保护贵州桥梁不被腐蚀的金属？ 问题2：若选取在金属活动顺序表中，铁之前的金属（锌、镁、铝），构成的原电池中负极被氧化腐蚀的金属是？ 问题3：铁附近无蓝色沉淀的实验现象说明什么？你能否用符号表征正负极反应？ 问题4：若选取在金属活动顺序表中铁之后的金属（铜），构成原电池中负极被氧化腐蚀金属是？ 问题5：铁附近有蓝色沉淀的实验现象说明什么？你能否用符号表征正负极反应？ 问题6：你能解释镁棒热水器的设计理念吗？解释镁棒的作用，为什么需要定期更换？	1.铁与活动性不同的金属连接时，其腐蚀程度有差异；为避免铁被腐蚀，需选择金属活动顺序表中较活泼的金属（例如锌、镁、铝等）连接，保护钢铁不被腐蚀 2.选择锌、镁、铝、铜等材料设计原电池实验方案，取用铁电极附近溶液滴加铁氰化钾溶液验证Fe^{2+}，检验铁是否被腐蚀，检验不同金属连接的防护效果 3.牺牲阳极的阴极保护法：在被保护的钢铁设备上安装若干镁合金或锌块，由于较活泼作负极，而钢铁设备作正极被保护（原电池防护原理） 4.牺牲阳极的阴极保护法的微观原理和符号表征： 5.牺牲阳极的阴极保护法的优缺点：电流分散能力较好、不需要外加电源和专人监督管理、不会干扰临近金属设施、施工安装方便、维修周期较长、电流稳定均匀等优点，但价格相对昂贵、成本较高、对大型跨海大桥安装技术人员要求高、不及时更换会导致金属腐蚀、阳极材料用量一般较大、高电阻土壤环境效率极低 6.实验现象证明原电池防护长期也会引起铁电极腐蚀，需定期更换镁棒，进一步有效防止热水器腐蚀	能根据文献和实际模型设计桥梁中钢铁材料防腐的实验方案，能根据方案进行评价和进一步优化，能对异常现象进行解释和改进，能选择原电池原理模型解释防护原理和设计理念，能用正确符号表征，再综合化学核心素养和实验技能的考究，能全面地研究、评估和改进桥梁中钢铁材料的防腐措施，促进科学知识的应用

续表

教学环节	活动线	问题线	知识线	素养线
环节五：实验探究收集证据效果评析联系生活	活动五：认识和应用外加电流的阴极保护法；通过外接电源设计电解池实验方案检验防护效果； 了解并解释电子镁棒、海上钻井平台等防护措施	问题1：由于连接活泼金属长时间不及时更换也会造成钢铁腐蚀，你能提出其他的防腐措施吗？从电化学原理的角度，怎样减小钢铁腐蚀速率？ 问题2：外加电源后，铁附近无蓝色沉淀的实验现象说明什么？ 问题3：你能否用符号表征正负极反应？ 问题4：为何海洋桥梁防护措施不是以外接电流法为主？	1.外加电流的阴极保护法：将被保护的钢铁设备作阴极，惰性电极作阳极，外接直流电源，调整外加电压，强制电子流向被保护的钢铁设备，使钢铁表面腐蚀电流降至0或接近0，从而使钢铁成为阴极而被保护（电解池原理） 2.外加电流的阴极保护法的微观原理和符号表征： 3.外加电流的阴极保护法的优点是可以设置电压强度减少电流输入，延长金属设备的使用寿命；缺点是外加电流的阴极保护法在船舶或跨海大桥中设置电源更费成本、可操作性不大且对海洋生物或环境会带来一定的影响、若电流过高存在破坏防腐层的风险 4.实例分析：电子镁棒、海上钻井平台等	具备较强的问题意识，能根据小组成员讨论基础提出的探究问题进一步提出假设和猜想，依据电解池原理设计防护措施和实验方案，小组完成实验收集证据，从实验现象验证猜想

续表

教学环节	活动线	问题线	知识线	素养线
环节六：有机引导启迪思维课末存疑课后展学	活动六：考虑腐蚀的特点和外界环境的影响因素结合金属材料使用情况选择适防护措施；辩证看待金属腐蚀，采取主动预防的措施，逐步形成主动防护意识；加深认识化学能与电能相互转化应用价值，有助于开发可持续能源和研发高效能源转化技术；形成能源节约、绿色发展意识，推动绿色发展和社会可持续发展	问题1：牺牲阳极的阴极保护法和外加电流的阴极保护法都采用辅助阳极，将被保护的金属作为阴极，其中辅助阳极发生的电极反应类型是否相同？问题2：对于辅助阳极所用金属的化学性质有何要求？	1.两种方法的辅助阳极发生的电极反应类型相同，均发生氧化反应。牺牲阳极的阴极保护法是根据原电池原理，要求辅助阳极金属活动顺序>被保护的金属；外加电流的阴极保护法是根据电解池原理，要求辅助阳极选用惰性电极并连接电源正极 2.实际中金属腐蚀问题复杂，常以多种方式相结合防腐蚀，例如：阴极保护法一般和金属表面涂层法联合应用，两者强强联合是一种经济简便、行之有效的金属防腐方法。同时，在设计前就要做好主动防护的措施	能依据绿色化学思想和能源转化利用学科大概念，对金属腐蚀和防护进行分析认识，权衡利弊，作出正确合理的决策

三、单元教学反思

结合"金属的腐蚀与防护"的单元教学设计展开大概念教学下的单元教学反思，可从以下三部分进行阐述。

（一）主要亮点

在教学中贯彻大概念教学理念和发展核心素养，根据学生的心理特征，结合课堂教学的深广度设置课后研究性作业，保证课程的完整性，也为高中研究性学习课程增加选题方向。另外，该主题下"金属腐蚀与防护"是化学能与电能相互转化和应用的典型案例，基于电化学原理融合真实情境设计和拓展若干实验研究活动。同时，结合对金属腐蚀的认识，进一步分析金属腐蚀对工业、环境和经济的影响。通过讨论金属腐蚀引起的设备损坏、结构弱化和资源浪费等问题，引导学生思考如何有效地防止腐蚀，贴近真实情境设计防腐蚀方案，落实发展核心素养的大概念单元教学。高中课堂上的金属腐蚀与防护教学有足够的互动和实践机会，学生不是被动地接受知识，而是有机会参与讨论、解决问题和实践应用，教学关注学生学习体验和能力发展，鼓励学生参与实验和实践活动、主动探索和发现新知识等，引入实际案例和应用、提供更深入的研究资料和资源。在课堂上通过探讨金属腐蚀与防护在实际生活和工业领域的应用，例如：讨论汽车、建筑、船舶等领域中金属腐蚀的问题以及相应的防护措施，进一步联系化学与生活，了解金属腐蚀与防护同安全问题、国家经济问题和民生问题息息相关。而且，教师在新兴领域的介绍也设置得恰到好处，学生课前查阅资料了解新兴技术，课堂上讲解随着科学技术的发展，金属腐蚀与防护领域不断涌现新的理论和技术。这样的设计正是考虑到高中课程往往滞后于最新的研究进展，可能无法涵盖新兴领域的内容，如纳米材料的腐蚀与防护、PTC技术等，故对新兴领域的介绍也能帮助学生拓宽视野，发展创新意识。最后，基于生活中金属腐蚀和防护，落脚于可持续发展与建设，强调可持续发展背景下的金属腐蚀与防护，介绍环境友好型的防护方法和材料选择，引导学生思考在保护金属的同时如何减少对环境的影响。

（二）存在不足

在教学中存在理论与实践不平衡的情况，由于实验条件和设备的限制，高中课堂上的金属腐蚀与防护教学可能缺乏足够的实践环节，只能进行基本的实验探究与设计。对于防护效果的检验可以延伸到学生的研究性学习课题中，条件允许可以多添置数字化实验仪器，以使教学不仅仅停留在教师演示层面，而是让学生经历数字化实验的准确性。另外，教学中对金属腐蚀与防护知识的涵盖深度和广度还存在一定的不足，由于金属腐蚀与防护是一个广泛且复杂的领域，高中课程往往只能涵盖基础的概念和方法。对于金属腐蚀与防护的认识和理解也只是停留在高中课本教材，教师虽然在教学中还额外增加了一些新技术和方法的展示，但未对这些技术方法进行详细分析。因此，学生可能只对金属腐蚀的基本原理和几种常见的防护方法有所了解，而缺乏深入和全面系统的认知。

（三）再教设计

根据学生的层次可以进一步设置群体合作，组织学生进行小组或团队合作项目，让他们共同研究金属腐蚀与防护的相关主题。每个小组可以选择一个特定的金属材料或应用场景进行调研和实验，并最终展示他们的研究成果，此活动可以在本单元教学后设置成复习课或者融合在研究性学习课题中。为进一步将教学融合信息化技术手段，发展教学现代化和信息化，可以使用虚拟实验和模拟软件。利用虚拟实验室或模拟软件，让学生进行金属腐蚀与防护的模拟实验方案设计，然后结合希沃的投屏功能展示学生小组的实验过程和结果，巧借虚拟实验弥补实际实验的限制，为学生提供更多的实践机会和交互性。

参考文献：

[1]范楼珍，吴海建.普通高中教科书化学选择性必修1化学反应原理[M].北京：人民教育出版社，2020.

[2]中华人民共和国教育部制定.普通高中化学课程标准（2017年版2020年修订）[S].北京：人民教育出版社，2023.4.

[3]沈东，高浩，文涛，等.海洋环境下钢桥腐蚀损伤及防护综述[C].中冶建筑研究总院有限公司.2021年工业建筑学术交流会论文集（中册），2021：6.

[4]亢淑梅，陈书文，金辉，等.金属腐蚀与防护原理课程思政教学设计与实践[J].高教学刊，2022，8（8）：176-179+183.

[5]王秋，赵书晨，刘国强.基于模型认知的板块–任务式化学课堂教学设计——以"金属的腐蚀与防护"为例[J].辽宁师范大学学报（自然科学版），2022，45（1）：65-71.

[6]钟国华.基于三元整合策略的概念教学——以"金属的腐蚀与防护"为例[J].化学教与学，2022（3）：33-38+57.

[7]何芬，左建高，郭洁军，等."教、学、评"一体化的"金属的电化学腐蚀与防护"教学[J].中学化学教学参考，2022（6）：36-37.

[8]史昕瑜，陈丽萍.让铁器文物与历史说话——"金属的电化学腐蚀与防护"教学[J].化学教育（中英文），2022，43（11）：68-73.

[9]彭建锋.基于OTC技术的桥梁缆索长效腐蚀防护研究[D].重庆交通大学，2019.

[10]王丽辉，吴丽霞."金属的电化学腐蚀与防护"教学设计[J].中国现代教育装备，2019（24）：41-44+47.

[11]牛彩霞，邹映波.走向核心素养的化学深度学习——以"保护海洋平台——金属电化学腐蚀与防护"为例[J].化学教学，2020（8）：39-43.

[12]向秋梅.化腐朽为神奇——金属腐蚀与防护[J].中国多媒体与网络教学学报（下旬刊），2022（8）：1-4.

[13]梁小敏，张雄鹰.基于真实情境的微项目学习——以"金属的腐蚀与防护"教学研究为例[J].化学教与学，2022（15）：27-32.

[14]段金伟，王其召，李佳佳，等.从化学视角探索超级工程背后的安全秘

密——"港珠澳大桥的腐蚀与防护"教学设计[J].化学教育（中英文），2023，44（16）：94-101.

[15]封欣慧，姚碧霞.创设真实情境，融合思政教育的高中化学教学实践——以"金属的腐蚀与防护"为例[J].化学教与学，2023（15）：37-42.

[16]王长琴."钢铁的腐蚀与防护"实验探究教学[J].中学化学教学参考，2023（3）：53-55.

第十三章

原子结构与性质单元设计

原子是化学变化中的最小微粒，化学就是在原子的基础上探究物质的组成、结构、性质及变化的学科。原子结构是化学教学的核心内容之一，也是化学研究和应用的重要组成部分。学生已经学习了原子、分子、离子、原子核、核外电子、原子结构示意图、同位素、质量数等基础知识，对原子结构、元素周期律也有一定的了解，这些都为本节的学习打下了基础。此部分作为高中选择性必修2的第一章，不仅对学生后续知识的学习很重要，而且对学生进入高校的学习和就业方面都可能产生一定的影响。

一、单元整体设计

作为高中化学选择性必修模块"物质结构与性质"的重要内容，"原子结构"涉及原子结构特点、周期性变化规律等知识，是后续在原子、分子水平上讨论物质构成规律的重要基础。课程中，原子结构模型的建立和应用，为学生在微观层面研究物质的思维方式、过程方法和实践方面打下基础。原子结构模型、核外电子排布与元素周期表、原子半径、电离能、电负性等知识点相互交织，相互促进，形成"位构性"整体分析思维模型，是后续相关化学问题分析的重要基础。

（一）课程标准内容要求

原子核外电子运动状态
电子云与原子轨道
基态与激发态

原子结构与性质

核外电子排布规律
能层与能级
构造原理与电子排布式
泡利原理、洪特规则、能量最低原理

元素周期律与元素周期表
原子半径、第一电离能、电负性
原子核外电子排布特征
元素周期律（表）的应用

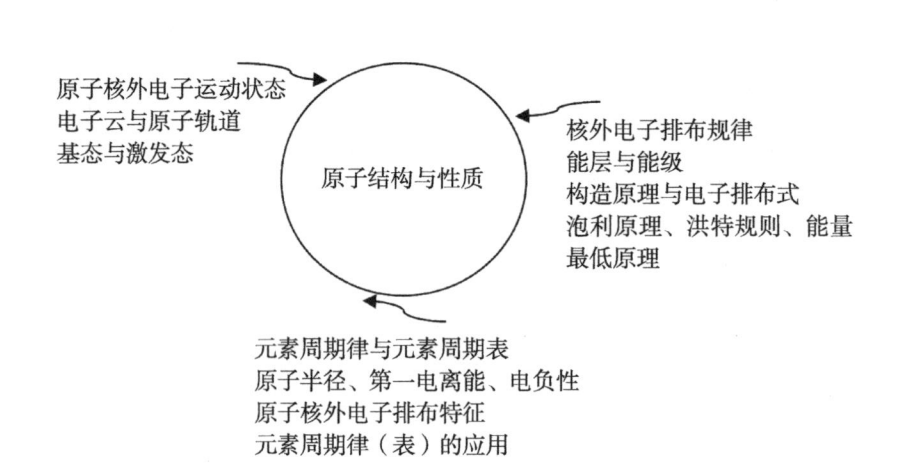

图13-1 "原子结构与性质"课程标准内容要求

教材在单元整体设计上，以原子结构模型、核外电子运动状态和变化规律、元素性质的周期性变化来展开。运用了课标推荐的素材：霓虹灯的颜色与原子结构的联系；激光与电子跃迁；原子吸收和发射光谱在元素分析中的应用，几种金属的焰色与发射光谱；氢原子的线状光谱与玻尔模型，钠原子的线状光谱对玻尔模型的挑战；量子力学的诞生，微观粒子的波动性思想是如何产生和得到证实的。整个单元以原子结构为核心进行研究，从"物质结构决定性质"的视角解释化学现象，预测某些物质的性质，深化认识物质的结构与性质之间的关系，在理论分析和实践探究中培养学生的核心素养。

（二）单元知识与学科核心素养

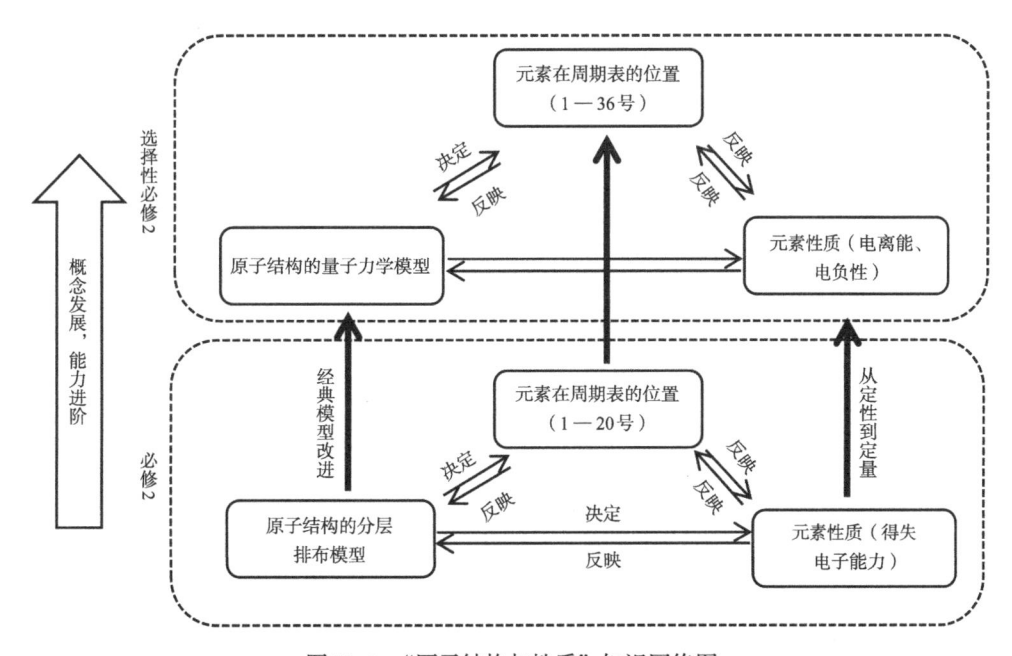

图13-2 "原子结构与性质"知识网络图

本单元的主题是原子结构，教材在编排上保持高位、高观点的视角，在学生已有知识和经验的基础上，借助科学史的故事和素材多角度展示人类对微观结构的认识过程，引导学生对科学本质的理解。教材首先通过介绍原子结构模型的发展历史，对学生进行科学思想教育，引入氢原子光谱和玻尔的原子结构模型，让学生反思已有理论模型的局限性，建立新的原子结构模型。其次，学生学习基态原子核外电子排布原则和1—36号元素原子电子排布的规律，揭示元素周期表的成因，深化对元素周期表的理解。通过分析原子半径、第一电离能、电负性等数据和元素周期律之间的关系，从必修二的定性分析走向定量分析，建构元素周期律（表）模型。

最后，利用"位构性"思维模型，进行模型分析，预测与解释元素的性质。

（三）大概念建构

本章教学设计的大概念是依据《普通高中化学课程标准》（2017年版2020年修订），从化学学科核心素养出发，在明确本章学习目标的基础上提炼出来的。

表13-1 "原子结构"部分大概念层级

学科大概念	单元大概念	课时大概念
结构决定性质，性质反映结构	原子结构决定元素性质	Ⅰ.能层与能级、基态与激发态原子光谱、构造原理与电子排布式、电子云与原子轨道。 Ⅱ.泡利原理、洪特规则、能量最低原理 Ⅲ.原子结构与元素周期表、元素周期律

本节概念关系图展示如下：

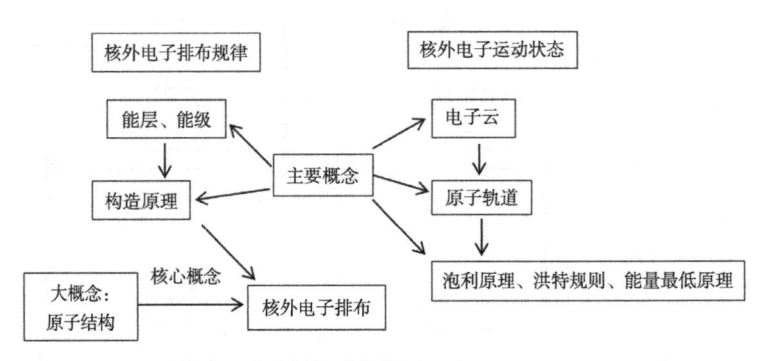

图13-3 "原子结构与性质"概念关系图

（四）学情分析

本节以新概念的学习为主。在初中阶段，学生对原子结构已经有了初步认识，明确原子的组成部分是原子核以及核外电子，而原子核包括两个部分：质子和中子（H除外），整个原子的质量主要集中在原子核上，并且基态原子的核外电子是按照一定的顺序进行分层排布的。在高中化学的必修教材中，学生能够学习到在包含多个电子的基态原子中，电子按照一定的排列顺序分布在不同的能量区域中，不同的能量区域可以用n=1、2、3、4、5、6、7或K、L、M、N、O、P、Q来表示从内到外的电子层；当核外电子的层数为n的情况下，该层最多能够容纳的电子数为$2n^2$；在这一条件下还有一个重要的限制，即最外层电子数不能超过8，如果最外层为k层则不能超过2个电子；在基态原子核外电子运动的过程中，最外层电子数达到8，当最外层为K层且电子数达到2时，该原子基本处于稳定结构的状态。在实际的教学过程中，教师需要引导学生在已经掌握的知识基础上进行回忆巩固，学习有关化学领域电子能层部分知识的过程中还能掌握有关能级的定义和应用。在此过程中，教师需要带领学生研读教材内容，针对【思考与讨论】中提出的问题进行讨论分析，从根本上掌握能层与能级之间的关系。

能力上：高二学生已经具备一定的分析与理解能力、知识迁移能力以及比较归纳能力。

心理上：由于本节内容紧密联系原有知识，学生学习本节的难度不大，学生在学习并掌握新知识的过程中还能进一步提高自身的探究应用能力。这一阶段的教学过程所存在的主要问题在于学生对基础知识的掌握程度并不高，重视形式的同时忽略了对知识内在原理的理解和应用，面对实际问题缺乏生活经验，不能将理论知识与生活实际结合起来。

（五）单元学习目标与课时目标

表 13-2　单元学习目标与课时目标

单元学习目标	第一节"原子结构"学习目标	
1.利用氢原子和多电子原子光谱所产生的复杂现象，反思已有理论模型的不足，建构完善新的原子结构模型。 2.了解核外电子排布的构造原理，能表示常见元素（1-36号）基态原子核外电子排布，根据核外电子排布划分周期表，建构元素周期律模型。 3.认识元素的原子半径、电离能、电负性等元素性质的周期性变化，完善形成元素周期律模型。 4.在原子结构模型和元素周期律（表）模型的基础上，对"位、构、性"三者关系重新分布，学会利用模型预测元素性质。	第1课时 能层与能级　原子光谱	（1）了解玻尔的原子结构模型，知道其重要作用和局限所在。 （2）了解能层与能级的关系，理解其含义。 （3）了解原子光谱，知道原子吸收光谱与发射光谱的区别，了解原子光谱的重要应用。
	第2课时 构造原理　电子云与原子轨道	（1）了解构造原理，理解核外电子在原子核外电子层中的填充顺序，掌握基态原子电子排布式的写法。 （2）了解电子云的含义，不同能级电子云的轮廓图。 （3）了解原子轨道的含义。
	第3课时 核外电子排布原理	（1）理解泡利不相容原理、洪特规则、能量最低原理等核外电子排布规律。 （2）掌握基态原子的电子轨道表示式的写法。

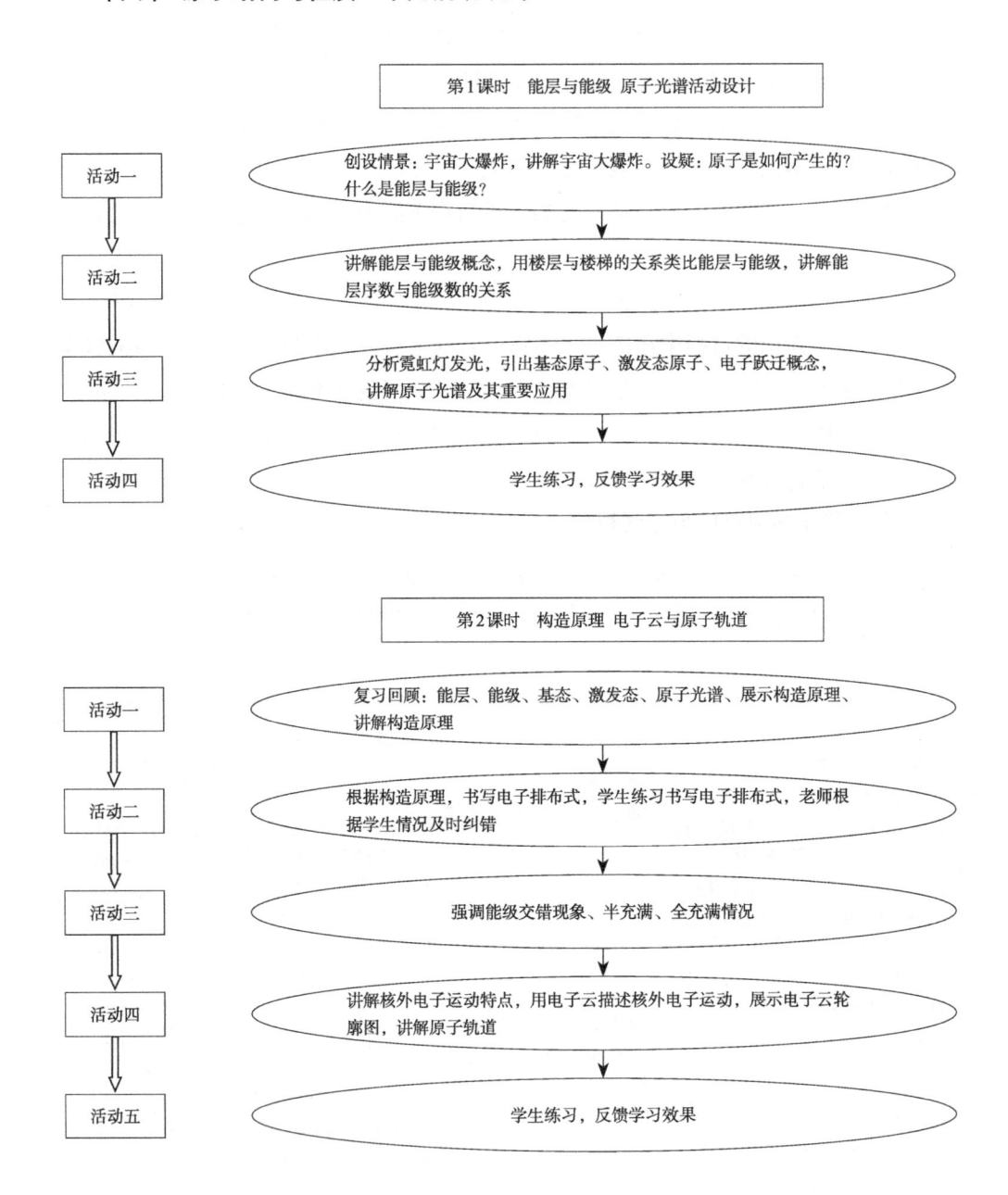

（六）"原子结构与性质"单元活动设计

第1课时 能层与能级 原子光谱活动设计

活动一：创设情景：宇宙大爆炸，讲解宇宙大爆炸。设疑：原子是如何产生的？什么是能层与能级？

活动二：讲解能层与能级概念，用楼层与楼梯的关系类比能层与能级，讲解能层序数与能级数的关系

活动三：分析霓虹灯发光，引出基态原子、激发态原子、电子跃迁概念，讲解原子光谱及其重要应用

活动四：学生练习，反馈学习效果

第2课时 构造原理 电子云与原子轨道

活动一：复习回顾：能层、能级、基态、激发态、原子光谱、展示构造原理、讲解构造原理

活动二：根据构造原理，书写电子排布式，学生练习书写电子排布式，老师根据学生情况及时纠错

活动三：强调能级交错现象、半充满、全充满情况

活动四：讲解核外电子运动特点，用电子云描述核外电子运动，展示电子云轮廓图，讲解原子轨道

活动五：学生练习，反馈学习效果

```
活动一  →  第3课时 核外电子排布原理
              ↓
            复习回顾：上节课内容
            讲解：量子力学能级轨道
              ↓
活动二  →  学习泡利不相容原理、洪特规则、能量最低原理
              ↓
活动三  →  学生练习，通过练习掌握泡利不相容原理、洪特规则
              ↓
活动四  →  讲解电子排布的轨道表示式的书写方法，并要求学生掌握
              ↓
活动五  →  概念辨析：简并轨道、单电子、电子对、自旋平行、自旋相反，
            并通过练习加以巩固
```

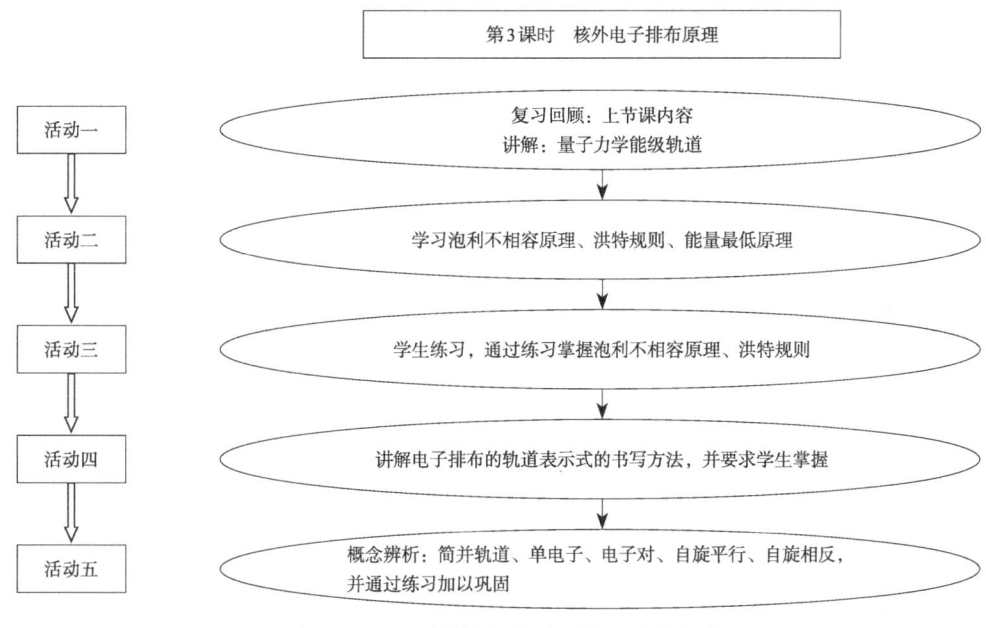

图 13-4 "原子结构与性质"单元活动设计

二、"原子结构"教学设计示例

以"原子结构"为例展示"原子结构与性质"的大单元教学案例，其中容纳的课时概念为"能层与能级、原子光谱"。根据真实情境下大概念教学的要求，结合学习内容和课堂容量，确定了"原子结构"的学习需要3课时，第1课时为"能层与能级 原子光谱"；第2课时为"构造原理 电子云与原子轨道"；第3课时为"核外电子排布原理"。

（一）大概念析读

结构决定性质，性质反映结构，这是化学的核心大概念之一。初中化学和高中化学必修课程中，已介绍了电子层、原子内部结构的示意图以及各电子层最多能够容纳的电子数等知识。本节教材围绕"核外电子排布"这个核心概念，按两条线索进行编写，一是围绕核外电子排布介绍了主要概念——构造原理，进而让学生进一步掌握并巩固第1到36号元素基态原子核外电子排列方式；二是围绕"核外电子运动状态"，引出了原子轨道概念，再从原子轨道的视角进一步研究核外电子排布。

正如课程标准中的要求：明确认识到电子在不同能级所具有的能量状态存在量子化的特性，即不连续性。当核外电子位于不同的能级时，特殊条件下会发生电

子的跃迁，原子从基态转化为激发态。核外电子的运动状态具有不连续性，这是电子的量子化特点，针对核外电子的运动状态和过程进行分析，教材首先引导学生认识能级的概念，利用能级来具体展现电子运动过程中的量子化特点，一开始就直接给出能级的概念及能级符号，即 1s、2s、2p、3s、3p、3d……这些能级的能量是不连续的，是有高低之分的，进而就有了原子的基态和激发态。电子在不同能量的能级间会发生跃迁而产生原子光谱，可以利用不同的原子在原子光谱上发出的特征谱线不同这一重要特点来鉴别不同的原子。

有了能级概念，紧接着以光谱事实为基础，教材直接给出了构造原理，以及根据构造原理介绍了如何书写电子排布式，并以表格形式写出一些元素基态原子的核外电子排布式。

教材在讲解原子核外电子在空间层面上的排布状态中，利用电子云的概念引出原子轨道的概念，从而引出了泡利原理、电子轨道表示式、洪特规则等知识。最后，教材介绍了能量最低原理。并对基态原子的核外电子排布作了一个小结，即基态原子的核外电子在排列和运动的过程中严格遵循泡利原理、洪特规则以及能量最低原则。

（二）课时学习目标

（1）能够认识到基态原子核外电子的排列和运动过程中的能量状态基本遵循量子化的特点，能从电子跃迁的角度初步解释原子光谱的形成，进一步强化"结构决定性质"的观念。

（2）掌握基态原子核外电子的基本排列规律和构造，能够准确认识并书写第1到36号元素的基态原子核外电子排布式，进一步增强证据推理意识。

（3）明确基态原子核外电子的排列方式和运动状态，能够通过原子轨道以及电子云这两个概念进行准确的描述，进一步展现粒子在微观层面与物体在宏观层面上所具有的差异性，同时建立对原子结构的模型认知。

（4）掌握基态原子核外电子在排列和运动过程中基本遵循能量最低原则、泡利原理和洪特规则，在日常的学习过程中能够准确认识并书写第1到36号元素基态原子的轨道排布式。

（5）初步尝试构建模型并运用模型解决实际问题。

（三）学习重难点

◆学习重点

（1）能够根据基态原子的构造原理和基本常识书写第1到36号元素基态原子的核外电子排布式；

(2)通过电子云和原子轨道的概念掌握核外电子的运动状态，进一步掌握并灵活利用泡利原理和洪特规则解决实际问题。

◆学习难点

(1)基态、激发态与原子光谱；

(2)电子云与原子轨道。

(四)教学过程设计

第1课时 能层与能级 基态与激发态

表 13-3 第1课时教学目标与核心素养

课程目标	学科素养
1.引导学生在认识基态原子基本结构以及核外电子排布方式的基础上理解能层与能级之间的关系 2.针对核外电子所具有的能量特点进行分析，明确原子的基态与激发态之间的概念以及二者之间的关系	1.微观探析：认识原子结构与核外电子排布 2.模型认知：在理论学习的过程中掌握原子结构的建模方式，进一步认识能层与能级之间的关系

教学重点：

能层与能级；基态与激发态。

教学难点：

能层与能级。

表 13-4 第1课时教学过程

教学环节	活动线	问题线	知识线	素养线
环节一：揭示主要概念	活动1：创设情景：宇宙大爆炸，讲解宇宙大爆炸	问题1：原子是如何产生的？ 问题2：什么是能层和能级？	1.原子结构模型 2.物质的结构决定性质，性质决定用途	获取信息、提取信息的能力
环节二：大概念视角理解能层和能级	活动2：讲解能层与能级概念，用楼层与楼梯的关系类比能层与能级，讲解能层序数与能级数的关系	问题1：基态原子的核外电子在通常情况下遵循怎样的排布原则？ 问题2：能级又是什么呢？ 问题3：第五能层所能够容纳的电子数最多是多少？这些电子分别存在于哪些能级中？不同的能级最多能够容纳的电子数最多是多少？	1.核外电子排布原则 2.能级概念 3.能级与能层的关系	借助楼梯与楼层的关系，初步建立能层与能级的关系

教学环节	活动线	问题线	知识线	素养线
环节三：由具体知识分析掌握主要概念	活动3：分析霓虹灯发光，引出基态原子、激发态原子、电子跃迁概念，讲解原子光谱及其重要应用	问题1：什么是基态原子、激发态原子？ 问题2：什么是电子跃迁？电子跃迁有什么能量要求？ 问题3：什么是原子吸收光谱和原子发射光谱？二者如何区别？有什么重要应用？	1.基态原子、激发态原子 2.原子光谱 3.原子光谱的应用	构建原子结构思维模型，形成模型认知的素养能力
环节四：基于大概念理解主要概念	活动4：学生练习，反馈学习效果		1.巩固能层、能级的相互关系 2.进一步理解原子基态与激发态的概念	从练习中获取知识，巩固原子的微观结构
环节五：围绕大概念建立跨学科联系	活动5：探讨化学与其他学科的联系	问题：同学们，关于原子结构，在其他学科中有无类似介绍呢？	化学是一门自然基础知识学科，与多学科存在密切联系	形成多学科联系观念

第2课时　构造原理与电子排布式　电子云与原子轨道

表 13-5　第 2 课时教学目标与核心素养

课程目标	学科素养
1.掌握原子核外电子排布的基本原理。 2.能够认识并书写第1到36号常见元素原子的核外电子排布式。 3.明确原子核外电子的常见运动轨迹和一般状态，教师在引入电子云和原子轨道的基础上进行分析。	1.宏观辨识与微观探析：在掌握原子内部结构以及核外电子排布方式的基础上，认识原子核外电子的能层相关概念，了解能层与能级之间的关系。 2.证据推理与模型认知：在原子模型的构建与演变在化学领域中的发展基础上，探究原子核外电子的基本排布方式和内在的原理。

教学重点：

原子及核外电子的构造和相关的排布方式，电子云和原子轨道的概念。

教学难点：

电子排布式，原子轨道。

表 13-6　第 2 课时教学过程

教学环节	活动线	问题线	知识线	素养线
环节一：揭示主要概念	活动：复习回顾上节课内容	问题1：什么是能层、能级、基态、激发态、原子光谱？ 问题2：能层与能级有什么关系？	1.原子结构模型 2.物质的结构决定性质，性质决定用途	巩固已获取的知识信息的能力
环节二：大概念视角理解能层和能级	活动2：根据构造原理，书写电子排布式，学生练习书写电子排布式，老师根据学生情况及时纠错	问题1：什么是构造原理？ 问题2：如何根据构造原理书写基态原子电子排布式呢？	1.核外电子排布原则应用到构造原理 2.电子排布式的书写	掌握根据构造原理书写基态原子的电子排布式
环节三：由具体知识分析掌握主要概念	活动3：强调能级交错现象、半充满、全充满情况	问题1：什么是能级交错现象？产生能级交错现象的原因是什么？ 问题2：如何理解电子排布式中的全充满、半充满情况？产生这种情况的原因是什么？	1.能级交错现象 2.电子排布式中的全充满、半充满情况	构建原子结构思维模型，全面理解原子微观结构
环节四：基于大概念理解主要概念	活动4：讲解核外电子运动特点，用电子云描述核外电子运动，展示电子云轮廓图，讲解原子轨道	问题1：什么是电子云？小黑点表示什么？ 问题2：s轨道、p轨道的电子云轮廓图是什么样的？	1.核外电子运动的描述 2.电子云含义及S、P电子云形状	了解核外电子运动情况，明确运动情况的描述方法

第3课时　泡利原理、洪特规则、能量最低原理

表 13-7　第 3 课时教学目标与核心素养

课程目标	学科素养
1.引导学生认识泡利原理和洪特规则以及能量最低原理 2.认识并准确书写第1到36号元素原子的核外电子排布图	根据原子核外电子运动排布的过程中基本遵循泡利原理、洪特规则以及能量最低原理，进一步掌握第1到36号元素原子的核外电子排布图

教学重点：

（1）掌握并理解泡利原理、洪特规则以及能量最低原理；

（2）进一步掌握第1到36号元素原子的核外电子排布方式，绘制排布图。

教学难点：

第1到36号常见元素原子的核外电子排布图。

表 13-8　第 3 课时教学过程

教学环节	活动线	问题线	知识线	素养线
环节一：揭示主要概念	活动：复习回顾上节课内容 讲解：量子力学能级轨道	问题1：什么是构造原理？如何理解能级交错现象、全充满、半充满等情况？ 问题2：如何书写基态原子电子排布式？	建立现代原子结构模型	巩固已获取的知识信息的能力
环节二：大概念视角理解能层和能级	活动2：学习泡利不相容原理、洪特规则、能量最低原理	问题：什么是泡利不相容原理、洪特规则、能量最低原理？	核外电子运动的轨道表示	掌握根据构造原理及泡利不相容原理、洪特规则、能量最低原理等全面理解原子核外电子运动状态
环节三：由具体知识分析掌握主要概念	活动3：学生练习，通过练习掌握泡利不相容原理、洪特规则		泡利不相容原理、洪特规则的具体应用	构建原子结构微观思维模型，核外电子运动状态
环节四：基于大概念理解主要概念	活动4：讲解电子排布的轨道表示式的书写方法，并要求学生掌握	问题：如何书写电子排布的轨道表示式？	核外电子运动的另一种描述	掌握电子排布的轨道表示式的书写，理解原子的微观结构模型
环节五：围绕大概念明辨子概念	活动5： 概念辨析：简并轨道、单电子、电子对、自旋平行、自旋相反，并通过练习加以巩固		基本概念	

三、单元教学反思

本次教学活动主要对元素原子内部结构的原理以及核外电子的排列方式进行了

详细的学习分析，同时引导学生掌握了电子云、电子轨道等知识的理解和应用。本节课的重难点内容在于核外电子排布式的书写上，要在此过程中提高学生在宏观和微观层面的探究能力和意识，从根本上提高学生的逻辑思维能力。同时，由于本节课内容很抽象，只能以讲解法、学生练习为主。

原子在基态状态中，核外电子的排布方式基本遵循泡利原理、能量最低原理和洪特规则。在本次教学活动中，学生对于核外电子的排布已经有了基本的认识，能够准确认识并书写第1到36号元素的原子核外电子排列示意图，从根本上提高了学生从微观角度分析问题并解决问题的能力。

本单元的教学基本达到了教学的要求，但这部分知识太过于抽象，学生理解起来存在不少难度。如何将抽象知识形象化，将知识深入浅出地传授给学生，是教师今后教学的努力方向之一。

参考文献：

[1] 吴国庆，李俊.普通高中教科书化学选择性必修2物质结构与性质[M].北京：人民教育出版社，2020.

[2] 中华人民共和国教育部制定.普通高中课程标准（2017年版2020年修订）[S].人民教育出版社，2023.

[3] 房喻，徐端钧.普通高中化学课程标准（2017年版2020年修订）解读[M].北京：高等教育出版社，2020.

[4] 普通高中教科书化学选择性必修2物质结构与性质[M].北京：人民教育出版社，2020.

[5] 江合佩.走向真实情境的化学教学研究[M].福州：海峡出版发行集团福建教育出版社，2020.

[6] 江合佩，王春，潘红编著.核心素养下的化学单元整体教学设计[M].福州：海峡出版发行集团福建教育出版社，2021.

[7] 刘瑞，王惠霖，袁绪富等.基于学术性情境的大概念教学——以"原子结构"为例[J].化学教学，2023（8）：33-39.

[8] 李小芬.宏微结合找证据 优化模型促思维——以"物质结构"第一课时"原子结构"为例[J].实验教学与仪器，2023，40（8）：32-35.

第十四章
分子结构与性质单元设计

分子结构与性质这一章节知识的重要性体现在以下方面。首先，了解分子的结构和性质有助于我们理解和探究物质的内部本质，这是化学学科的基础和核心。分子是构成物质的基本单位，其结构和性质直接决定了物质的特性和行为。因此，掌握分子结构与性质的知识使我们能够理解和解释物质的诸多性质和行为。其次，分子结构与性质的知识对于化学反应的深入理解也是至关重要的。化学反应的本质是分子中原子间相互作用和化学键的断裂和形成。了解分子的结构和性质使我们能够预测和控制化学反应的过程和结果，这对于化工生产、药物设计和材料科学等领域具有深远的影响。最后，分子结构与性质的知识还贯穿于人们生活的各个方面。例如，高分子材料、药物设计、食品添加剂等都是基于对分子结构和性质的理解和应用。因此，分子结构与性质的知识对于科技、医疗、农业、食品等领域有着广泛的应用价值。

在化学学科中，分子结构与性质这一章也具有重要地位。它不仅是化学学科的基础，还是连接理论化学和实践应用的桥梁。这一部分知识不仅涉及诸多化学原理和计算，还涵盖了大量实际应用案例和实验数据。它帮助学生建立对化学学科的深入理解，培养他们解决问题和创新思维的能力。总的来说，分子结构与性质这一章节知识在化学学科中具有举足轻重的地位，对于理解物质本质、化学反应过程以及解决实际问题等都至关重要。

一、单元整体设计

分子结构与性质这一章的主要内容包括化学键类型、分子几何构型、分子极性、分子能量、分子结构与性质。可以从以下三个维度对以上内容进行分析。

知识维度：分子几何构型主要涉及分子的空间排列关系和微观距离、角度等描述方式。具体例子包括甲醛和二氧化碳的分子几何构型。分子极性主要与分子化学键的类型和几何构型相关，极性分子由两个或更多不同元素组成，其中不同元素的原子具有不同的电负性。典型极性分子如水，不同元素（氢和氧）之间由于电负性不同导致电子分布不均匀，形成负极和正极。分子能量则与分子内部原子或离子之间的相互作用有关，这些相互作用包括非键相互作用（如范德华力）和键相互作用（如共价键、离子键等）。

技能维度：对于这一章，技能维度主要涉及如何使用和应用所学知识。比如如何通过分子结构预测分子的形状和化学性质，如何根据分子的极性判断其水溶性等。同时，对于空间想象能力的要求也较高，比如要求学生能够将抽象的分子结构图形转化为立体的分子结构模型。

情感维度：学习分子结构与性质的过程中，可以培养学生对化学学科的兴趣和热爱。通过深入了解分子结构和性质，可以感受到化学学科的深奥和魅力，激发对科学研究的热情。同时，通过了解分子结构和性质，可以更好地理解和解释周围物质的现象和行为，培养对自然界的敬畏之情。

（一）课程标准内容要求

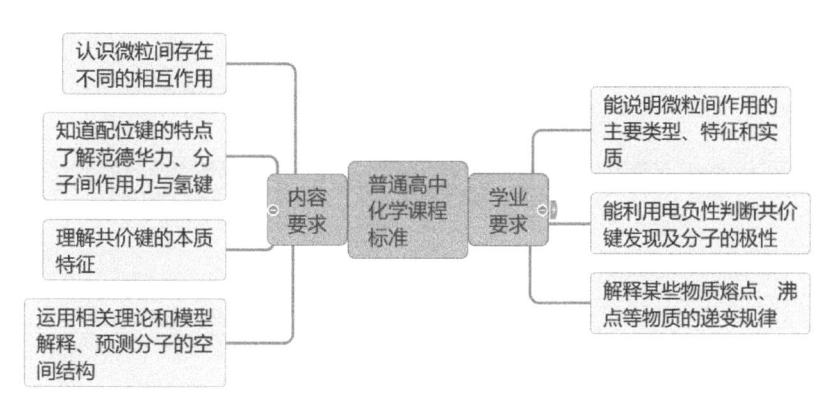

图14-1 "分子结构与性质"课程标准内容要求和学业要求

在普通高中化学课程标准中，对分子结构与性质这一部分的教学要求主要包括以下方面。

（1）了解共价键的主要类型σ键和π键，能用键长、键能和键角等说明简单分子的某些性质。这一要求注重学生对共价键基本概念的理解，并能够通过键长、键能和键角等参数去分析简单分子的性质。

（2）了解杂化轨道理论及常见的杂化轨道类型（sp、sp^2、sp^3），能用价层电子对互斥理论或者杂化轨道理论推测常见的简单分子或离子的空间结构。这一要求旨在让学生了解分子中原子是如何相互结合的，并能够应用理论模型去分析和推测分子的空间结构。

（3）了解简单配合物的成键情况。这一要求让学生了解配合物中配位键的形成和特点，增加学生对分子结构多样性的理解。

（4）了解化学键和分子间作用力的区别。这一要求是为了让学生明白分子间相互作用力的种类和影响，以更好地理解物质的结构和性质。

（5）了解氢键的存在对物质性质的影响，能列举含氢键的物质。氢键是一种特殊的分子间作用力，对物质的许多性质都有影响。这一要求让学生理解氢键的存在和作用，并能够识别含有氢键的物质。

同时，课程标准还强调在这一部分学习中，培养学生的科学思维和创新意识，让学生通过观察、实验和推理等方法探究分子结构和性质的关系，提高分析和解决问题的能力。

（二）单元知识与学科核心素养

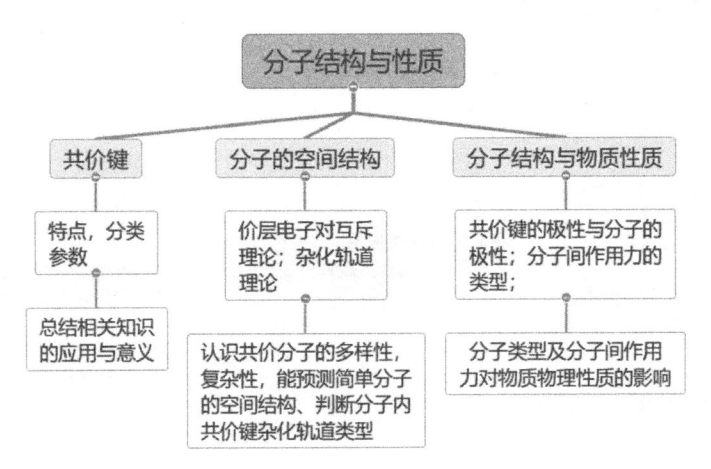

图14-2 "分子结构与性质"知识网络图

分子结构与性质这一章节内容与化学学科核心素养有着密切的关联。以下是从化学学科核心素养的角度对该章节进行的分析。

宏观辨识与微观探析：分子结构与性质这一章节从微观层面探讨了物质的构成和性质，学生需要通过对分子结构和化学键的理解，从微观层面认识和解释物质的宏观性质和行为，这有助于培养他们的宏观辨识与微观探析素养。

证据推理与模型认知：该章节的内容需要基于实验现象和数据进行分析和推理，比如通过分析分子的键参数来推断其稳定性，或通过实验数据了解分子的极性和水溶性等性质。这一过程需要学生运用证据推理和模型认知的素养，通过实验数据和现象进行合理推断和解释。

科学探究与创新意识：该章节涉及许多科学实验和探究活动，比如通过实验了解不同类型化学键的稳定性、通过分子设计合成具有特定性质的材料等。这些活动需要学生运用科学探究和创新意识进行实验设计和操作，通过实验结果验证理论，同时鼓励他们提出新的观点和思路。

科学态度与社会责任：该章节介绍了许多化学家对分子结构和性质的探索历程，比如鲍林在分子结构研究方面的贡献、哈勃发明的哈勃循环等。这些科学家的探索精神和成就有助于培养学生的科学态度和社会责任素养，鼓励他们在科学研究和社会实践中追求卓越，为社会的发展做出贡献。

综上所述，分子结构与性质这一章节的化学学科核心素养的关联主要体现在培养学生的宏观辨识与微观探析、证据推理与模型认知、科学探究与创新意识，以及科学态度与社会责任等方面。通过该章节的学习，学生能够更好地理解和应用化学学科的核心概念和方法，提升他们的化学学科核心素养。

（三）大概念建构

表 14-1 "分子结构与性质"大概念层级

学科大概念	单元大概念	课时大概念
分子结构与性质 化学键与物质稳定性	分子的几何构型 分子的极性与水溶性 分子结构与功能	1.共价键的类型和特点 2.分子的空间构型、极性及其应用 3.分子间作用力与物质性质

学科大概念：化学学科中具有普遍适用性和指导价值的概念或原理，是化学学科核心素养的基础。在分子结构与性质这一章节中，学科大概念主要包括以下两个方面。

（1）分子结构与性质：分子是构成物质的基本单位，其结构和性质直接决定了物质的特性和行为。因此，了解分子的结构和性质是理解和探究物质的基础，也是化学学科的核心问题之一。

（2）化学键与物质稳定性：化学键是分子中原子间相互作用的结果，不同类型的化学键对分子的结构和性质有不同的影响。因此，理解和应用化学键的理论和概念，是探究分子结构和性质的关键。

单元大概念：在该章节中具有核心地位和概括性的概念或原理，是该章节核心素养的体现。在分子结构与性质这一章节中，单元大概念主要包括以下方面。

（1）分子的几何构型与稳定性：分子的几何构型是指分子的空间排列关系和微观距离、角度等描述方式。了解分子的几何构型与稳定性之间的关系，有助于理解和预测物质的性质和行为。

（2）分子的极性与水溶性：分子的极性是指分子中原子之间电荷分布不均匀的现象。了解分子的极性与水溶性之间的关系，有助于理解和预测物质的溶解性和生物学性质。

（3）分子结构与功能：分子的结构决定其功能，不同结构的分子具有不同的性质和功能。了解分子结构和功能之间的关系，有助于设计和制备具有特定性质和功能的材料和药物等。

课时大概念：在该章节中某一课时或若干课时中重点讲解的概念或原理，是该课时核心素养的具体体现。在分子结构与性质这一章节中，课时大概念可以包括以下方面。

（1）共价键的类型和特点：共价键是化学键中最常见的一种，具有键能高、稳定性好的特点。该课时重点讲解共价键的类型和特点，以及共价键对分子性质的影响。

（2）分子的极性及其应用：分子的极性是化学中一个重要的概念，与物质的溶解性、反应活性等性质密切相关。该课时重点讲解分子的极性及其应用，包括判断极性的方法、极性与溶解性的关系以及极性在化学反应中的作用等。

（3）分子的空间构型与稳定性：分子的空间构型对物质的稳定性有很大影响，不同类型的分子构型具有不同的稳定性。该课时重点讲解分子的空间构型与稳定性之间的关系，包括如何判断分子的稳定性以及影响稳定性的因素等。

（4）分子间作用力与物质性质：分子间作用力对物质的熔点、沸点、硬度等性质有很大影响。该课时重点讲解分子间作用力的类型和特点，以及其对物质性质的影响和应用等。

综上所述，分子结构与性质这一章节的大概念可以分为学科大概念、单元大概念和课时大概念三个层级。其中，学科大概念是该章节核心素养的基础，单元大概念是该章节核心素养的体现，而课时大概念则是该课时核心素养的具体体现。

（四）学情分析

目前学生已学习了共价键、离子键的相关基础知识；在几何知识方面也已有一定的基础；对于"结构决定性质，性质反映结构"这一理论也已有基础的掌握。进而在本单元中能顺利地对共价键类型进行深入的学习，能较好地想象和理解分子的三维空间结构和模型，能理解分子不同结构对物质性质产生差异性的影响。

（五）单元学习目标与课时目标

表 14-2　单元学习目标与课时学习目标

单元学习目标		课时学习目标
共价键单元： 1.从共价键形成的基础知识上升到共价键类型的深入理解 2.理解与共价键相关的物理参数 3.学习键参数与分子性质的关系	第1课时	（1）了解共价键的主要类型 σ 键和 π 键 （2）知道 σ 键和 π 键的明显差别和一般规律 （3）理解键长、键能、键角等键参数的概念 （4）能运用键参数说明简单分子的某些性质
分子的空间结构单元： 1.认识分子的空间立体结构，了解测定分子结构的仪器 2.以VSEPR理论判断简单离子、分子的空间构型 3.理解VSEPR与杂化轨道理论的关系	第1课时	（1）认识共价分子结构的多样性和复杂性 （2）了解分子结构测定的方法 （3）理解价层电子对互斥理论的含义 （4）能根据有关理论判断简单离子或分子的构型
	第2课时	（1）了解杂化轨道理论的基本内容 （2）能根据杂化轨道理论判断简单分子或离子的空间构型
分子结构与物质的性质单元： 1.认识分子极性与已学共价键极性的关系 2.从已了解过的分子间作用力、氢键，进一步深入学习两种作用力的成因及大小的影响因素 3.认识分子间作用力与物质的物理性质关系 4.认识手性分子	第1课时	（1）知道分子可以分为极性分子和非极性分子 （2）知道分子的极性与键的极性、分子空间构型的关系 （3）认识分子间存在相互作用，知道范德华力和氢键 （4）了解分子间作用力对物质性质的影响
	第2课时	（1）了解物质的溶解度与分子结构的关系 （2）了解"相似相溶"规律 （3）能够判断简单的手性分子

（六）单元活动设计

要将微观、抽象的分子结构让学生清晰、明确、直观地进行理解，在分子的空间结构单元中，介绍了红外光谱仪和质谱仪。要能解释分子空间结构的形成，还介绍了VSEPR理论与杂化轨道理论。为了确保以上知识点的学习，将本单元活动设计如下。

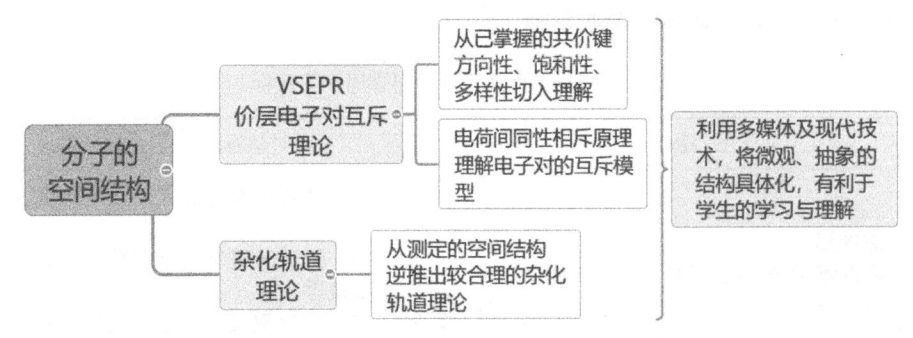

```
                        ┌─ 从已掌握的共价键
                   ┌─ VSEPR ─┤  方向性、饱和性、
                   │ 价层电子对互斥 │  多样性切入理解
          ┌────────┤ 理论    │
分子的    │        │         └─ 电荷间同性相斥原理    利用多媒体及现代技
空间结构──┤        │            理解电对的互斥模     术，将微观、抽象的
          │        │            型                  结构具体化，有利于
          │                                          学生的学习与理解
          └─ 杂化轨道 ── 从测定的空间结构
             理论         逆推出较合理的杂化
                          轨道理论
```

图14-3 "分子结构与性质"单元活动设计

根据分子的空间结构单元设计，将本单元课时活动设计如下：

第1课时 价层电子对互斥理论活动设计

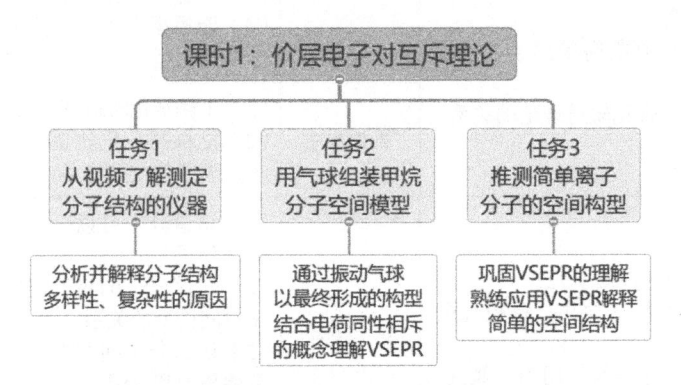

```
              课时1：价层电子对互斥理论
        ┌─────────────┼─────────────┐
      任务1          任务2          任务3
   从视频了解测定   用气球组装甲烷   推测简单离子
   分子结构的仪器   分子空间模型     分子的空间构型

   分析并解释分子结构  通过振动气球     巩固VSEPR的理解
   多样性、复杂性的原因 以最终形成的构型  熟练应用VSEPR解释
                      结合电荷同性相斥  简单的空间结构
                      的概念理解VSEPR
```

第2课时 杂化轨道理论活动设计

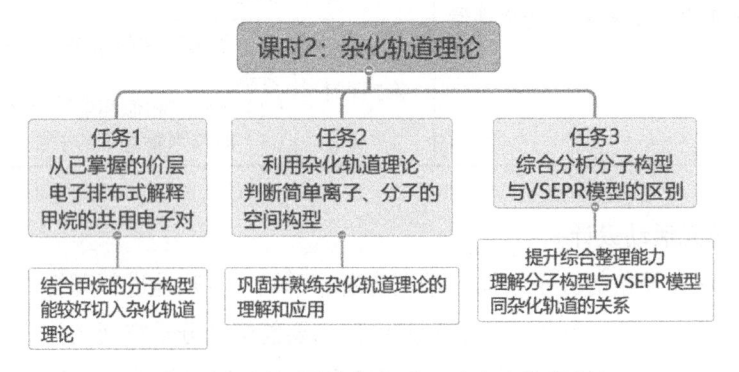

```
              课时2：杂化轨道理论
        ┌─────────────┼─────────────┐
      任务1          任务2          任务3
   从已掌握的价层  利用杂化轨道理论  综合分析分子构型
   电子排布式解释  判断简单离子、   与VSEPR模型的区别
   甲烷的共用电子对 分子的空间构型

   结合甲烷的分子构型 巩固和熟练杂化轨道理论 提升综合整理能力
   能较好切入杂化轨道 的理解和应用           理解分子构型与VSEPR模型
   理论                                     同杂化轨道的关系
```

图14-4 "分子结构与性质"课时活动设计

二、"微粒间的相互作用与物质的性质"教学设计示例

本单元的大概念为"分子结构与性质及化学键与物质稳定性",属于新课程标准中主题2"微粒间的相互作用与物质的性质"的内容,对应的实验版课程标准内容为"化学键与物质的性质"。根据新课程标准要求,本单元的教学安排为2个课时。第1课时为"价层电子对互斥理论",第2课时为"杂化轨道理论"。

(一)大概念析读

主题2"微粒间的相互作用与物质的性质"以微粒间的相互作用为基础,建立物质的性质与微观结构的关系。再深入学习共价键的类型和特点,知道配位键的特点,了解配位化合物的成键特征。认识分子间相互作用,深入了解范德华力和氢键两种常见的分子间作用力。本单元的大概念为"分子结构与性质及化学键与物质稳定性",教材中介绍测定分子结构的仪器,对抽象的微观结构学习有较好的辅助作用。再以价层电子对互斥理论作为解释基础,能更好地理解、学习分子的微观结构。最后通过学习杂化轨道理论能更完善地解释分子微观结构的成因,使得学习的抽象知识得到闭环式的透彻理解并掌握。

(二)课时学习目标

(1)从原子间共价键形成的特点,来认识共价分子结构的多样性和复杂性。
(2)通过认识测定分子结构的仪器,了解分子结构测定的方法。
(3)通过学习分子结构的预测,理解价层电子对互斥理论的含义。
(4)能根据有关理论判断简单离子或分子的构型,加深对价层电子对互斥理论的理解和应用。
(5)了解杂化轨道理论的基本内容。
(6)能根据杂化轨道理论判断简单分子或离子的空间构型。

(三)学习重难点

◆学习重点
(1)共价分子结构的多样性和复杂性。
(2)价层电子对互斥理论。
(3)判断简单离子或分子的构型。
(4)杂化轨道理论的理解与应用。

◆学习难点
(1)用价层电子对互斥理论判断简单离子或分子的构型。
(2)将杂化轨道理论与VSEPR模型相结合,综合解释分子空间结构。

（四）教学过程设计

表 14-3　第 1 课时　价层电子对互斥理论

第1课时：价层电子对互斥理论教学设计				
教学环节	活动线	问题线	知识线	素养线
环节一：分子结构测定的方法	活动1：了解测定分子结构的仪器	分子的结构测定有哪些仪器和方法？	认识红外光谱仪可以测定分子中化学键的类型，质谱仪可以测定分子的相对分子质量	获取信息、提取信息的能力，了解现代技术在化学科学中的应用
环节二：1.分子中共价键的振动与分子的稳定空间构型 2.价层电子对互斥理论	活动2：利用气球组装甲烷分子模型	问题1：甲烷分子的空间结构？ 问题2：如何判断简单分子或离子的空间结构？	价层电子对互斥理论的理解与应用	从微观分子结构来认识宏观物质，以电荷间相互作用力的关系辅助理解 VSEPR
环节三：应用价层电子对互斥理论推测简单分子或离子的空间结构	活动3：根据VSEPR计算简单分子或离子中中心原子的价层电子对数	计算 H_2O、H_3O^+、SO_2、CO_2、NH_3 的价层电子对数？并判断空间结构？	巩固价层电子对互斥理论的应用与理解	通过练习，培养判断简单离子或分子空间结构的方法模型
环节四：引导总结分子结构与VSEPR的关系	活动4：根据所学内容，归纳总结分子结构与VSEPR	按个人的理解以思维导图的方式归纳总结分子结构与VSEPR	透彻理解、应用VSEPR的计算方式，并归纳中心原子价层电子对数与分子结构的关系	掌握VSEPR的计算方法，建立成熟的分子结构判断模型

表 14-4　第 2 课时　杂化轨道理论

第2课时：杂化轨道理论教学设计				
教学环节	活动线	问题线	知识线	素养线
环节一：解释甲烷分子中的共用电子对形成过程	活动1：通过原子结构示意图与价层电子排布式，分析甲烷中C的价层电子排布与H共用电子的关系	甲烷分子中C与H如何形成的共用电子对？	原子结构示意图与价层电子排布式的关系	通过分析C与H的共用电子对形成过程，培养综合应用知识与微观探析的能力

续表

教学环节	活动线	问题线	知识线	素养线
环节二：引入杂化轨道理论	活动2：分析解释分子构型与共用电子对的关系	S能级的电子与P能级的电子能量不同，为什么形成4个相同的共价键？	1.能级与能量的关系；2.共用电子与共价键的关系	从不同能级间能量不同，分析为什么形成相同的共价键，培养打破固有思维，敢于创新的意识
环节三：综合理解分子模型、VSEPR模型与杂化轨道的关系	活动3：从不同的分子模型与VSEPR模型，综合归纳它们的区别以及与杂化轨道的联系	画出并分析H_2O、NH_3、CH_4的分子模型与VSEPR模型，解释它们与杂化轨道有什么关系？	1.VSEPR理论 2.杂化轨道理论	由模型验证理论，以理论推导模型，掌握分子模型、VSEPR模型与轨道杂化方式的分析方法，形成解答的模型意识
环节四：总结分子模型、VSEPR模型与杂化轨道理论	活动4：归纳整理分子模型、VSEPR模型与杂化轨道理论的关系	问题1：以不同的方式归纳整理，并简洁地表达出分子模型、VSEPR模型与杂化轨道理论的关系	1.VSEPR理论 2.杂化轨道理论 3.分子模型	通过归纳整理，巩固对分子模型、VSEPR模型与杂化轨道理论的理解与掌握，增加微观探析的理论储备

三、单元教学反思

（一）对"价层电子对互斥理论"的教学反思如下

1.主要亮点

学生理解深化：以简单组装实验辅助价层电子对互斥理论的介绍和讲解，学生能够更好地理解分子的几何构型和性质。该理论将复杂的分子结构简化为电子对的排布，帮助学生形成了清晰的分子空间构型概念。

增强学习兴趣：价层电子对互斥理论不仅在化学学科中有广泛的应用，在其他科学领域也有所涉及，例如生物学和材料科学。通过这一理论的学习，学生们对化学学科的兴趣进一步提升，激发了他们探索科学世界的热情。

提升探究能力：在教学过程中，通过组织学生进行小组讨论和实验探究等活动，学生们能够主动探究分子结构的奥秘。运用所学的理论知识，结合实验数据和现象，进一步挖掘分子结构与性质之间的关系。

2. 存在不足

理论理解难度：价层电子对互斥理论涉及较为复杂的化学概念，部分学生在理解上存在一定的困难。对于一些抽象的概念，如电子云的分布，学生往往难以形成直观的认识。

实践应用不足：尽管在教学过程中组织了一些实验探究活动，但相对于理论知识的学习，实践应用的环节仍显不足。部分学生在将理论知识应用到实际问题解决方面还存在一定的困难。

3. 再教设计

强化概念讲解：针对理论理解难度较大的问题，可以进一步细化讲解内容，加强电子云分布概念的讲解，帮助学生更好地理解抽象的概念。

增加实践环节：为了加强实践应用能力，可以增加更多的实验探究活动，让学生在实际操作中深入理解理论知识。同时，也可以引入更多的实际案例，帮助学生将理论知识应用到实际问题解决中。

加强学科交叉：为了扩大学生的知识视野，可以引入其他学科的内容来解释分子结构与性质的关系。例如，可以借助生物学中的分子结构来解释其生物活性，或者借助材料科学中的分子结构来解释其物理性能等。这样可以让学生意识到化学学科与其他科学领域的紧密联系。

鼓励自主学习：在教学过程中，可以设置更多的问题和挑战，引导学生主动探究和学习。同时，可以鼓励学生在课后通过互联网或图书馆等途径自主学习相关知识，拓宽知识面。

通过以上教学反思和再教设计，可以优化"分子结构与性质"这一章节中"价层电子对互斥理论"的教学过程，提升学生的学习效果和综合能力。

（二）对"杂化轨道理论"的教学反思如下：

1. 主要亮点

杂化轨道理论的应用背景得到了足够的重视。在本节课的教学中，教师首先介绍了杂化轨道理论的发展历程和应用背景，让学生了解这个理论的重要性和必要性。通过实例详细讲解了杂化轨道理论的基本概念和原理。教师通过展示甲烷分子的结构模型，解释了碳原子杂化轨道的形成过程，并通过对比分析，让学生明确了杂化轨道理论的核心思想。重视杂化轨道理论的应用。教师列举了多个化学键的例子，让学生运用杂化轨道理论进行分析，使学生能够更加深入地理解这个理论。

2.存在不足

在讲解杂化轨道的形成过程时，部分学生对于轨道的混合过程理解不够深入，需要加强此部分的讲解。

在讲解甲烷分子中碳原子的杂化轨道时，部分学生对于s轨道和p轨道的区分不够清晰，需要加强对轨道类型的区分讲解。

3.再教设计

对于轨道混合的过程，教师可以使用更直观的动画演示，帮助学生理解轨道混合的过程。对于甲烷分子中碳原子的杂化轨道，将重点区分s轨道和p轨道的特征，并增加相关练习题，帮助学生巩固此部分的知识点。对于难以理解的部分，可以增加一些生活实例，以便学生能更好地理解这个理论。例如，可以类比家庭中的房间分配来解释杂化轨道的形成。

教师需要鼓励学生进行小组讨论和自我探索，培养他们的独立思考能力和解决问题的能力。同时，教师可以提供更多的应用实例，让学生在实际应用中更好地理解和掌握杂化轨道理论。

参考文献：

[1]吴国庆，李俊.普通高中教科书化学选择性必修2物质结构与性质[M].北京：人民教育出版社，2020.

[2]中华人民共和国教育部制定.普通高中课程标准（2017年版2020年修订）[S].北京：人民教育出版社，2023.

[3]张晓莉，徐佳，李玲等.大概念视域下高中化学项目式教学设计与实践——化学反应与电能[J].化学教育（中英文），2023，44（19）：127-129.

[4]姜显光，王明月.促进"物质的量"概念本质理解的教学设计研究[J].化学教学，2023，（9）：51-55.

[5]胡佳璇.培养"科学态度与社会责任"核心素养的高中化学课程思政教学研究[D].广州：广州大学，2023.

[6]袁旭东.指向核心素养的高中化学真实情境教学设计范式[J].实验教学与仪器，2023，40（8）：6-9.

[7]封欣慧.基于核心素养的高中化学项目式教学实践研究[D].漳州：闽南师范大学，2023.

[8]呼佩佩.基于任务分析理论的教学设计——以"氧化还原反应"教学为例[J].中学理科园地，2023，19（5）：81-83.

[9] 谢楚淇.基于深度学习的高中化学大单元教学设计研究[D].广州：广州大学，2023.

[10] 孙勇蕊.核心素养下高中化学项目式教学设计与实践研究[D].呼和浩特：内蒙古师范大学，2023.

[11] 白建娥.发展学生"模型认知"素养的单元整体教学——以鲁科版教材"共价键与分子结构"为例[J].化学教学，2022（9）：35-39.

[12] 王晓军，郑华，赵晓冉等.大概念统领下的大单元教学设计与实践——以"分子结构与性质"为例[J].化学教学，2022（6）：53-59.

第十五章

晶体结构与性质单元教学案例

晶体结构与性质是化学学科知识体系中的重要基础之一。这部分内容涉及原子、离子、分子在三维空间中的排列方式以及晶体的物理和化学性质。它帮助学生建立起对物质构成和性质之间的深入理解，为后续的化学学习打下坚实的基础。在科学素养的培养方面，通过学习晶体结构与性质，学生可以培养科学素养，包括观察、推理、实验和解决问题等能力。学生需要运用抽象思维和空间想象力来理解晶体的结构和性质，这有助于提高他们的科学思维和问题解决能力。晶体结构与性质在现实生活和实际应用中有着广泛的应用。例如，在材料科学、制药、农业等领域，人们常常需要了解晶体的结构和性质，以开发新的材料或药物。因此，学习这部分内容可以帮助学生更好地理解科学技术的实际应用，增强他们的学习兴趣和动力。

在高中化学课程中，晶体结构与性质是高考中的重要考点之一。学生需要通过学习和实践，掌握晶体的基本概念、分类、组成、结构和性质等相关知识，为高考做好充分准备。

一、单元整体设计

"晶体结构与性质"单元的主要内容包含：（1）物质聚集状态与晶体的常识；（2）分子晶体与共价晶体；（3）金属晶体与离子晶体；（4）配合物与超分子。根据教材对以上内容进行简要分析。

知识维度：

晶体的基本概念——包括晶体的定义、晶体与非晶体的区别、晶体的共性等；晶体结构——描述晶体的内部原子、离子或分子在三维空间中的排列方式，包括常见的晶体结构类型，如金属晶体、离子晶体、分子晶体、共价晶体等；晶体性质——涉及晶体的物理和化学性质，如硬度、熔点、导电性、光学性质等，以及这些性质与晶体结构之间的关系。

技能维度：

观察和描述晶体结构的能力：学生能够通过观察晶体结构模型或图片，准确地描述和记录晶体的结构特点；分析晶体性质的能力：学生能够根据晶体的结构，分析并理解晶体的物理和化学性质，如硬度、熔点、导电性等；运用科学方法进行探究的能力：学生能够运用科学方法，进行实验设计和数据分析，探究晶体结构和性质之间的关系。

情感维度：

培养对化学学科的兴趣：通过学习晶体结构与性质，学生对化学学科有了更深入的理解，有助于提高他们对化学学科的兴趣和热爱；培养科学态度和精神：学习晶体结构与性质需要学生具备严谨的科学态度和精神，如实事求是、精益求精等，有助于培养学生的科学素养；增强社会责任感和环保意识：通过学习晶体结构与性质，学生能够更好地理解科学技术在社会生活中的应用和影响，增强社会责任感和环保意识。

（一）课程标准内容要求

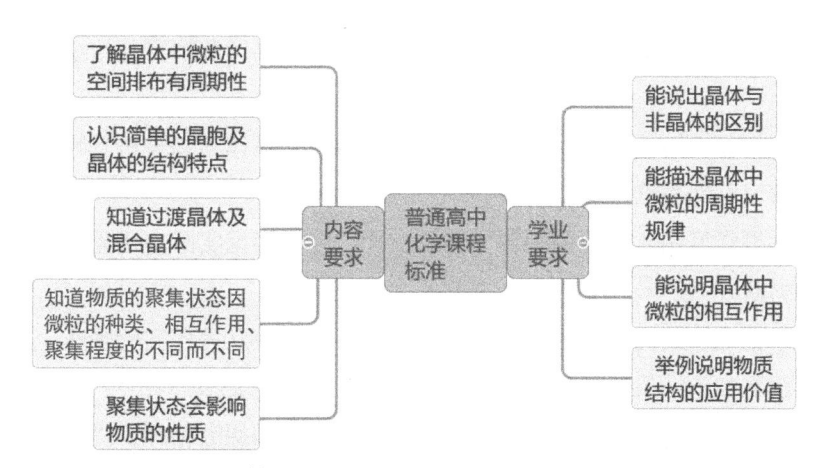

图15-1 "晶体结构与性质"课程标准内容要求和学业要求

新课程标准中在"主题2"里突出要求从构成微粒、微粒间作用、微粒的空间排布三个视角认识物质的结构。能用"聚集状态"宏观描述物质的存在形式，且知道在一定条件下，物质的聚集状态随成物质的微粒种类、相互作用、聚集程度的不同而有所不同。了解 X 射线衍射是晶体结构测定的方法，知道配合物、氢键在化学研究领域和生命科学解答生命奥秘方面有着重要的作用。这有助于学生了解现代化学研究的重要方式与途径，而对物质空间结构的表征，则成为化学键等解释性理论建立的基础。对"晶体结构与性质"单元的教学要求和学业要求包括掌握晶体结构的基本概念和原理、理解晶体结构与性质之间的关系、掌握常见晶体结构的制备方法和应用、掌握晶体结构分析的基本方法和技巧等，同时培养学生的科学素养和探究精神，提高学生的观察能力、分析能力、实验能力和创新能力等技能。具体分析如下。

1.教学要求

（1）掌握晶体结构的基本概念和原理，包括晶体的定义、晶体结构的特点、晶体结构的分类等。

（2）理解晶体结构与性质之间的关系，掌握常见晶体结构的性质和用途，如金属晶体、离子晶体、分子晶体、共价晶体等。

（3）掌握晶体结构分析的基本方法和技巧，包括X射线衍射、红外光谱、核磁共振等实验方法。

（4）培养学生的观察能力、分析能力、实验能力和科学态度等技能，以及增强学生对化学学科的兴趣，培养其社会责任感和环保意识等情感素养。

2.学业要求

（1）掌握晶体结构的基本概念和原理，能够准确描述和解释晶体结构的特征和规律。

（2）理解晶体结构与性质之间的关系，能够根据晶体结构分析其物理和化学性质，并能够根据性质推测其结构特征。

（3）掌握常见晶体结构的制备方法和应用，能够根据实际应用需求选择合适的晶体结构材料。

（4）掌握晶体结构分析的基本方法和技巧，能够独立完成实验操作，并能够正确分析和解释实验结果。

（5）通过学习本单元内容，培养学生的科学素养和探究精神，提高学生的观察能力、分析能力、实验能力和创新能力等技能。

（二）单元知识与学科核心素养

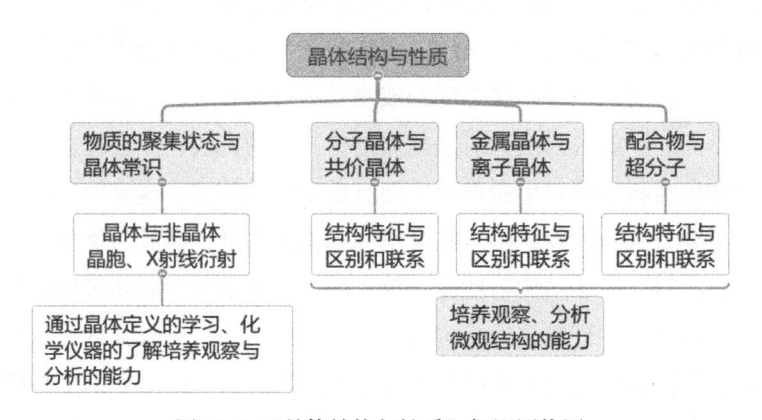

图15-2 "晶体结构与性质"知识网络图

"晶体结构与性质"单元的知识内容与化学核心素养的关联主要体现在培养学生的观察和分析能力、科学思维和问题解决能力等方面。通过学习不同类型晶体的结构和性质，学生可以更好地理解化学学科的基本原理和思想方法，提高他们的科学素养和探究精神。同时，这些知识内容也与实际生产和生活密切相关，有助于培养学生的社会责任感和环保意识。

物质的聚集状态与晶体常识——主要涉及物质的聚集状态和晶体常识，包括晶体的定义、晶体与非晶体的区别、晶体的共性等。通过学习这些知识，学生可以了解物质的不同聚集状态和它们在晶体中的表现，培养学生的观察能力和科学思维，同时提高他们对化学学科的兴趣和热爱。

分子晶体与共价晶体——主要介绍分子晶体和共价晶体的结构特征、分子间作用力及其对物质性质的影响，以及分子晶体与共价晶体之间的区别和联系。通过学习这些知识，学生可以了解不同类型晶体的结构特征和性质，培养他们的观察和分析能力，同时增强其对化学学科的热爱和科学素养。

金属晶体与离子晶体——主要介绍金属晶体和离子晶体的结构特征、金属键和离子键的形成和性质，以及金属晶体与离子晶体之间的区别和联系。通过学习这些知识，学生可以了解不同类型晶体的结构特征和性质，丰富学生对晶体的认识，培养他们的观察和分析能力，同时增强其对化学学科的热爱和科学素养。

配合物与超分子——这主要涉及配合物和超分子的结构特征、配合作用和超分子作用及其对物质性质的影响，以及配合物与超分子之间的区别和联系。通过学习这些知识，学生能够了解配合作用和超分子作用的形成机制及其对物质性质的影响，培养他们的观察和分析能力，同时增强学生对化学学科的热爱和科学素养。

（三）大概念建构

表 15-1 "晶体结构与性质"部分大概念层级

学科大概念	单元大概念	课时大概念
物质结构与性质	不同晶体的性质与晶体自身结构的关系	1.物质聚集状态与晶体常识 2.分子晶体与共价晶体 3.金属晶体与离子晶体 4.配合物与超分子

学科大概念：

（1）物质结构决定性质：晶体结构是物质性质的决定性因素之一。通过研究晶体结构，可以深入了解物质的性质和反应机理，从而更好地理解和应用化学知识。

（2）化学键与物质能量：晶体结构中的化学键类型和强度直接影响物质的稳定性和能量状态。通过学习晶体结构，学生可以更好地理解化学键的形成和作用机制，以及它们对物质能量和性质的影响。

单元大概念：

（1）晶体结构与性质的关系：晶体结构与性质之间存在密切的关系。通过学习不同类型晶体的结构和性质，学生可以更好地理解晶体结构对物质性质的影响机制，为后续的化学学习和实际应用打下基础。

（2）晶体结构的分析方法：晶体结构的分析是化学学科中的重要技能之一。通过学习晶体结构的分析方法和技巧，学生可以更好地理解晶体结构的特点和规律，培养他们的实验技能和分析能力。

（3）配合物与超分子的结构特征与性质：配合物和超分子是两种特殊类型的分子聚集形态，具有独特的结构和性质。通过学习配合物和超分子的结构特征和性质，学生可以更深入地理解物质的多样性和复杂性。

（4）配合物与超分子的形成机制：配合物和超分子的形成机制是复杂的化学反应过程。通过学习这些形成机制，学生可以更好地理解化学键、配位键和超分子作用力的形成和特点，培养他们的化学反应分析和理解能力。

课时大概念：

（1）晶体结构的基本概念：晶体结构是指物质在晶体状态下的三维排列方式。本课时将介绍晶体的定义、晶体与非晶体的区别、晶体的共性等基本概念，帮助学生建立对晶体结构的初步认识。

（2）常见晶体结构的类型与性质：本课时将介绍常见晶体结构的类型和性质，包括金属晶体、离子晶体、分子晶体、共价晶体等。通过学习这些知识，学生可以了解不同类型晶体的结构特征和性质。

（3）配合物的类型与结构特征：本课时将介绍配合物的定义和分类，重点讲解配合物的结构特征和配位键的形成机制。学生可以了解配合物的特点和结构特征，为后续的学习和实践打下基础。

（4）超分子的结构与性质：本课时将介绍超分子的定义和分类，重点讲解超分子的结构特征和超分子作用力的形成机制。

"晶体结构与性质"章节的学科大概念、单元大概念和课时大概念都围绕晶体结构和性质展开，从不同的层面和角度探讨二者之间的关系和作用机制。通过学习这一章节的内容，学生可以更好地理解化学学科的基本原理和思想方法，提高他们的科学素养和探究精神。同时，这些大概念也为学生提供了分析和解决问题的思路和方法，有助于培养他们的观察能力、分析能力、实验能力和创新能力等技能。

（四）学情分析

知识储备：学生已经学习过一些关于物质结构的基础知识，如原子的组成、化学键的类型等。此外，学生可能已经了解了一些常见的晶体类型和它们的基本性质。

学习兴趣：学生对晶体结构与性质这一主题可能感到既有趣又有挑战性。他们可能对不同类型的晶体为什么会表现出不同的性质感到好奇，并希望了解更多关于这一主题的知识。

学习能力：学生可能具备初步的观察、分析和解决问题的能力。他们可能能够通过实验和探究活动来加深对晶体结构与性质关系的理解。

学习风格：不同的学生可能有不同的学习风格。一些学生可能更喜欢通过理论学习来理解晶体结构与性质的关系，而另一些学生则可能更喜欢通过实验和动手实践来学习这一主题。

（五）单元学习目标与课时目标

表 15-2　单元学习目标与课时学习目标

单元学习目标		课时学习目标
物质的聚集状态与晶体的常识单元： 1.认识物质可能存在的聚集状态 2.理解晶体与非晶体 3.理解晶胞的结构	1课时	微观探析，建立模型认知： （1）了解晶体和非晶体的本质差异 （2）了解获得晶体的途径 （3）了解晶体的特点 （4）了解晶胞的概念，能够运用均摊法计算晶胞中的微粒数
分子晶体与共价晶体单元： 1.理解分子晶体、共价晶体中的作用力、结构与性质的区别 2.认识氢键	1课时	微观探析，建立模型认知： （1）掌握分子晶体、共价晶体的概念及结构特点 （2）掌握晶体类型与性质之间的关系 （3）了解氢键对物质物理性质的影响
金属晶体与离子晶体单元： 1.理解金属晶体、离子晶体中的作用力、结构与性质的区别 2.认识过渡晶体与混合型晶体	1课时	微观探析，建立模型认知： （1）了解金属键及金属晶体的性质 （2）了解离子晶体的结构特点和性质 （3）了解过渡晶体与混合型晶体的结构特点与性质特点
配合物与超分子单元： 1.认识配合物与超分子 2.理解配位键的形成 3.认识部分配合物	1课时	微观探析，建立模型认知： （1）了解配位键的特点及配合物理论，能说明简单配合物的成键情况 （2）了解几种常见的配离子的性质 （3）了解超分子特点和应用

（六）单元活动设计

物质的聚集状态与晶体的常识单元的知识内容，是在了解物质存在形式有以分子或原子组成的固态、液态、气态之后，通过极光、雷电介绍等离子体，并以液晶显示器介绍液晶及塑晶，从而丰富学生对物质存在形式的认知。

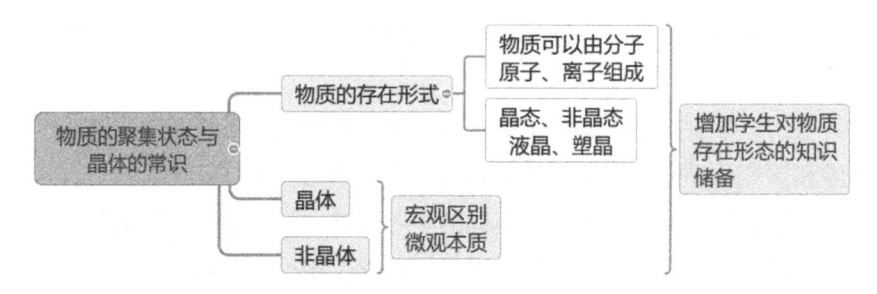

图15-3 "物质的聚集状态与晶体的常识"知识网络图

根据物质的聚集状态与晶体的常识单元的知识体系及课标，将课时设计如下：

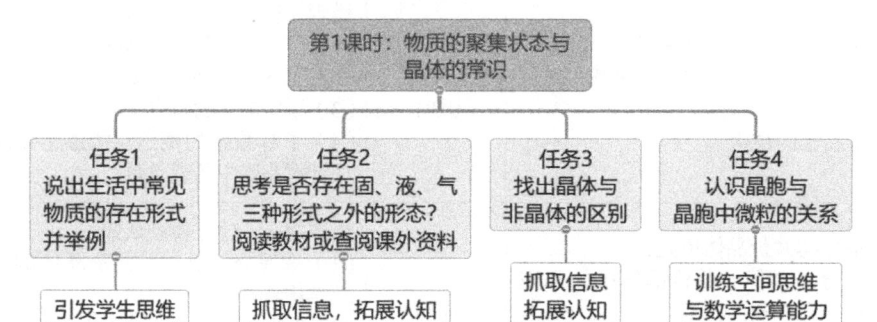

第1课时　物质的聚集状态与晶体的常识

图15-4 "物质的聚集状态与晶体的常识"第1课时任务设计

分子晶体与共价晶体单元在介绍分子晶体时以常见物质氧气、氮气、水、二氧化碳等为例子。介绍原子晶体时以熟悉的二氧化硅和金刚石为例。可以降低学生理解的难度，并引入范德华力、氢键两种作用力是分子晶体物理性质差别的影响因素。从共价键的参数上理解键的强度对原子晶体物理性质的影响。

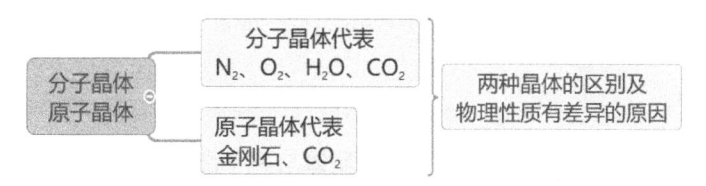

```
分子晶体 ─┬─ 分子晶体代表 N₂、O₂、H₂O、CO₂ ─┐
原子晶体 └─ 原子晶体代表 金刚石、CO₂       ─┴─ 两种晶体的区别及物理性质有差异的原因
```

图 15-5 "分子晶体与共价晶体"知识网络图

根据分子晶体与共价晶体的常识单元的知识体系及课标，将第1课时设计如下：

第1课时　分子晶体与共价晶体

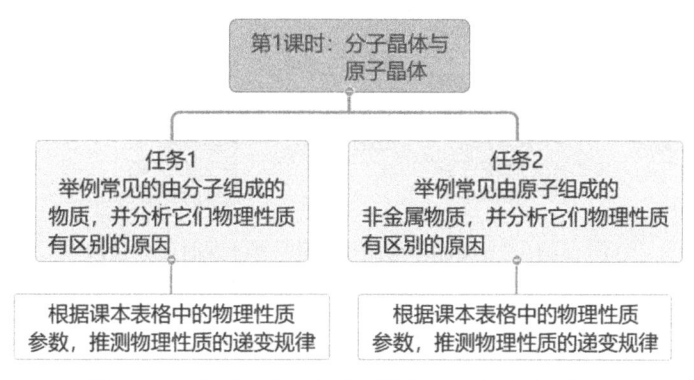

```
第1课时：分子晶体与原子晶体
├── 任务1：举例常见的由分子组成的物质，并分析它们物理性质有区别的原因
│         └── 根据课本表格中的物理性质参数，推测物理性质的递变规律
└── 任务2：举例常见由原子组成的非金属物质，并分析它们物理性质有区别的原因
          └── 根据课本表格中的物理性质参数，推测物理性质的递变规律
```

图 15-6 "分子晶体与共价晶体"第1课时任务设计

金属晶体与离子晶体单元在金属晶体部分，简单介绍了金属原子的排布方式和电子气理论用以解释金属部分物理性质通性。离子晶体部分，以氯化钠、氯化铯为为例简单介绍了离子晶体的部分结构及影响其物理性质的因素。再引入过渡晶体和混合晶体，用以拓展学生的视野，为今后可能接触到不寻常的现象解答或更深层次的化学理论学习做知识储备。

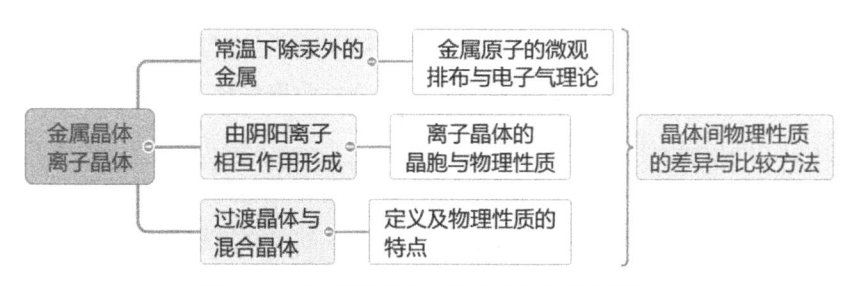

```
金属晶体 ─┬─ 常温下除汞外的金属 ── 金属原子的微观排布与电子气理论 ─┐
离子晶体 ├─ 由阴阳离子相互作用形成 ── 离子晶体的晶胞与物理性质      ├─ 晶体间物理性质的差异与比较方法
         └─ 过渡晶体与混合晶体 ── 定义及物理性质的特点              ─┘
```

图 15-7 "金属晶体与离子晶体"知识网络图

根据金属晶体与离子晶体的常识单元的课程标准及知识体系，将第1课时设计如下：

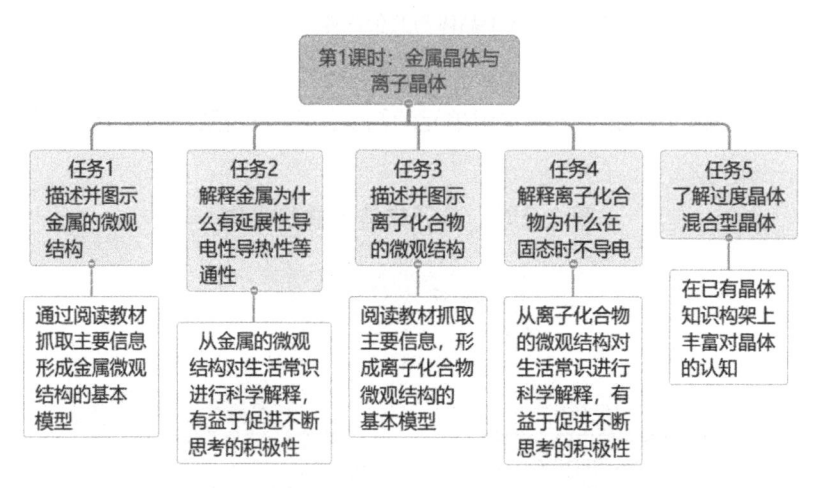

第1课时　金属晶体与离子晶体

图15-8 "金属晶体与离子晶体"第1课时任务设计

二、"微粒间的相互作用与物质的性质"教学设计示例

本单元知识属于选择性必修模块2中主题2"微粒间的相互作用与物质的性质"的内容，对应实验版课程标准主题2"化学键与物质的性质"。物质的聚集状态与晶体的常识单元的课时大概念为"物质状态与晶体的结构、性质"；分子晶体与共价晶体单元的课时大概念为"分子晶体与共价晶体的结构、性质"；金属晶体与离子晶体单元的课时大概念为"金属晶体与离子晶体的结构、性质"；配合物与超分子单元的课时大概念为"配合物与超分子的结构、性质"。

（一）大概念析读

物质的聚集状态与晶体的常识单元主要介绍了物质的聚集状态和晶体的基本概念、要素和分类等知识。要求了解聚集状态：物质的聚集状态是指物质在一定条件下所呈现的空间形态，包括气态、液态、固态等。聚集状态的不同可能会导致物质在物理性质上产生明显的差异。晶体：晶体是指具有规则几何外形的固体，其原子或分子在空间按一定规律重复排列。晶体具有整齐的晶格结构，这使得晶体在物理和化学性质上具有各向异性。晶体结构的基本要素：晶体结构的基本要素包括晶胞、晶格、晶胞参数等。晶胞是晶体结构的基本单元，晶格是晶体结构中原子或分子的排列方式，晶胞参数则是晶胞的边长等几何尺寸。晶体结构的分类：根据原子或分子在晶体中的连接方式和排列特点，晶体可以分为离子晶体、共价晶体、金属晶体、分子晶体等。不同类型的晶体具有不同的结构和性质。

分子晶体与共价晶体单元重点介绍了分子晶体和共价晶体的结构和性质以及化学键的类型及其对物质性质的影响。要求掌握分子晶体：分子晶体是指以分子为单位构成晶体的固体。在分子晶体中，分子间以范德华力相互作用，这种作用力较弱，因此分子晶体的硬度较低，熔点也较低。一些常见的分子晶体包括冰、干冰、白磷等。共价晶体：共价晶体是指原子之间通过共价键相互结合构成晶体的固体。在共价晶体中，原子通过共价键相互结合，这种键具有很强的键能，因此共价晶体的硬度较高，熔点也较高。一些常见的共价晶体包括金刚石、硅单质等。分子晶体与共价晶体的比较：分子晶体和共价晶体在结构和性质上存在明显的差异。分子晶体的硬度较低，熔点也较低，而共价晶体的硬度较高，熔点也较高。此外，分子晶体中分子间以范德华力相互作用，而共价晶体中原子间通过共价键相互作用。化学键的类型及其对物质性质的影响：化学键是指原子或分子之间相互作用的方式。常见的化学键类型包括离子键、共价键、金属键等。不同类型的化学键对物质性质产生不同的影响，如硬度、熔点、导电性等。

通过这两个课时的学习，学生可以更全面地了解物质的聚集状态与晶体结构之间的关系以及不同类型的分子晶体和共价晶体的特点和性质。

（二）课时学习目标

1.物质的聚集状态与晶体的常识单元

（1）知晓目前已知的物质聚集状态种类。

（2）能从概念、结构上区别晶态与非晶态。

（3）了解晶胞的结构特点，会计算晶胞中的微粒数。

（4）了解测定晶体结构的仪器。

2.分子晶体与共价晶体单元

（1）了解分子晶体与共价晶体的概念。

（2）掌握分子晶体与共价晶体的结构与性质的联系。

（3）了解氢键对物质物理性质的影响。

（三）学习重难点

1.物质的聚集状态与晶体的常识单元

◆学习重点

（1）物质的聚集状态；

（2）晶态与非晶态的区别。

◆学习难点

掌握晶胞的结构特点与计算晶胞中的微粒数。

2.分子晶体与共价晶体单元

◆学习重点

（1）分子晶体与共价晶体的概念；

（2）氢键的理解及其与物理性质的关系。

◆学习难点

分子晶体与共价晶体的区别与性质对比。

（四）教学过程设计

表 15-3　物质的聚集状态与晶体的常识教学设计

课时1：物质的聚集状态与晶体的常识教学设计					
教学环节	活动线	问题线	知识线	素养线
环节一：物质的聚集状态	活动1：观察生活中常见物质的存在形式并举例	问题1：生活中常见物质的存在形式有什么并举例？	了解生活中常见物质的存在状态为固、液、气	观察、思考生活环境的良好习惯
环节二：等离子状态	活动2：阅读教材，寻找物质存在除固、液、气三种形式之外的形态	问题1：物质存在除固、液、气三种形式之外还有什么形态？	物质存在除了由分子、原子、离子组成的固、液、气三种形态外，还有等离子状态	从微观角度认识等离子态，培养微观探析的能力
环节三：晶态与非晶态	活动3：阅读教材，找出晶体与非晶体的区别	问题1：晶体与非晶体结构的区别与性质的关系？	认识晶体与非晶体的概念及微观结构	建立对晶体与非晶体判别的模型认知
环节四：晶胞	活动4：通过图示认识晶胞结构	问题1：晶胞的概念？如何计算晶胞中微粒的数量？	了解晶胞及晶胞结构中的微粒的计算方法	建立晶胞中微粒数计算的方法模型
环节五：总结本节知识	活动5：思维导图构建物质聚集状态、晶态与非晶态的概念、晶胞中微粒计算方法的相互关联			培养归纳整理的能力

表 15-4　分子晶体与共价晶体单元教学设计

课时1：分子晶体与共价晶体教学设计			
教学环节	活动线	问题线	知识线	素养线
环节一：分子晶体	活动1：说出生活中常见由分子组成的物质	问题1：生活中常见的以分子组成的物质有什么？	能判别微观尺度以分子构成的物质	巩固宏观辨识与微观探析的能力
	活动2：分析教材中不同分子晶体熔点的数据	问题2：由分子组成的物质，在熔点上有什么规律？	熔点与相对分子质量的关系。引出范德华力、氢键与物质物理性质关系	
	活动3：计算CO_2晶胞中的分子数	问题3：1个CO_2晶胞中包含几个CO_2分子？	认识分子晶体的晶胞及晶胞结构中的微粒的计算方法	巩固晶胞中微粒数计算的方法模型
环节二：共价晶体	活动1：说出生活中常见由离子组成的物质	问题1：生活中常见的以离子组成的物质有什么？	能判别微观尺度以离子构成的物质	巩固宏观辨识与微观探析的能力
	活动2：分析教材中不同共价晶体熔点和硬度的数据	问题2：由共价键作用形成的物质，在熔点上有什么规律？	熔点及硬度与共价键强弱的关系	
环节三：总结本节知识	活动1：思维导图的形式连接分子晶体与共价晶体中作用力与物理性质的关系网络。			培养归纳整理的能力

三、单元教学反思

（一）物质的聚集状态与晶体的常识单元

1. 主要亮点

学生对晶体结构的基本概念有了清晰的了解，能够区分不同晶体类型的特点和性质。

通过晶体模型组装实验和探究活动，学生对晶体结构的观察和分析能力得到提高，能够自主探究晶体结构的规律。

教学过程中，注重与实际生活的联系，让学生更好地理解晶体结构在日常生活中的应用。

2.存在不足

在讲解晶体结构时，部分学生对于抽象的晶格结构理解不够深入，需要加强形象化的教学辅助。

在模型组装实验和探究活动中，部分学生的实验技能还不够熟练，需要加强实验操作和技能训练。

3.再教设计

在讲解晶体结构时，可以采用更加形象化的教学方式，例如使用动画演示晶格结构，帮助学生更好地理解。

在实验和探究活动中，可以增加更多的示范和指导，帮助学生更合理地对模型进行组装。

可以增加与实际生活的联系，通过案例分析等方式，帮助学生更好地理解晶体结构在日常生活中的应用。

（二）分子晶体与共价晶体单元

1.主要亮点

教学内容的合理安排：本单元教学主要介绍了分子晶体和共价晶体的结构和性质特点，以及化学键的类型及其对物质性质的影响。教学内容紧凑，重点突出，有助于学生全面了解分子晶体和共价晶体的基本概念和性质。

教学方法的多样性：本单元教学中，采用了多种教学方法，如课堂讲解、实验演示、小组讨论等，使学生能够更好地理解分子晶体和共价晶体的结构和性质特点。

注重实践操作：本单元教学中，注重实验演示和学生的实践操作，让学生亲自动手组装晶体模型实验，感受分子晶体和共价晶体的性质差异。这有助于加深学生对分子晶体和共价晶体性质的理解，提高学生的实践能力和科学素养。

2.存在不足

教学内容的深度和广度不够：本单元教学虽然涉及分子晶体和共价晶体的基本概念和性质特点，但对于某些内容的讲解可能不够深入，如化学键的类型及其对物质性质的影响等。同时，本单元教学未涉及分子晶体和共价晶体的制备和应用等方面的内容，广度不够。

学生的参与度不高：虽然教师采用了多种教学方法，但学生的参与度仍不够高，部分学生未能积极参与到课堂讨论和实验操作中。

3.再教设计

深化教学内容：在今后的教学中，可以增加分子晶体和共价晶体的制备方法和应用等方面的内容，以拓展学生的知识面。同时，可以进一步深化化学键类型及其对物质性质影响等内容的讲解，帮助学生更好地理解分子晶体和共价晶体的性质差异。

提高学生的参与度：可以进一步关注学生的个体差异，设计更加贴近学生实际生活的教学活动，提高学生的参与度和学习效果。

完善教学评价方式：在教学中，教师可以采用多种评价方式，如小组报告、实践操作考核等，以更全面地了解学生的学习情况和表现。同时，教师还可以通过评价结果反馈，不断改进教学方法和策略，提高教学质量和效果。

参考文献：

[1]吴国庆，李俊.普通高中教科书化学选择性必修2物质结构与性质[M].北京：人民教育出版社，2020.

[2]中华人民共和国教育部制定.普通高中化学课程标准（2017年版2020年修订）[S].北京：人民教育出版社，2023.

[3]许世红，聂融，何丽君，等.基于学生为中心教育理念的结构化学课程教学策略与实践[J].甘肃高师学报，2023，28（5）：75-79.

[4]叶近婷；梁吉业.Gaussian 09和VMD软件联合在结构化学教学中的应用[J].广州化工，2023，51（10）：142-145.

[5]李岩等.师范生结构化学教学改革初探[J].云南化工，2023，50（3）：192-194.

第十六章

醇 酚

单元设计

"醇 酚"位于人教版普通高中教科书化学选择性必修3《有机化学基础》第三章第二节，在有机化学的教学中起着重要的纽带连接作用。它既可以向前联系烯烃、芳香烃和卤代烃，又可以向后转化为醛和酮、羧酸和羧酸衍生物，是有机合成中不可或缺的一个环节。因此，"醇 酚"不仅是第三章的重点内容之一，也是高中有机化学教学的重点之一。作为重要的烃的含氧衍生物，醇和酚在结构上的共同特点是都含有官能团羟基（–OH）。本节内容围绕"结构决定性质、性质决定用途"这一有机化学的学科大概念，从乙醇的结构和性质扩展到醇类的结构和性质，从苯酚的结构和性质扩展到酚类的结构和性质，使学生学会"模型学习、类比学习"的学习方法，达成素养目标。

一、单元整体设计

教材将醇和酚两种均含有羟基的烃的含氧衍生物编排到一节中，充分表明有机化学中"结构决定性质"的学科大概念，体现官能团与有机物特征化学性质的关系。在醇这部分，依旧选取与生活联系紧密的乙醇作为代表物，由乙醇的结构和性质迁移到醇类的结构和性质。结合醇类的结构特点，解释了醇类物理性质中的熔沸点和水溶性，突出了醇类的取代反应、消去反应和氧化反应。苯酚的教学在醇之后，重点探讨的是醇与酚在结构上的相同点和差异性，体会有机物基团之间的相互影响以及由此带来的醇与酚的性质差异。另外，基于酚羟基的特性，又介绍了酚类物质的定性检测和定量分析方法。

（一）课程标准内容要求

表 16-1 课程标准模块 3 有机化学基础部分关于醇 酚的主要内容

模块	主题	内容要求	学业要求
模块3 有机化学基础	主题1：有机化合物的组成与结构	1.1 有机化合物的分子结构 1.2 有机化合物的官能团 1.3 有机化合物中的化学键	1. 能辨识有机化合物分子中的官能团 2. 能依据有机化合物分子的结构特征分析简单醇类和酚类的化学性质

续表

模块	主题	内容要求	学业要求
模块3 有机化学基础	主题2：烃及其衍生物的性质与应用	2.1 烃的性质与应用 2.2 烃的衍生物的性质与应用 2.3 有机反应类型与有机合成 2.4 有机化合物的安全使用 2.5 学生必做实验	1.能写出醇、酚的官能团、简单代表物的结构简式和名称；能够列举乙醇和苯酚的主要物理性质 2.能描述和分析乙醇和苯酚的重要反应，能书写相应的反应式 3.能基于官能团、化学键的特点与反应规律分析和推断醇类和酚类的化学性质，根据有关信息书写相应的反应式 4.能综合应用有关知识完成推断有机化合物、检验官能团、设计有机合成路线等任务

表1向我们展示了本单元主要集中在《普通高中化学课程标准》（2017年版2020年修订）选择性必修课程主题1"有机化合物的组成与结构"和主题2"烃及其衍生物的性质与应用"的内容中。课程标准中关于本单元内容要求主要围绕醇和酚这两类有机化合物中的官能团、分类、命名、性质、转化与应用等方面。

（二）单元知识与学科核心素养

本单元内容分别以乙醇和苯酚两种物质为代表，围绕醇和酚的结构、分类、命名、物理性质、化学性质、官能团检测等方面展开。以苯酚、苯和乙醇结构和化学性质的比较为实践基础，介绍新的有机反应类型——消去反应和显色反应，探究有机化合物分子中的基团与化学性质的关系以及基团之间的相互影响。单元知识网络图展示如下：

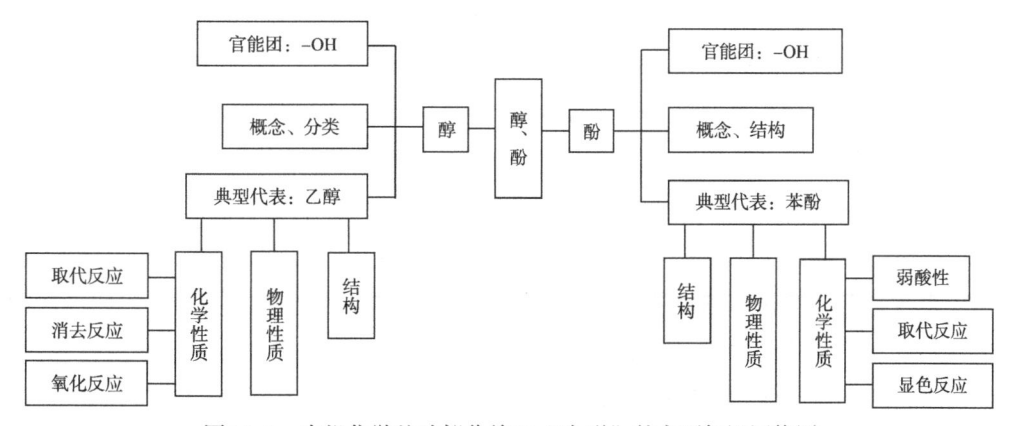

图16-1 有机化学基础部分关于"醇 酚"的主要知识网络图

该部分知识在内容的选取和实际教学中，都充分体现了化学学科核心素养。主要表现如下。

（1）宏观辨识与微观探析：通过醇的代表物——乙醇了解醇的分类、组成和结构，了解醇类的物理性质，理解醇类的化学性质。探寻苯酚的组成、结构、应用与性质的关系，深入理解结构决定性质，性质决定用途，性质反映结构，用途反映性质的相互关系。

（2）证据推理与模型认知：通过醇和酚在结构和性质方面的差异，论证出有机物分子中基团之间存在着相互影响。

（3）变化观念：以乙醇为代表物，从化学键的变化理解醇的取代、消去、氧化反应的原理及转化关系。从有机物分子中基团之间的相互影响理解酚的弱酸性、取代反应和显色反应。

（三）大概念建构

本单元教学设计的大概念是依据《普通高中化学课程标准》（2017年版2020年修订），从化学学科核心素养出发，结合教材内容编排，在明确本章学习目标的基础上提炼出来的。

表 16-2 "醇 酚"部分大概念层级

学科大概念	单元大概念	课时大概念
结构决定性质 性质决定用途	Ⅰ.物质组成与结构的差异带来性质的不同 Ⅱ.羟基与其他基团的相互影响带来有机物类别与性质的多样	Ⅰ.羟基官能团、碳原子的饱和性和化学键的极性对醇类性质的决定作用 Ⅱ.基团之间的相互影响会导致键的极性发生改变，引起化合物性质的差异

有机化学的学科大概念为"结构决定性质，性质决定用途"，以官能团和碳骨架的结构贯穿有机物的学习，在认识有机物的分类、命名、转化、合成、应用等方面均有体现。通过不同类别有机物的学习，认识物质组成与结构的差异会带来性质的不同。具体体现在羟基与其他基团的相互影响带来有机物类别与性质的多样，羟基官能团、碳原子的饱和性和化学键的极性对醇类性质的决定作用。

教材把苯酚安排在乙醇之后，是因为乙醇一节刚学完羟基的性质，而苯酚的结构中也含羟基，通过苯酚性质的学习可进一步加强学生对羟基官能团性质的掌握，建立基于有机物"结构决定性质"的思维认知模型。在这一基础上紧接着安排苯酚的学习，既是对以前知识的运用及深入，又能为接下来醛、酸的学习提供知识上的承接点以及学习方法上的指导。苯酚这节课重点探讨的是醇与酚的结构差异以及由此带来的醇与酚的性质差异问题。针对苯酚教学内容的特点，提炼出课时大概念为"基团间相互影响，使得键的极性发生改变，引起化合物性质的差异"。

（四）学情分析

在接触本单元之前，学生在人教版必修第二册中已经学习了乙醇的结构、乙醇与钠的反应、酯化反应和氧化反应，初步建立了"结构（官能团、碳原子的饱和、基团间的相互影响）决定性质"的观念。在人教版选择性必修2中，学生已掌握了化学键的极性等相关知识。学生基本具有"结构决定性质"的有机化学学习思路，懂得用实验的手段验证反应预测。在酚类学习开始前，学生已经掌握了苯和甲苯、乙醇的性质，初步认识了基团之间的相互影响关系，具有通过分析有机物结构推导有机物化学性质的能力。学生已经掌握从理论、实验两个角度验证物质性质，有较强的实验设计能力。以上这些均为本单元的学习打下了坚实的基础。但是学生对酚还相对陌生，尤其是羟基和苯环这两种基团间的相互影响未曾涉及。这就需要通过事实依据、假设推理、实验的设计、验证，在教师的引导下，在小组讨论、分组实验的辅助下，逐步完成对新知识的建构，同时进一步提升分析问题、假设推理、实验设计及操作的相关能力。

（五）单元学习目标与课时目标

表 16-3　单元学习目标与课时学习目标

单元学习目标		课时学习目标
（1）能写出醇、酚的官能团、简单代表物的结构简式和名称；知道醇和苯酚的主要物理性质 （2）能从宏观现象和微观化学键变化的视角描述和分析乙醇和苯酚的重要反应，能书写相应的反应式 （3）以乙醇和苯酚为例，能基于官能团、化学键的特点与反应规律分析和推断醇类和酚类的结构与性质 （4）能根据物质性质推测结构，形成物质转化的思维模型，能用绿色化学思想分析和讨论醇和酚在生产生活中的应用问题	第1课时	（1）能辨识醇和酚；能说出醇的结构特点并进行分类，能列举出常见醇在生活中的应用 （2）能从分子组成和结构的角度解释醇类物质的主要物理性质及递变规律 （3）结合乙醇的结构特征和化学性质，类比推测醇的性质，理解醇在消去反应、取代反应和氧化反应中化学键的变化规律 （4）通过实验，验证醇的化学键变化特征，结合其性质在生产和生活中的运用，从而建立起"结构决定性质，性质决定用途"的基本模型
	第2课时	（1）能说出苯酚的主要物理性质，掌握苯酚的组成、结构、性质及应用 （2）了解醇、酚及芳香烃的结构、性质差异，知道苯酚的定性检验与定量测定的原理及方法 （3）以苯环和酚羟基之间相互影响其化学性质为载体，形成"分子中基团的相互影响会导致键的极性发生改变"的观念

（六）单元活动设计

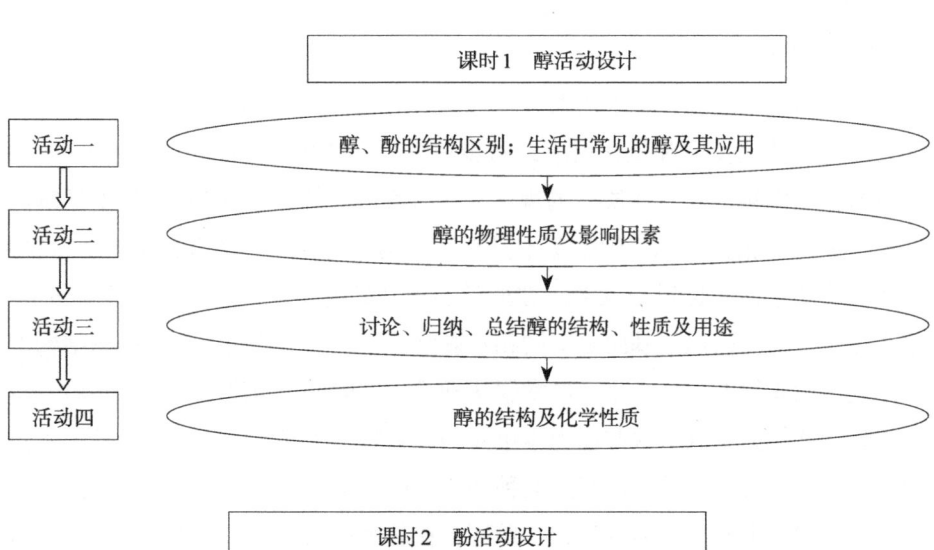

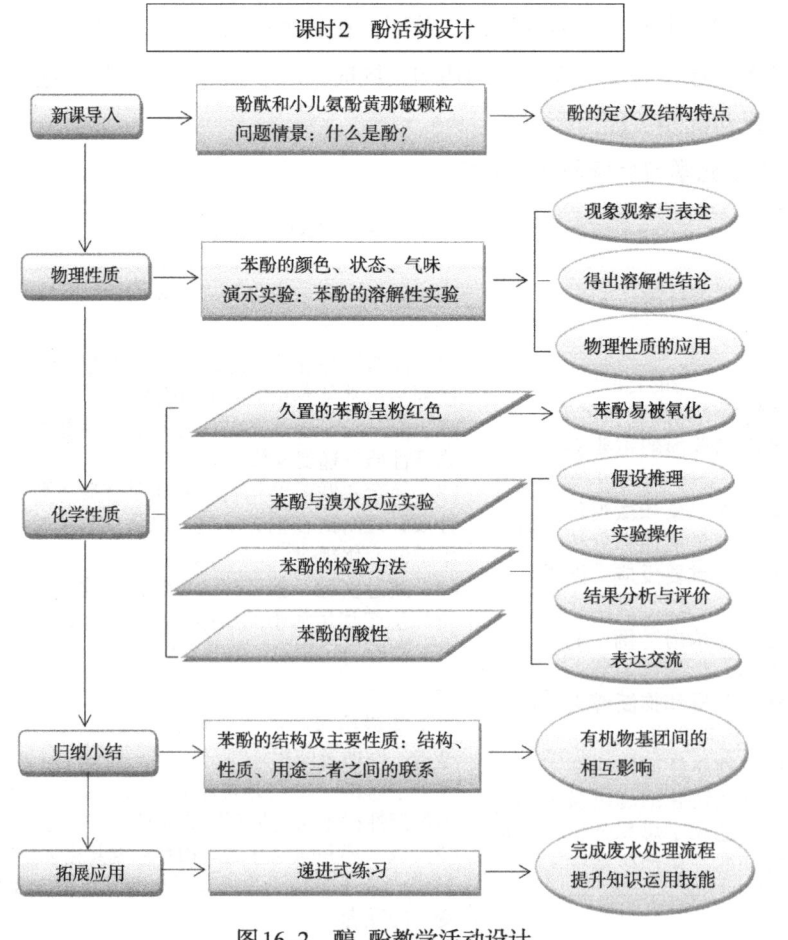

课时1　醇活动设计

- 活动一 → 醇、酚的结构区别；生活中常见的醇及其应用
- 活动二 → 醇的物理性质及影响因素
- 活动三 → 讨论、归纳、总结醇的结构、性质及用途
- 活动四 → 醇的结构及化学性质

课时2　酚活动设计

- 新课导入 → 酚酞和小儿氨酚黄那敏颗粒问题情景：什么是酚？ → 酚的定义及结构特点
- 物理性质 → 苯酚的颜色、状态、气味；演示实验：苯酚的溶解性实验 → 现象观察与表述 / 得出溶解性结论 / 物理性质的应用
- 化学性质 →
  - 久置的苯酚呈粉红色 → 苯酚易被氧化
  - 苯酚与溴水反应实验
  - 苯酚的检验方法
  - 苯酚的酸性
  → 假设推理 / 实验操作 / 结果分析与评价 / 表达交流
- 归纳小结 → 苯酚的结构及主要性质：结构、性质、用途三者之间的联系 → 有机物基团间的相互影响
- 拓展应用 → 递进式练习 → 完成废水处理流程 提升知识运用技能

图16-2　醇 酚教学活动设计

二、"醇 酚"教学设计示例

根据学习内容和课堂容量，本主题的学习需要2个课时，第1课时为"醇"，第2课时为"酚"，本教学设计展示的是第2课时酚的相关设计。

（一）大概念析读

本课时大概念为"羟基官能团、碳原子的饱和性和化学键的极性对醇类性质的决定作用""基团之间的相互影响会导致键的极性发生改变，引起化合物性质的差异"。以乙醇和苯酚的结构与性质为例，进一步建立"结构决定性质、性质决定用途"的学科大概念。为了完成本单元大概念教学，需要结合真实情境，立足所研究的有机物的结构，针对挑战性的设问，借助小组实验探究，以求课堂效率最大化。

（二）课时学习目标

（1）认识苯酚的结构，知道苯酚的主要物理性质，了解酚类物质的用途；

（2）掌握苯酚的化学性质，理解有机物分子内基团间的相互影响；

（3）以工业含苯酚废水的处理为主线，从苯酚与苯和醇的结构相同点和差异性入手，通过给定信息的分析、讨论、推理、假设、验证，进一步培养分析问题、解决问题的能力，养成"在已知信息提示下合理假设、通过设计实验验证"的问题解决思路与方法。

（三）学习重难点

◆学习重点

（1）苯酚的取代反应和显色反应，苯酚的弱酸性；

（2）通过知识总结，进一步理解结构与性质、性质与用途之间的相互关系。

◆学习难点

（1）苯酚与苯、醇性质的差异性；

（2）苯酚中苯环与羟基的相互作用及对苯酚性质的影响。

（四）教学过程设计

"醇 酚"第2课时教学设计

表 16-4　课时 2　酚教学设计

教学环节	教师活动	学生活动	设计意图
环节一： 联系生活， 导入新课	【图片展示】酚酞与小儿氨酚黄那敏颗粒 【设问】它们结构上有什么共同之处？引导学生给出酚的定义	听讲，回忆，表达，感受	引起学生注意，举例与生活相结合，让学生感受化学的用途
环节二： 知识基础 苯酚的结构	【明确目标】本节学习最简单的酚——苯酚 【设问】苯酚的结构是怎样的？	（1）描述苯酚的结构 （2）写出苯酚的分子式、结构简式，找出官能团	进一步熟练有机物结构的书写，分清分子式、结构简式的写法，突出官能团
环节三： 萃取法回收 苯酚	【引导】引导学生观察苯酚的颜色、状态、鼓励学生闻苯酚气味 【过渡】大部分有机物难溶于水，易溶于有机溶剂，苯酚在水中和有机溶剂中的溶解性情况如何？ 【实验演示】苯酚的溶解性对照试验 【性质应用】工业中回收苯酚的萃取剂如何选择？如何除去粘在皮肤上的苯酚？	（1）观察并说出苯酚的相应物理性质：无色有特殊气味的晶体 （2）观察演示实验，说出苯酚在水中和苯中的溶解性特征和差异 （3）思考交流，解决相关问题	实物展示，让学生直观感受苯酚的相关物理性质；对照实验选择水与苯，突出苯酚在不同溶剂中的溶解度差异；及时练习运用，突出知识的实用性

续表

教学环节	教师活动	学生活动	设计意图
环节四：苯酚化学性质的探究	【过渡】实物展示粉红色的晶体，苯酚为什么会变红？ 久置空气中 【设问】说明苯酚容易发生什么反应？ 【追问】苯酚与乙醇的氧化反应哪个更容易发生？ 【追问】苯酚容易被氧化可能的原因是什么？ 【追问】实验室保存苯酚应注意哪些问题？ 【过渡】如何检验萃取后的废水中是否有苯酚残留？可以采用什么方法检验苯酚？ 含苯酚的工业废水 →苯→ 苯与苯酚混合溶液 / 除酚后的废水 → 如何检验除酚后的废水中是否有苯酚残留？ 分液 【问题引导】（1）苯与苯酚在结构上有相同点也有差异性，二者化学性质上是否也有相同点和差异性？ （2）苯酚能否与溴发生反应？ 【实验引导】指导学生完成苯酚稀溶液与浓溴水的实验 向苯酚稀溶液中逐滴滴加浓溴水，振荡 向浓溴水中逐滴滴加苯酚稀溶液，振荡	（1）观察、思考，苯酚容易被氧化 （2）认真、规范地完成苯酚与溴水的实验，交流实验现象，推测实验结果，认识苯酚的取代反应	进一步加强学生的实验技能和对实验的重视，发散思维，利用封闭式实验，使学生敢于实验、乐于实验，培养积极思考、勤于动手的学习习惯。使用pH计直观展示苯酚的弱酸性。递进式的问题引导学生一步一步得出结论，自己完成知识的建构。贯彻教为主导，学为主体的教学理念

续表

教学环节	教师活动	学生活动	设计意图
	【设问】苯酚与溴的反应属于何种反应类型？ 【设问】苯酚与溴的取代反应比苯更容易，可能的原因是什么？ 【过渡】用浓溴水检验废水中苯酚有什么缺陷？还有没有更优化的方法检验苯酚？ 【实验引导】指导学生完成苯酚与氯化铁溶液的显色反应 学生实验2： 倾斜锥形瓶　溶液呈紫色 【小结过渡】苯酚与溴的取代反应、苯酚与氯化铁溶液的显色反应都可以检验苯酚，与醇相比，苯酚更易被氧化，苯酚还有没有其他性质？ 【信息支撑】处理含苯酚的废水还可以加入碱性物质 【问题引导】（1）推测苯酚可能具有什么性质？ （2）如何检验？ 【实验演示】演示苯酚与紫色石蕊混合溶液不变红，可能是什么原因？ 【实验演示】pH计测苯酚溶液的pH值。 【讲解】苯酚具有弱酸性，酸性比碳酸弱，俗称石炭酸 【设问】酚羟基和醇羟基的活泼性关系是怎样的？可能是什么原因？	（3）完成苯酚的显色反应 （4）假设推理、实验验证，得出结论：苯酚的酸性	

续表

教学环节	教师活动	学生活动	设计意图
环节五：迁移应用 含苯酚废水的处理	（1）使用苯萃取后，如何分离苯与苯酚的混合物？ （2）如何将苯酚钠转化为苯酚？还有没有其他方案？这两种方案哪种更优化？	思考并进行交流，得出答案，给出解释，最后写出相应反应的方程式	运用新知解决生产问题，突出化学的实用性，便于教师发现、学生自检本节学习效果
环节六：归纳总结，作业布置	（1）对本节内容进行总结，引导学生从结构与性质、性质与用途两方面把握本节课主要内容，并完成相关作业 （2）引导学生认识有机物不同基团间的相互影响	聆听、记忆，进一步理解结构决定性质、性质反映结构，性质决定用途、用途反映性质的化学思维方式	及时进行课堂小结，升华知识

三、单元教学反思

（一）主要亮点

本节课主要采用了联系—预测策略、实验探究策略以及知识结构化策略。通过苯酚和苯以及苯酚和乙醇的结构上的相同点和差异性类比预测苯酚的性质，进一步引导学生从结构这个本质因素方面去分析物质的性质。通过将苯酚与苯和乙醇结构与性质的比较，寻找知识的生长点，不仅有助于苯酚的学习，还可以帮助学生形成完整的知识体系。通过封闭安全、现象明显的学生实验和演示实验为学生的猜想假设提供事实依据，帮助学生更直观地建构知识。教学策略具有针对性，学生分析问题、解决问题的意识和能力在提升。

（三）存在不足

本节课以工业中含苯酚的废水处理为主线，将苯酚的物理性质、化学性质以及用途串联起来。从生活实例出发，引导学生从化学的角度去看待问题。采用情境教学，引导学生从生活认识化学，用化学服务生活。在教学设计中，以分离萃取后的苯与苯酚为载体，既完成了对工业含苯酚废水的处理流程模拟，又达到了迁移运用知识的目的。不过实际教学中，这部分内容没有时间呈现出来，在内容的完整性方面有所欠缺。

从本节课堂上与学生的互动来看，学生对于问题驱动式学习方式较为适应，也能够在教师的引导下积极思考。美中不足的是，学生们大多不爱表达、不敢表达。在教学中，教师一直在鼓励学生大胆去描述他们的所见、所想。课堂教学应该以学生为主体，让学生更多地参与到课堂活动中去，让他们做知识的发现者，而不是被动地接收教师的讲解。另外，学生对于苯和醇部分的知识还不是特别熟悉，这就要求教师在教学过程中及时将新知识与已有知识串联起来，使新知识的学习建立在学生已有基础之上，温故而知新。同时，学生的实验操作技能仍需提升。例如，很多学生不能准确振荡试管与锥形瓶，导致苯酚的溶解需要更长的时间。

（三）再教设计

通过本节课的教学，教师需认识到以下几点：

在新知识的学习中，教师的主导作用很重要。这种主导作用尤其体现在问题的设计上。问题的设计需要前后衔接，考虑到问题的层次性、递进性。

板书设计很重要。通过层次化、结构化的板书设计，既可以提示教学重点，又有助于学生实现知识的结构化。板书的设计可以大胆创新，不必拘泥于传统提纲式的板书形式。

参考文献：

[1] 杜宝山.普通高中教科书化学选择性必修3有机化学基础[M].北京：人民教育出版社，2023.

[2] 中华人民共和国教育部制定.普通高中化学课程标准（2017年版2020年修订）[S].北京：人民教育出版社，2023.

[3] 张明，柯倩.指向高阶思维能力培养的"乙醇"教学设计[J].中学化学教学参考，2023（2）：37-42.

[4] 蒋艳，郭平平."酚"的教学设计[J].中学化学教学参考，2023（8）：14-17.

[5] 朱梦晨.科学认识苯酚[J].中国多媒体与网络教学学报（下旬刊），2020（7）：15+53.

[6] 阿来伍呷.基于核心素养的高中有机化合物知识教学实践研究[D].西安：陕西师范大学，2022.

第十七章

烃的衍生物
单元设计
——羧酸 羧酸衍生物教学设计

有机化学是化学的重要分支，与日常生产生活、健康密切相关。烃的衍生物是选择性必修3《有机化学基础》第三章的内容（在这里讨论的烃的衍生物不包含第三章第五节有机合成），是有机化学的重要组成部分，也是高中有机化学重要考查部分，是联系化学与生物的枢纽，更是将有机化学知识与现实沟通的桥梁。在必修2第七章中学生已经学习了醇和羧酸等简单有机化合物的性质、用途，对有机化学有了初步认识，为他们学习烃的衍生物奠定了一定的知识基础；通过对选择性必修3的前两章学习，学生对有机物结构的表示方法、官能团、同分异构现象及有机反应原理等知识有了基础性的了解，为他们探索烃的衍生物的学习方法与思路提供了一定的借鉴。通过对烃的衍生物学习，学生更能感知不同学科之间不是孤立存在的，而是相互联系的，通过提升学生综合地运用所学知识的能力，培养学生的化学学科核心素养。

一、单元整体设计

烃分子中的氢原子被其他原子或原子团取代后形成的新的一系列有机化合物称为烃的衍生物，常见的烃的衍生物有卤代烃、醇、酚、醛、酮、羧酸等。本单元的整体设计是从官能团的角度去认识烃的衍生物，不同种类烃的衍生物其官能团不同，根据结构决定性质，不同物质的官能团其性质也不相同。但是不同种类的衍生物不是相互独立的，是可以相互转化的，其实质就是官能团之间的相互转化。通过学习本单元内容，学生将能够形成具有有机化学特点的思维方式，更加重视不同反应化学知识之间的关联和结构化设计。通过对化合物结构的深入分析，利用相关信息进行推断，学生可以更好地理解和掌握陌生有机化合物的性质和用途，这对于提升学生的核心素养具有重要的作用。

（一）课程标准内容要求

1. 烃的衍生物的性质与应用

认识卤代烃、醇、醛、羧酸、酯、酚的组成和结构特点、性质、转化关系及其在生产、生活中的重要应用，知道醚、酮、胺和酰胺的结构特点及其应用。

2. 有机反应类型

认识加成、取代、消去反应及氧化还原反应的特点和规律，了解有机反应类型和有机化合物组成结构特点的关系。

3.有机化合物的安全使用

结合生产、生活实际，了解烃的衍生物对环境和健康可能产生的影响，关注有机化合物的安全使用。

（二）单元知识与学科核心素养

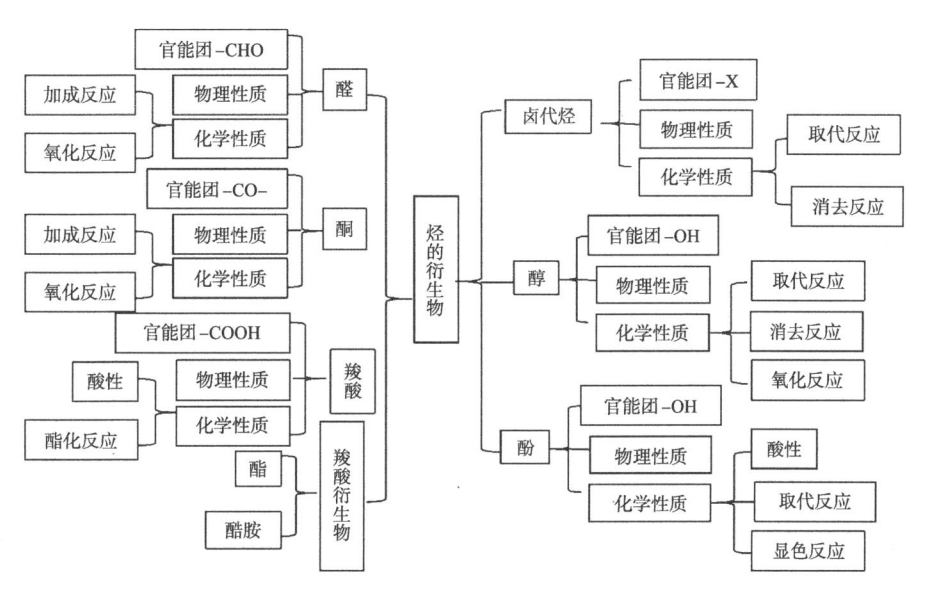

图17-1 "烃的衍生物"单元知识网络图

本单元的主题是烃的衍生物的性质与应用，主要介绍了"卤代烃""醇 酚""醛 酮""羧酸及其衍生物"的性质与应用。不同类别烃的衍生物的介绍从官能团出发，从结构的角度去分析其物理和化学性质，建立结构决定性质的认知模型。引导学生体会官能团、碳原子的饱和性和化学键的极性对有机化合物性质的决定作用，形成"具有相同官能团的有机化合物具有相似性质"的认知思想，结合具体实例认识有机物分子中基团间相互影响，形成"基于陌生有机物结构分析预测陌生有机物性质"的能力。

（三）大概念建构

教育大辞典中对"概念"一词是这样解释的："在头脑里所形成的反映对象的本质属性的思维形式。""大概念"一词源于西方，大概念是指处于学科中心，具有高度概括性、可持久性、抽象性、迁移性等特点的原理、思想方法和观点。大概念的构建，可以帮助学生更深层次地理解内容。本单元教学设计的大概念是依据《普通高中化学课程标准》（2017年版2020年修订），从化学学科核心素养出发，在明确本单元学习目标的基础上提炼出来的。

表 17-1 "烃的衍生物"部分大概念层级

学科大概念	单元大概念	课时大概念
结构决定性质、性质反映结构	有机物的官能团决定一类有机物的化学性质	Ⅰ.卤原子决定了卤代烃的性质 Ⅱ.羟基决定了醇类的性质 酚羟基决定了酚类的性质 Ⅲ.醛基决定了醛类的性质 酮基决定了酮类的性质 Ⅳ.羧基决定了羧酸的性质 酯基决定了酯类的性质 酰胺基决定了酰胺类的性质

（四）学情分析

学生在人教版《化学》（第二册）中已经认识了乙醇、乙醛、乙酸、乙酸乙酯的结构式，官能团和相关性质；在《化学反应原理》（选择性必修1）中学生已经掌握了通过控制反应条件，提高可逆反应的平衡转化率的方法，也能进行一定的化学平衡移动的实验设计；在《物质结构与性质》（选择性必修2）中，学生已掌握了电负性的变化规律、化学键的极性等相关知识；在《有机化学基础》（选择性必修3）的前两章学习中，学生掌握了研究有机物的一般方法和步骤，初步建立了结构（官能团、碳原子的饱和、基团间的相互影响）决定性质的观念；通过对烯烃、炔烃的学习，学生已经初步形成了从有机物官能团的角度学习有机物的性质。

学生缺乏对羟基、醛基、羧基、酯基及酯类物质的整体学习，有所涉猎但不深入。学生对有机化学的学习方法和思想仍处于不断熟悉的阶段，逻辑推理和迁移能力仍然需要强化培养，认识有机物的基本思路和方法（基于官能团分析、预测、总结归纳物质性质）有待加强。学生的类比迁移能力还有待加强，特殊情况的应变能力不足。学生在设计实验方案等科学探究方面的能力、建立结构化知识的能力还有待加强，如根据提供的多种实验试剂，难以恰当地选择合适的试剂设计实验方案等。

（五）单元学习目标与课时目标

◆能写出烃及其衍生物的官能团、简单代表物的结构简式和名称；能够列举各类有机化合物的典型代表物的主要物理性质。

◆能描述和分析各类有机化合物的典型代表物的重要反应，能书写相应的反应式。

◆能基于官能团、化学键的特点与反应规律分析和推断含有典型官能团的有机化合物的化学性质。根据有关信息书写相应的反应式。

◆能综合应用有关知识完成推断有机化合物、检验官能团、设计有机合成路线等任务。

◆能参与环境保护等与有机化合物性质应用相关的社会性议题的讨论，并作出有科学依据的判断、评价和决策。

表 17-2　单元学习目标与课时学习目标

单元学习目标		课时学习目标
（1）了解一些简单卤代烃的主要物理性质。能列举溴乙烷的物理性质，能描述和分析溴乙烷的重要反应，并书写相应的化学方程式。能分析和推断其他卤代烃的化学性质，并根据有关信息书写相应的化学方程式 （2）能列举一些简单醇的主要物理性质。能根据醇羟基的结构特点，描述和分析乙醇的重要反应，并书写相应的化学方程式。能分析和推断其他醇的化学性质，并根据有关信息书写相应的化学方程式。能根据酚羟基的结构特点，描述和分析苯酚的重要反应，并书写相应的化学方程式 （3）能写出醛基和乙醛的结构简式，能列举乙醛的物理性质。能根据醛基的结构特点描述和分析乙醛的重要反应，并书写相应的化学方程式。能分析和推断其他醛的化学性质，并根据有关信息书写相应的化学方程式 （4）能列举一些简单羧酸的主要物理性质。能根据羧基的结构特点描述和分析羧酸的重要反应，并书写相应的化学方程式。能描述和分析酯的重要反应，能描述和分析油脂的重要反应，并书写相应的化学方程式	第1课时	（1）能辨识卤代烃的官能团，并根据官能团对卤代烃进行分类；能列举典型卤代烃的主要物理性质及应用 （2）能从溴乙烷的官能团和化学键特点预测可能的断键部位和化学性质，结合实验了解溴乙烷与NaOH水溶液的反应，能写出相应的化学方程式 （3）通过1-溴丁烷取代反应和消去反应的探究实验进行对比和归纳，形成"化学反应可以调控"的观念，通过类比迁移形成对卤代烃反应基本规律的认识 （4）通过了解卤代烃在生活中的应用，认识化学对满足人类生活需要的积极贡献，树立保护环境和可持续发展的意识
	第2课时	（1）能说出醇的结构特点并进行分类，列举甲醇、乙二醇和丙三醇等常见醇的应用 （2）能从分子组成和结构的角度解释醇类物质的主要物理性质及递变规律 （3）能从化学键和反应规律的角度进一步认识乙醇的化学性质，通过实验证实乙醇的消去反应和氧化反应，并能写出相应的化学方程式 （4）能以乙醚为例，描述醚的结构特点及其应用 （5）能辨识酚的官能团，结合苯酚的结构和实验认识其主要化学性质，形成"分子中基团之间的相互影响会导致键的极性发生改变"的观念
	第3课时	（1）从官能团和化学键可能的断键部位预测乙醛的化学性质，并能在结构分析和实验事实的基础上书写相关反应的化学方程式，强化"结构决定性质"的观念 （2）通过乙醇、乙醛和乙酸之间的相互转化，加深对有机反应中氧化反应和还原反应的理解，初步构建烃的含氧衍生物间的转化关系 （3）能结合分子结构特点，运用类比迁移的方法预测其他醛类物质的主要性质 （4）能根据官能团的特点和性质区别醛和酮，以丙酮为例认识酮的主要化学性质。能列举甲醛、苯甲醛和丙酮等代表物在生活中的应用，分析和探讨这些物质对人类健康和社会发展可能带来的双重影响

续表

单元学习目标		课时学习目标
（5）能参与环境保护等与有机化合物性质和应用相关的社会性议题的讨论，并作出有科学依据的判断、评价和决策	第4课时	（1）认识羧酸的官能团与组成，能对简单羧酸进行分类。能依据羧酸的结构特点预测羧酸的物理性质和化学性质 （2）认识羧酸衍生物（酯、油脂、酰胺）和胺的结构特点及应用 （3）通过探究羧酸的酸性和乙酸乙酯的水解，熟悉控制变量法的应用，体验科学探究的一般过程 （4）能结合生产、生活实际了解羧酸及其衍生物对环境和健康可能产生的影响，关注羧酸及其衍生物的安全使用

（六）单元活动设计

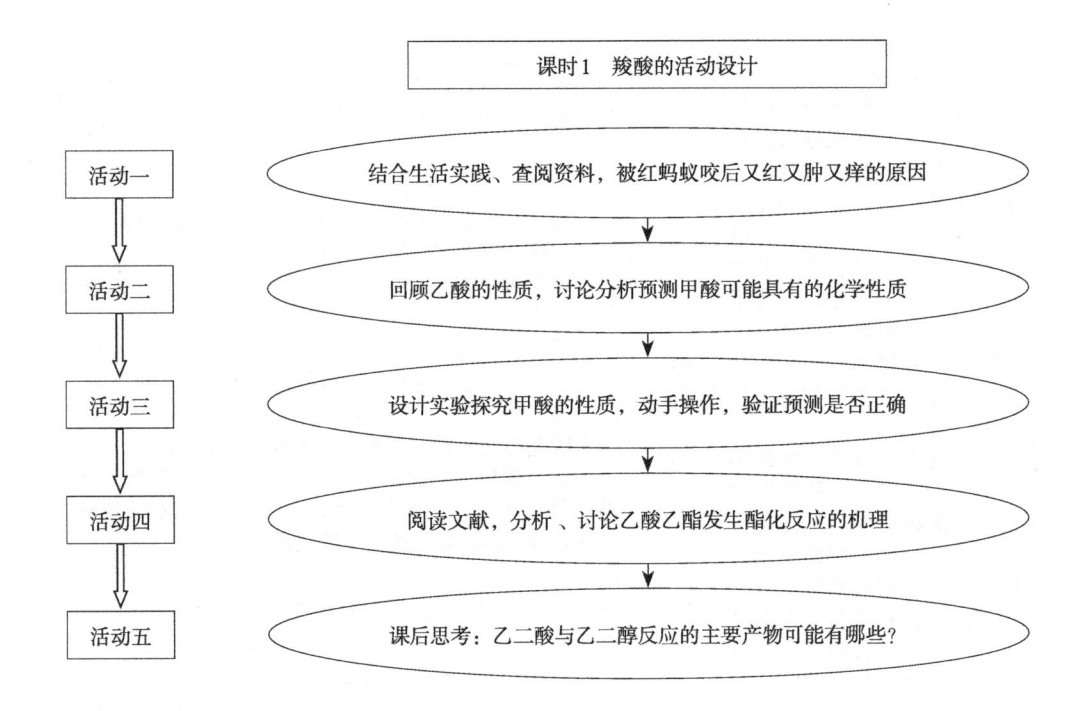

课时1　羧酸的活动设计

活动一：结合生活实践、查阅资料，被红蚂蚁咬后又红又肿又痒的原因

活动二：回顾乙酸的性质，讨论分析预测甲酸可能具有的化学性质

活动三：设计实验探究甲酸的性质，动手操作，验证预测是否正确

活动四：阅读文献，分析、讨论乙酸乙酯发生酯化反应的机理

活动五：课后思考：乙二酸与乙二醇反应的主要产物可能有哪些？

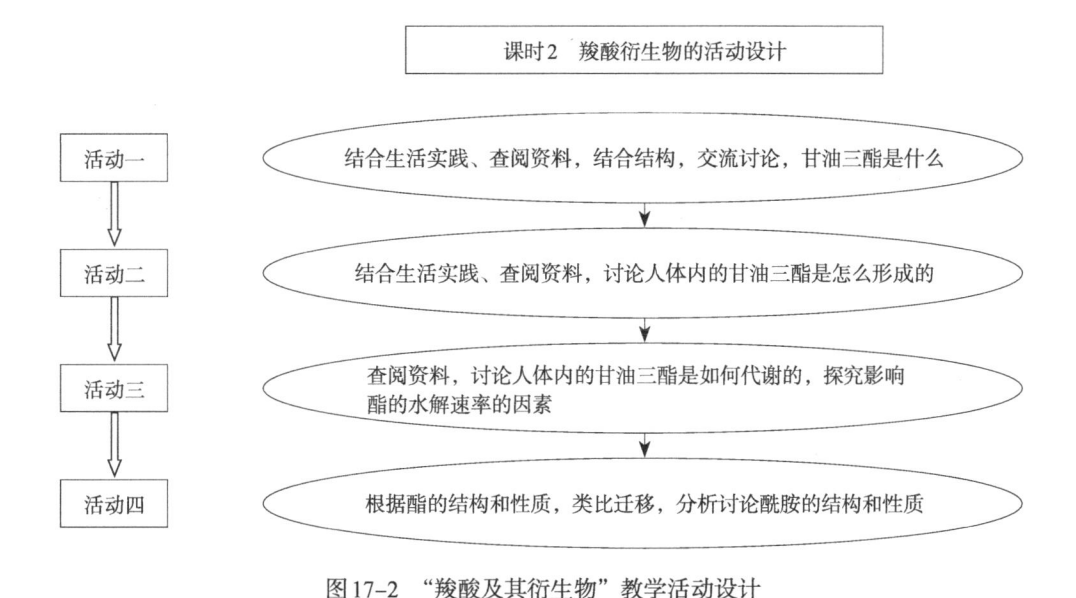

```
课时2  羧酸衍生物的活动设计

活动一 → 结合生活实践、查阅资料，结合结构，交流讨论，甘油三酯是什么

活动二 → 结合生活实践、查阅资料，讨论人体内的甘油三酯是怎么形成的

活动三 → 查阅资料，讨论人体内的甘油三酯是如何代谢的，探究影响酯的水解速率的因素

活动四 → 根据酯的结构和性质，类比迁移，分析讨论酰胺的结构和性质
```

图17-2 "羧酸及其衍生物"教学活动设计

二、"羧酸及其衍生物"教学设计示例

本主题共有三个大概念为"羧基决定了羧酸的性质""酯基决定了酯类的性质""酰胺基决定了酰胺类的性质"；对应的课标是认识羧酸、酯的组成和结构特点，性质、转化关系及其在生产、生活中的重要应用，知道胺和酰胺的结构特点及其应用。根据学习内容和课堂容量，本主题的学习需要2课时，第1课时为"羧酸"；第2课时为"羧酸的衍生物——酯和酰胺"。

（一）大概念析读

"羧酸 羧酸衍生物"主要包含羧酸和羧酸衍生物两个内容。羧酸以必修2学习的乙酸为出发点，回顾了乙酸的性质，从化学键的角度分析羧基是如何断键的，断键后可以发生哪些反应，在教学过程中更注重羧基结构和性质的关系及反应的机理；将羧基中的–OH换成其他原子或原子团就得到羧酸的衍生物，羧酸的衍生物中主要介绍酯和酰胺，也是从化学键的角度去分析其性质，充分运用和体现了结构决定性质这一大概念。

完成"羧基决定了羧酸的性质，酯基决定了酯类的性质，酰胺基决定了酰胺类的性质"大概念教学，需要结合真实情境，真实情境的创设可以让学生更好地理解和掌握知识，将所学的知识应用于实际生活中。第一课时以生活中被蚂蚁叮咬后出现红肿的真实生活场景引入，去探究羧基的性质，将所学知识应用到生活中——

正确处理蚂蚁叮咬伤口；第二课时以体检报告中甘油三酯偏高的真实情境引入，探究了酯基的性质，根据酯的结构特点和性质知识迁移到酰胺的性质。整个主题都是从化学键和官能团的角度分析断键和成键，引导学生学习羧酸、酯、酰胺的性质。本课时主要完成以下教学内容，最终达成课时大概念，指向单元大概念。

（1）羧酸的组成和结构特点、性质、转化关系及其在生产、生活中的重要应用；

（2）酯的组成和结构特点、性质、转化关系及其在生产、生活中的重要应用；

（3）了解胺和酰胺的结构特点及其应用。

（二）课时学习目标

（1）能写出羧酸的官能团，对简单羧酸进行分类；能通过羧酸的结构特点，类比迁移，预测羧酸的物理性质和化学性质，并根据有关信息书写相应的化学方程式；

（2）能写出酯类的官能团、简单代表物（乙酸乙酯）的结构简式和名称，能够列举简单代表物（乙酸乙酯）的主要物理性质；

（3）能结合分子结构特点，运用类比迁移的方法分析和推断其他酯类的化学性质，并根据有关信息书写相应的化学方程式；

（4）能够结合前面所学知识设计羧酸酸性的实验探究方案，设计影响乙酸乙酯的水解速率的实验探究方案；

（5）了解酰胺的结构特点及其所具有的性质和应用；

（6）能列举乙酸、甲酸、苯甲酸、乙二酸等代表物在生活中的应用，分析和探讨羧酸对环境和健康可能产生的影响，能列举乙酸乙酯、高级脂肪酸甘油酯等代表物在生活中的应用，分析和探讨这些物质对人类健康和社会发展可能带来的影响。

（三）学习重难点

◆学习重点

（1）结合乙酸的结构特点，运用类比迁移的方法预测羧酸的主要性质；

（2）"醇、醛、酸、酯"转化关系模型的完善。

◆学习难点

（1）羧酸酸性强弱的比较；

（2）酯化反应中有机化合物的断键规律；

（3）"醇、醛、酸、酯"转化关系模型的灵活运用。

（四）教学过程设计

表 17-3　课时 1　羧酸

教学环节	活动线	问题线	知识线	素养线
环节一：认识甲酸	活动1：查阅资料，被红蚂蚁咬后又红又肿又痒的原因	红蚂蚁毒素的主要成分	1.甲酸的结构 2.甲酸所具有的官能团：羧基、醛基	获取信息、提取信息的能力，发现生活中的化学，体会化学在生活中的应用
环节二：建立模型，预测甲酸的性质	活动2：预测甲酸可能具有哪些性质	问题1：甲酸中含有醛基，回顾前面所学内容，甲酸可能具有哪些性质 问题2：回顾化学必修第二册的知识，乙酸的性质是怎样的 问题3：决定乙酸性质的主要原因是何种结构 问题4：推测甲酸具有哪些性质	1.甲酸含有醛基，具有醛基的性质 2.乙酸的结构决定了乙酸的性质，羧基的性质 3.甲酸含有羧基，具有羧酸的性质	借助物质的结构决定物质的性质，建立含有羧基官能团物质具有羧基的性质模型，进一步深入理解"结构决定性质"，形成模型认知的素养能力
环节三：探究甲酸的性质	活动3：设计实验，动手操作，验证预测是否正确	问题1：设计实验，如何验证甲酸的酸性 问题2：如何用实验对比甲酸、碳酸、苯酚酸性的强弱 问题3：羧基为什么具有酸性；为什么能够发生取代反应 问题4：如何鉴别甲酸和乙酸 问题5：被红蚂蚁叮咬后应如何处理	1.甲酸结构决定了甲酸的性质，含有相同官能团的物质具有相似的性质 2.结构决定性质，性质又可以反映结构 3.甲酸除了含有羧基，还含有醛基，利用醛基的性质可以鉴别甲酸和乙酸 4.被叮咬后，可以立刻涂肥皂水，中和甲酸的酸性	培养学生宏观辨析和微观探析的能力及科学探究的能力。构建物质转化思维模型，形成变化观念和利用化学知识解决生活中问题的思维，让学生深刻体会到知识来源于生活，又应用于生活

续表

教学环节	活动线	问题线	知识线	素养线
环节四：探究羧酸的酯化反应机理	活动4：呈现文献资料，引出研究化学反应机理的一种重要方法——元素示踪法	问题1：乙酸和乙醇的酯化反应，从形式上看是羧基和羟基之间脱去一个水分子，是酸脱羟基醇脱氢还是醇脱羟基酸脱氢 问题2：如何判断酸和醇发生酯化反应的断键位置	1.通过阅读文献资料，理解掌握酯化反应机理，感受同位素示踪法在研究反应机理中的重要作用 2.从官能团和结构变化的角度深度理解羧酸的酯化反应性质	通过两组探究实验，归纳羧酸的化学性质。强化"结构决定性质"的基本化学观念；帮助学生从"宏观、微观、符号"三重表征的角度认识羧酸的酸性。发展学生从物质结构分析、预测物质性质的能力，体验科学探究的一般过程。培养学生基于官能团分析、预测、总结归纳有机物的性质
环节五：知识迁移	活动5：乙二酸与乙二醇反应的主要产物可能有哪些	乙二酸与乙二醇反应的主要产物可能有哪些？	多元酸和多元醇的酯化反应	培养学生迁移应用知识的能力

表17-4 课时2 羧酸的衍生物

教学环节	活动线	问题线	知识线	素养线
环节一 认识酯	活动1：观察体检报告，结合生物所学，讨论甘油三酯	问题1：什么是甘油三酯 问题2：观察甘油三酯的结构式，有什么官能团	1.生物必修1中甘油三酯又称为脂肪，是由三分子脂肪酸与一分子甘油发生反应而形成的酯。化学必修2将甘油三酯称为油脂，是高级脂肪酸与甘油通过酯化反应生成的酯。 2.酯的定义，生活中常见的酯	初步感知学科之间不是独立存在的，是相互联系的——化学与生物的学科交叉，强化学生从官能团认识有机物

续表

教学环节	活动线	问题线	知识线	素养线
环节二 认识油脂	活动2：观看视频，讨论分析，查阅资料，人体内的甘油三酯是如何而来，糖在体内如何转化为甘油三酯？ 活动3：请同学认真阅读课本76页内容，完成学案中的相应内容 活动4：阅读结合资料卡片，硬脂酸甘油酯和油脂的硬化在生活中有哪些应用	问题1：思考人体内的甘油三酯如何而来 问题2：糖在体内如何转化为甘油三酯 问题3：类比迁移写出油酸与甘油生成油酸甘油酯、硬脂酸与甘油生成硬脂酸甘油酯的化学反应 问题4：油酸甘油酯如何转换为硬脂酸甘油酯，并说明原因	1.酯的制备 2.不饱和键转化为饱和键 3.生活中常见酯的应用——制作肥皂、油脂的硬化、人造奶油等	进一步体会生物和化学学科相互融合，考查学生知识迁移能力；让学生感受化学学科对解决生产、生活问题的重要作用
环节三 探究酯的性质	活动5：结合所给材料，设计探究温度、浓度和溶液酸碱性对酯水解速率的影响，动手操作，得出结论	问题1：乙酸乙酯有哪些性质？影响乙酸乙酯水解速率的因素 问题2：根据给出的实验试剂、器材，设计实验探究温度、溶液酸碱性对乙酸乙酯的水解速率的影响 问题3：动手实验，得出实验结论 问题4：乙酸乙酯水解时是如何断键的？从结构的角度分析，为什么会这样断键 问题5：写出乙酸乙酯在酸性和碱性条件下的水解方程式 问题6：根据乙酸乙酯的性质，结合生物所学，如何降低体内的甘油三酯	1.酯的性质 2.控制变量法在化学实验设计中的应用 3.乙酸乙酯水解的断键机理 4.酯在酸性条件和碱性条件下的水解方程式	通过学生自己设计实验，渗透定量分析的思想，培养学生变化观念和平衡思想，逐步提升学生科学探究能力。在实验操作过程中，自己动手，小组协作，培养实验操作能力、基本的团队合作能力和团队精神。酯的结构决定酯的性质，学生从官能团和结构变化的角度深度理解羧酸的酯化反应性质，渗透德育，引导学生合理饮食，关心关爱父母，掌握基本的健康知识，养成良好的生活习惯

续表

教学环节	活动线	问题线	知识线	素养线
环节四 酰胺的性质	活动6：结合酯的性质，写出酰胺水解的方程式	问题1：酯基可以看成羧基中-OH被-OR取代，酯类化合物可以看成羧酸的衍生物，若把酰胺基看成羧基中-OH被-NH$_2$取代，根据酯的性质，类比酰胺有哪些性质 问题2：酰胺在酸性和碱性条件是否水解完全？酰胺在酸性和碱性条件水解的方程式	1.羧酸的衍生物的定义 2.酰胺的定义和官能团 3.酰胺的性质 4.酰胺水解方程式的书写	培养知识迁移应用的能力，类比酯类可知酰胺也可以发生水解 化学符号既是化学思维的结果也是化学思维的工具，通过书写化学方程式对学生的学科能力进行评价

三、单元教学反思

（一）主要亮点

课时1：教学设计中我们紧贴生活实际，以红蚂蚁叮咬释放甲酸为例，自然引出甲酸主题。在单元大概念"物质结构决定物质性质"的指导下，师生共同探究甲酸结构，并据此推测其性质。甲酸分子中的醛基使其具备醛类物质的性质，而甲酸中的羧基则通过与乙酸性质的类比学习，帮助学生有效构建知识体系。在探究甲酸性质的过程中，我们通过宏微结合预测并验证甲酸的酸性，有效培养了学生的科学探究能力。同时，引导学生从化学键与电负性的角度深入分析乙酸的酸性成因，并灵活应用这一方法比较不同酸的酸性强弱，显著提升了学生的物质结构分析能力和预测物质性质的能力。本课时的教学设计让学生亲身体验了科学探究的一般流程，并通过深入剖析甲酸的性质，理解日常缓解叮咬疼痛的方法原理，深刻认识到研究物质结构的重要性。整个教学过程不仅强化了大概念"物质结构决定物质性质"，更让学生们深刻体会到研究物质结构对于预测陌生物质性质的重要意义。

课时2：我们以体检报告中甘油三酯超标为切入点，引领学生探索甘油三酯的来源、代谢及调控，并在这一过程中巧妙融入烃的衍生物——酯的知识点。学生运用化学反应原理，自主设计实验，探究温度与浓度对酯水解速率的影响。此外，我们还从酯作为羧酸的衍生物出发，通过类比学习法，将酯的性质知识迁移到酰胺。本课时成功融合化学与生物学科，展现出学科交叉融合的独特魅力，同时引导学生关注甘油三酯与健康的关系，倡导健康饮食，关心关爱身边人，鼓励他们成为德智体美劳全面发展的社会主义接班人。

（二）存在不足

在教学设计方面，虽然注重了学科交叉融合与生活实例的结合，但在部分理论知识的讲解上可能过于深入，导致部分学生理解困难。在实验设计环节，虽然学生有机会自主设计实验，但部分学生在实验设计与实施过程中缺乏足够的指导与监督，导致实验结果不准确或实验失败。在教学评价方面，虽然注重了学生的科学探究能力与物质结构分析能力的培养，但评价方式相对单一，未来需要进一步完善评价体系，以更全面地反映学生的学习成果。

（三）在教设计

通过本次单元教学，我们深刻认识到理论与实践相结合的重要性。在未来的教学中，我们将继续注重学科交叉融合与生活实例的结合，同时加强理论知识的讲解深度与广度的平衡，确保每位学生都能跟上教学节奏。在实验教学方面，我们将进一步优化实验设计与指导，确保每位学生都能通过实验获得真实的体验和深刻的理解。此外，我们还将积极探索多元化的评价方式，以更全面地评价学生的学习成果和综合素质。通过这些改进措施，我们相信能够进一步提升教学质量和学生的学习效果。

参考文献：

[1]中华人民共和国教育部制定.普通高中化学课程标准（2017年版2020年修订）[S].北京：人民教育出版社，2023.

[2]杜宝山.普通高中教科书化学选择性必修3有机化学基础[M].北京：人民教育出版社，2023.

[3]顾明远.教育大辞典[M]上海：上海教育出版社，1999.

[4]崔允漷.大观念及其课程意义[J].上海课程教学研究，2015（10）：3-8.

[5]王旭东.化学学科核心素养导向下单元教学设计的实践策略研究[J].考试周刊，2021（86）：112-114.

[6]万继国，胡懿.课堂教学中构建化学学科思想的实验研究——以"结构决定性质、性质反应结构"思想为例[J].教研视窗，2020（14）：33-35.

[7]武衍杰.基于"结构决定性质"大概念统领的元素周期律复习教学[J].化学教与学，2023（10）：58-64.

[8]林晓霞.大概念引领下的真实情境结构化教学实践——羧酸及其衍生物[J].化学教育（中英文），2022，43（21）：73-79.

第十八章

合成高分子单元设计

合成高分子化合物是高中化学选择性必修3《有机化学基础》的重要教学内容，合成高分子化合物已经广泛应用于人们的日常生活。本节在前面所学基础知识上，较为全面系统地介绍合成高分子的基本方法和各类高分子材料。教材在上一章介绍天然存在的生物大分子之后，在本节引入人工合成的高分子，充分体现有机化学在利用自然资源、创造美好生活方面的重大贡献，突出化学的应用价值，培养学生的社会责任。同时，教材还以高分子为载体，要求学生通过有机化学的知识、方法和视角来分析和预测材料的性质，改进功能，设计合成路线。这是对有机化学知识的复习总结与综合应用，在提高学生分析和解决实际问题能力的过程中，培育其学科核心素养，进而促进本模块课程目标的最终达成。

一、单元整体设计

教材第一节首先给出合成高分子的两种基本方法——加聚反应和缩聚反应，为接下来高分子材料的学习奠定基础。教材在已有知识的基础上，通过具体的反应实例让学生认识这两类反应以及加聚物和缩聚物的结构特征。其难点主要在于新引入的缩聚反应和缩聚物。第二节分类介绍高分子材料的主要类别，并以各类材料中的代表性物质为例，具体描述其合成方法、结构、性质和用途。本单元内容进一步体现和应用了"结构决定性质，性质决定用途"这一化学学科基本概念。

（一）课程标准内容要求

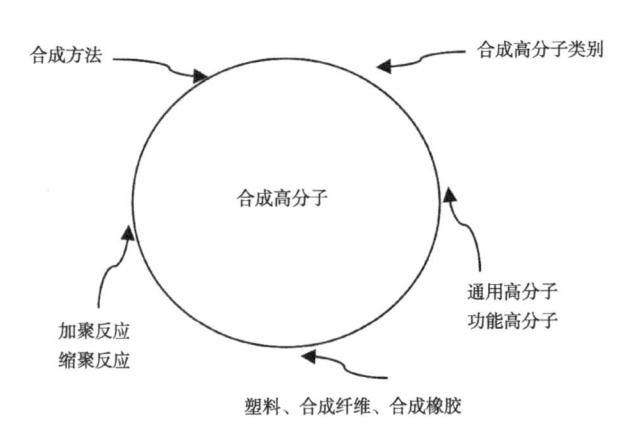

图18-1 "合成高分子"课程标准内容要求

（二）单元知识与学科核心素养

本单元的主题是合成高分子，主要从合成有机高分子的方法和高分子材料的主要类别两个维度进行阐述。在内容的选取和实际教学中，都充分体现了化学学科核心素养。例如，学生需要利用已有有机物价键结构理论及相关有机物的性质，合理选择适宜的有机高分子合成方法；结合有机物结构理论和有机物性质建立有机高分子合成的思维模型；通过理论分析和实际问题训练，掌握事物的规律和本质。教师从身边的常见物质引入，追溯有机化学的源头；通过探究有机结构及其有机物的性质，充分领会"结构决定性质，性质决定用途"的化学学科理念。

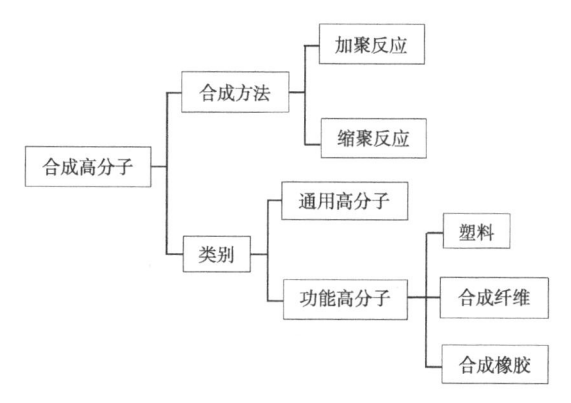

图18-2 "合成高分子"知识网络图

（三）大概念建构

表18-1 "合成高分子"部分大概念层级

学科大概念	单元大概念	课时大概念
结构决定性质，性质决定用途	合成高分子	Ⅰ.合成高分子的基本方法 Ⅱ.高分子材料的主要类别

结构决定性质，性质反映结构，这是化学的核心大概念之一。高分子的组成和结构决定了高分子的性质，是确定高分子合成方法及应用领域的基础，也是我们学习和认识高分子的基本视角。高分子的组成和结构也就理所当然地成了本单元的单元概念。初中化学介绍了高分子的一般概念，描述了高分子材料在生产和生活中的应用。教材在上一章介绍天然存在的生物大分子之后，在本章进一步引入人工合成高分子，充分体现有机化学的重大价值。在高分子的组成和结构的框架下，学生需了解加聚反应、缩聚反应、单体、聚合度、链节、平均相对分子质量、线型结构、

体型结构等概念。学生在理解这些概念后，可以在生活中更好地指导的实践。

（四）学情分析

学生已经初步学习过有机物，对高分子有初步的了解。第一节主要介绍加聚反应和缩聚反应，通过创设真实情境——防疫物资箱，利用学生很熟悉的两种重要的防疫物资——防护服（聚乙烯）、口罩（聚丙烯），引导学生探究高分子单体、链节、聚合度、平均相对分子质量等高分子的基本概念。第二节，在学习合成纤维时，通过创设真实情境"神舟十四号"合成纤维制作的宇航服和"嫦娥五号"在月球上展示的五星红旗，使学生理解化学学科的社会价值及其在高科技领域所起的重大作用，从而激发学生的爱国主义热情，并将其转化为学习的动力。

创设多个真实情境，不仅能使学生更容易接受本章知识，提高学习效率，还能在真实情境的学习过程中，发展了学生的化学核心素养。

（五）单元学习目标与课时目标

表 18-2　单元目标与课时教学目标

单元学习目标	课时	课时学习目标
1.能对合成高分子进行结构分析，能根据结构预测或分析高分子化合物的化学性质，从结构特征认识其性质，进一步体会有机化合物结构与性质的关系 2.初步形成解决真实情境下高分子材料合成与改性问题的一般思路和方法 3.认识到高分子材料发展对人类生活品质提升的重大意义及所造成的污染，形成科学辩证思维，对材料的选择与使用、垃圾处理等社会性议题作出有学科依据的判断、评价和决策	1	1-1 能对典型塑料、橡胶的单体和高分子进行相互推断，能正确写出所涉及的典型的加聚反应方程式，了解共聚、共轭二烯烃1,4-加聚反应的成键断键特点 1-2 通过汽车保险杠的塑料和轮胎的橡胶合成方法探析，认识有机高分子材料与物质结构和性质之间的重要联系，认识材料的改性可通过对物质微观结构的改变实现 1-3 通过对保险杠的塑料和轮胎橡胶的认识，体会材料的发展对推动汽车进步的重要作用，激发学生对高分子材料科学以及相关科学问题进一步探究的好奇心
	2	2-1 能正确书写几种重要的合成纤维（尼龙、涤纶）及其他常见的高分子（聚碳酸酯、酚醛树脂）的合成反应方程式，理解缩聚反应过程中的成断键规律 2-2 通过尼龙、涤纶、聚碳酸酯、酚醛树脂合成方法及性质差异的对比，进一步体会高分子化合物结构对其性质的影响，认识线型高分子和体型高分子的性质性能存在差异性的原因 2-3 通过性能不断优化的安全带主要材质介绍，初步认识有机高分子的化学反应——共聚嵌段合成，认识到高分子材料发展对人类生活品质提升的重大意义
	3	3-1 通过汽车中的功能高分子材料和生活中常见的功能高分子材料介绍，进一步认识高分子化合物结构与性质的关系，认识常见的合成高分子化学反应的类型及使用 3-2 学生通过设计维纶（聚乙烯醇缩甲醛）的合成路线，进一步认识高分子材料的优点与不足，激发学生进一步进行高分子材料研究的兴趣，形成看待和选择高分子材料的辩证思维

（六）单元活动设计

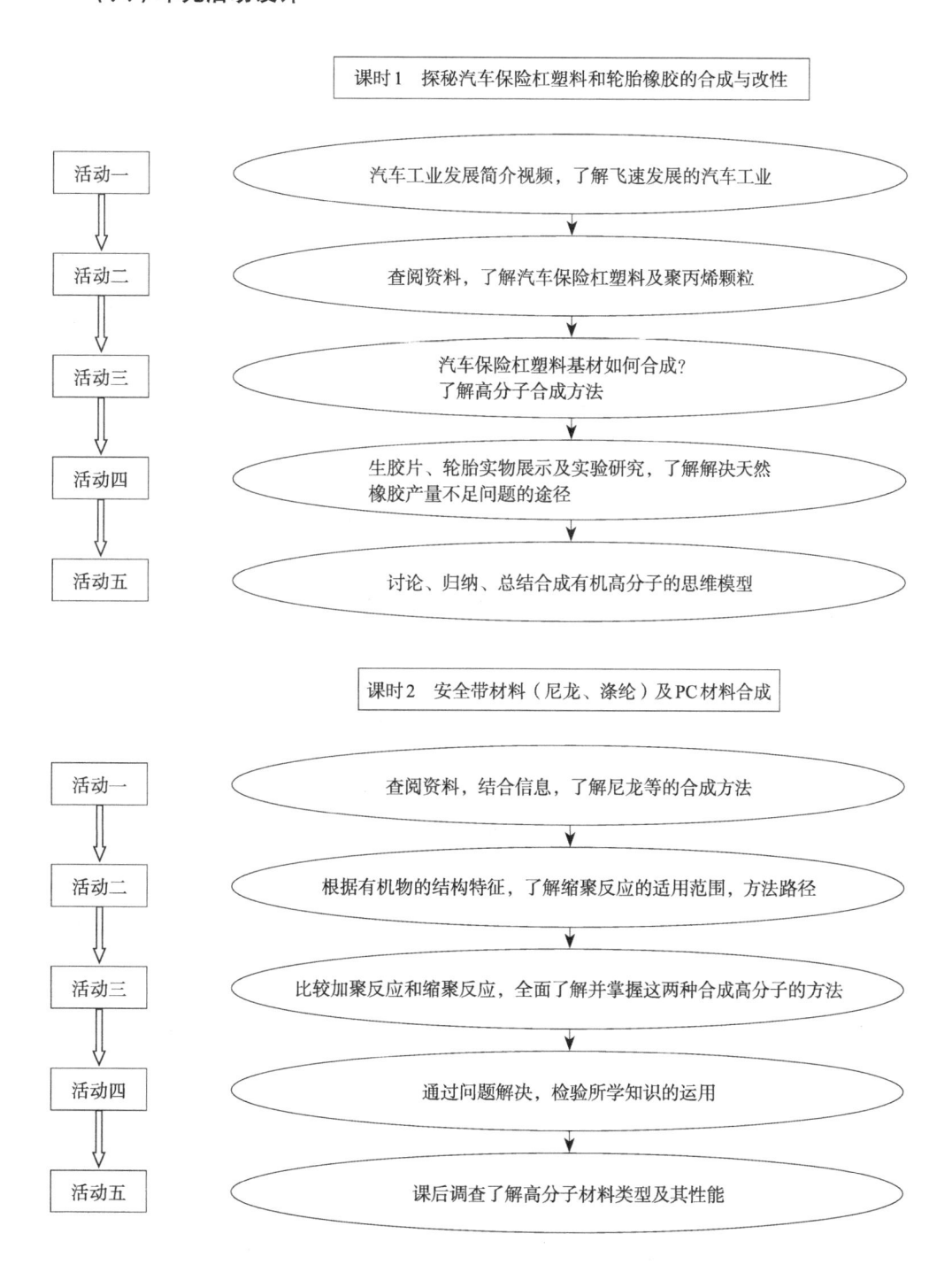

课时1　探秘汽车保险杠塑料和轮胎橡胶的合成与改性

活动一 → 汽车工业发展简介视频，了解飞速发展的汽车工业

活动二 → 查阅资料，了解汽车保险杠塑料及聚丙烯颗粒

活动三 → 汽车保险杠塑料基材如何合成？了解高分子合成方法

活动四 → 生胶片、轮胎实物展示及实验研究，了解解决天然橡胶产量不足问题的途径

活动五 → 讨论、归纳、总结合成有机高分子的思维模型

课时2　安全带材料（尼龙、涤纶）及PC材料合成

活动一 → 查阅资料，结合信息，了解尼龙等的合成方法

活动二 → 根据有机物的结构特征，了解缩聚反应的适用范围，方法路径

活动三 → 比较加聚反应和缩聚反应，全面了解并掌握这两种合成高分子的方法

活动四 → 通过问题解决，检验所学知识的运用

活动五 → 课后调查了解高分子材料类型及其性能

```
课时3  汽车中的功能高分子材料
```

活动一 → 查阅资料，结合信息，了解常见功能高分子材料

活动二 → 高分子材料的选择和使用

活动三 → 高分子的结构修饰与改性

活动四 → 常见高分子材料及功能高分子材料

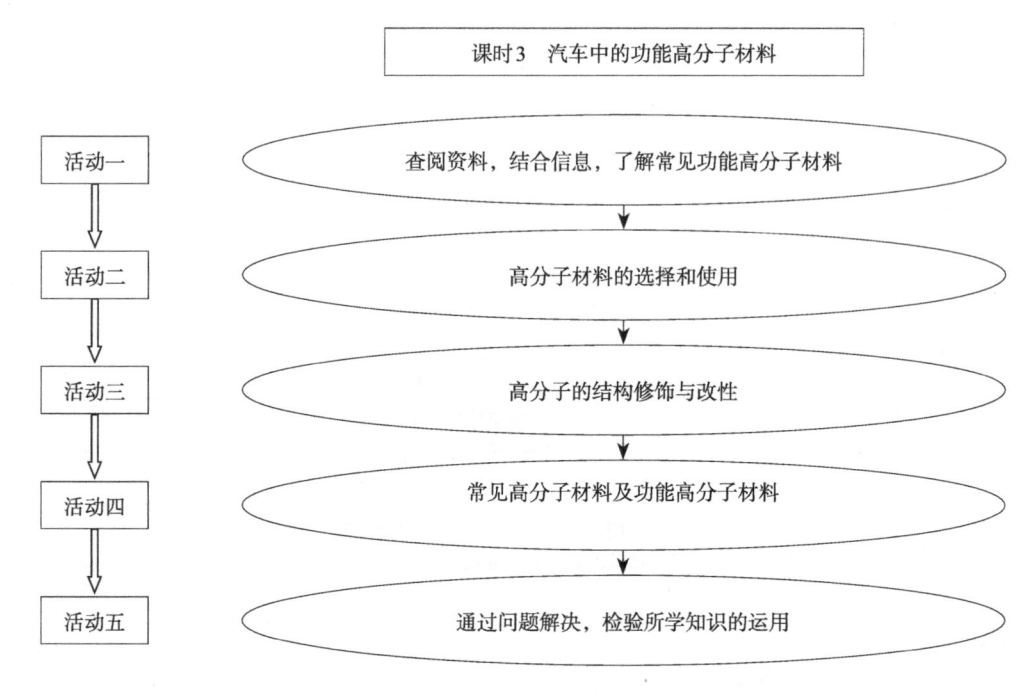

活动五 → 通过问题解决，检验所学知识的运用

图18-3 "合成高分子"单元活动设计

二、"合成高分子"教学设计示例

（一）大概念析读

整个单元设计紧紧围绕"高分子化合物的结构决定性质，性质决定用途"的核心概念，通过解决汽车保险杠塑料、轮胎橡胶、安全带纤维材料、车灯罩的聚碳酸酯塑料及具有特殊功能的高分子材料，让学生认识到高分子化合物的性能与其微观结构密切相关。在材料合成与改性的真实问题解决过程中拓展学生对高分子化学反应的认识。

（二）课时学习目标

（1）能够说出高分子的定义、分类、单体、链节、聚合度等的含义；

（2）掌握加聚反应、缩聚反应的定义，掌握这两种合成高分子的方法，能顺利写出相关的化学方程式；

（3）结合高分子材料，了解高分子材料的分类及各类高分子的性质、选择和用途。

（三）学习重难点

◆学习重点

（1）构建两种聚合反应的认识思路；

（2）推断单体的聚合产物和聚合物的单体，写出简单聚合反应的化学方程式；

（3）三大合成材料的组成和结构特点。

◆学习难点

（1）书写两种单体的缩聚产物的链节；

（2）分析和书写聚合物的单体；

（3）功能高分子的结构对性能的影响。

（四）教学框架

本单元教学内容的主要构成及课时安排如下。

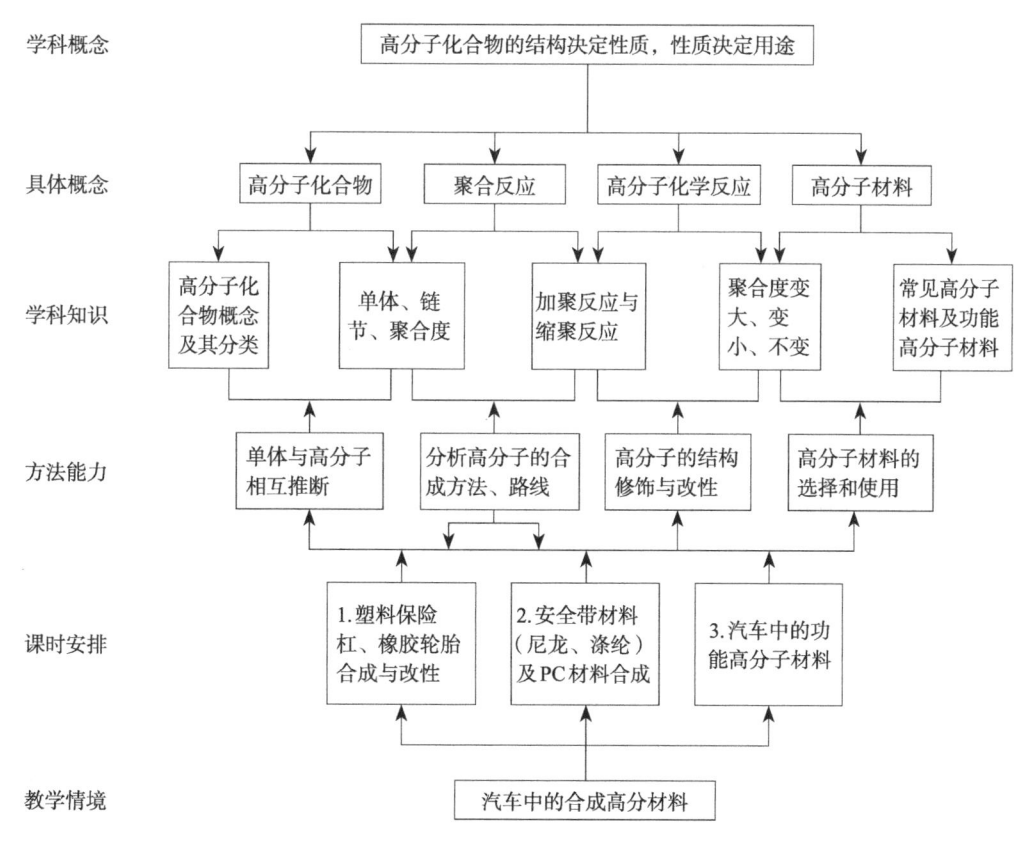

图18-4 "合成高分子"单元教学内容的主要构成及课时安排

课时 1　探秘汽车保险杠塑料和轮胎橡胶的合成与改性

主题：围绕加成聚合反应展开讨论

情境线	汽车工业发展简介视频	汽车保险杠塑料及聚丙烯颗粒	聚丙烯实验研究及文献资料	生胶片、轮胎实物展示及实验研究
问题线	现代汽车有哪些改良？	汽车保险杠塑料基材如何合成？	如何提高聚丙烯的抗冲击性？	如何解决天然橡胶产量不足的问题？
知识线	高分子化合物性质特点	聚合物相关概念及加聚反应	聚丙烯性质及乙烯丙烯共聚反应	天然橡胶和合成橡胶的结构及合成方法
能力线	化学视角分析材料性能	单体与聚合物的相互推断能力	实验探究和文献中获取信息的能力	共轭二烯烃的1,4-加聚反应及硫化分析

图 18-5　"合成高分子"第 1 课时教学安排

课时 2　揭秘汽车安全带和车灯罩、电绝缘材料的合成

主题：围绕缩聚反应展开讨论

情境线	汽车安全带的实物展示与微观结构研究	汽车中使用的PC材料实物和合成方法介绍	酚醛树脂实物和合成实验及反应原理研究
问题线	汽车安全带主要材质是什么？如何合成？	汽车中使用的聚碳酸酯（PC）材料是如何合成的？	具有广泛用途的酚醛树脂是如何合成的？
知识线	聚酯、聚氨酯的合成，缩聚反应	聚碳酸酯的三种主要合成方法、缩聚反应	酚醛树脂的合成条件及反应机理认识
能力线	缩聚反应成断键特点分析与辨识能力	根据合成目标物质选择合适原料及评价能力	实验探究与微观分析解释能力

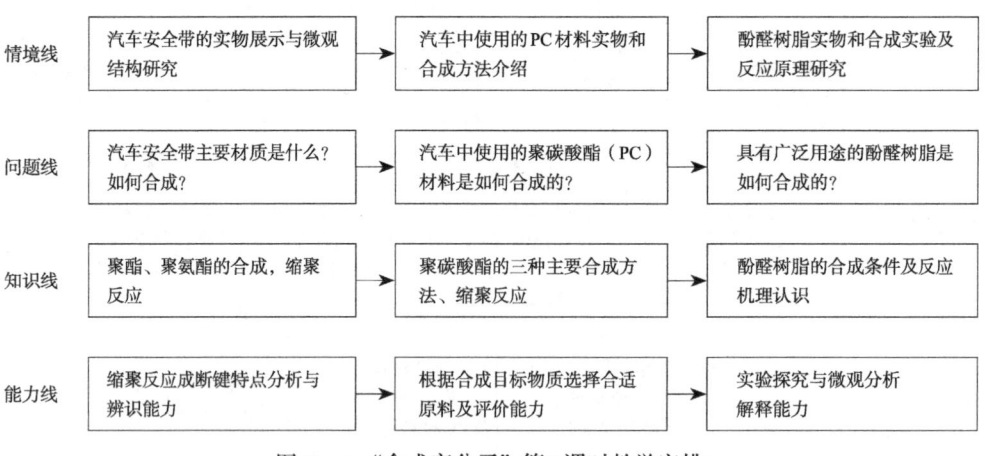

图 18-6　"合成高分子"第 2 课时教学安排

课时3 展望汽车中高分子材料的应用与研究

主题：围绕合成高分子的反应展开讨论

情境线	汽车中具有高抗冲击性能的聚苯乙烯材料	合成纤维维纶的合成路线设计与评价	高吸水性树脂的实验与结构、合成研究
问题线	如何解决汽车材料具有高抗冲击性需求？	如何合成维纶纤维（聚乙烯醇缩甲醛）？	功能高分子材料有哪些？有何结构特点？
知识线	高分子化学反应——高分子"接枝"	高分子化学反应——缩醛反应	高吸水性树脂的微观结构、合成与性质
能力线	分析高分子微观结构与宏观性质关系能力	合成路线设计与评价的能力	实验探究与微观辨析、分析解释能力

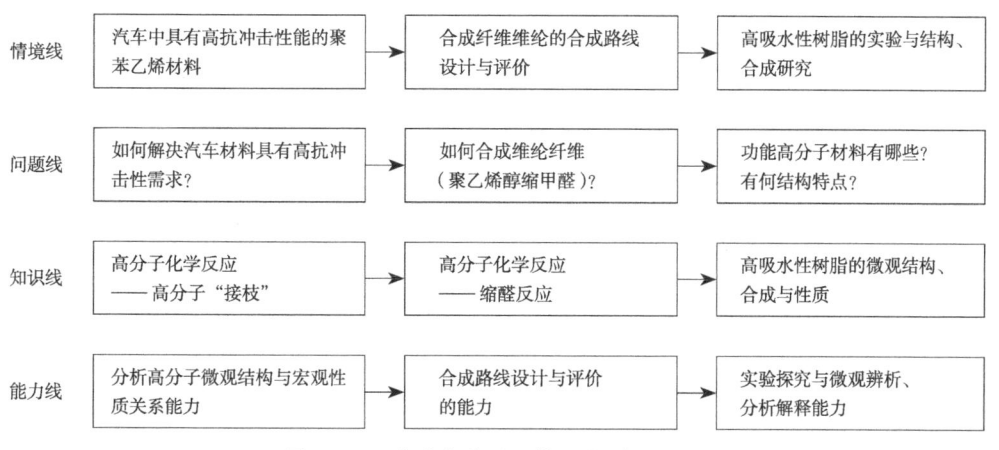

图18-7 "合成高分子"第3课时教学安排

（五）教学过程设计

表18-3 课时1 探秘汽车保险杠塑料和轮胎橡胶的合成与改性

教学环节	活动线	问题线	知识线	素养线
环节一：了解高分子材料在汽车中的重要应用	活动1：观看汽车工业发展简介视频，了解飞速发展的汽车工业	问题：现代汽车有什么改良？	高分子化合物性质特点	化学视角分析材料性能
环节二：从汽车保险杠了解塑料的合成	活动2：查阅资料，了解汽车保险杠塑料及聚丙烯颗粒	问题：汽车保险杠塑料基材如何合成？	聚合物相关概念及加聚反应	单体与聚合物的相互推断能力
环节三：了解聚丙烯性质及共聚反应	活动3：聚丙烯实验研究及文献资料	问题：如何提高聚丙烯的抗冲击性？	聚丙烯性质及乙烯丙烯共聚反应	实验探究和文献中获取信息的能力
环节四：了解天然橡胶和合成橡胶的结构及合成方法	活动4：生胶片、轮胎实物展示及实验研究，了解解决天然橡胶产量不足的问题	问题：如何解决天然橡胶产量不足的问题？	天然橡胶和合成橡胶的结构及合成方法	共轭二烯烃的1,4-加聚反应及硫化分析

表 18-4　课时 2　揭秘汽车安全带和车灯罩、电绝缘材料的合成

教学环节	活动线	问题线	知识线	素养线
环节一：汽车安全带的实物展示与微观结构研究	活动1：查阅资料，结合信息，了解尼龙等的合成方法	问题：汽车安全带主要材质是什么？如何合成？	聚酯、聚氨酯的合成，缩聚反应	缩聚反应成断键特点分析与辨识能力
环节二：汽车中使用的PC材料实物和合成方法介绍	活动2：根据有机物的结构特征，了解缩聚反应的适用范围，方法路径	问题：汽车中使用的聚碳酸酯（PC）材料是如何合成的？	聚碳酸酯的三种主要合成方法、缩聚反应	酚醛树脂的合成条件及反应机理认识
环节三：酚醛树脂实物和合成实验及反应原理研究	活动3：比较加聚反应和缩聚反应，全面了解并掌握这两种合成高分子的方法	问题：具有广泛用途的酚醛树脂是如何合成的？	酚醛树脂的合成条件及反应机理认识	实验探究与微观分析解释能力
环节四：练习、掌握缩聚反应	活动4：通过问题解决，检验所学知识的运用		巩固缩聚反应	掌握缩聚反应，并了解其重要应用

表 18-5　课时 3　展望汽车中高分子材料的应用与研究

教学环节	活动线	问题线	知识线	素养线
环节一：汽车中具有高抗冲击性能的聚苯乙烯材料	活动1：查阅资料，结合信息，了解常见功能高分子材料	问题：如何解决汽车材料具有高抗冲击性需求？	高分子化学反应——高分子"接枝"	分析高分子微观结构与宏观性质关系能力
环节二：合成纤维维纶的合成路线设计与评价	活动2：高分子材料的选择和使用	问题：如何合成维纶纤维（聚乙烯醇缩甲醛）？	高分子化学反应——缩醛反应	合成路线设计与评价的能力
环节三：高吸水性树脂的实验与结构、合成研究	活动3：高分子的结构修饰与改性	问题：功能高分子材料有哪些？有何结构特点？	高吸水性树脂的微观结构、合成与性质	实验探究与微观辨析、分析解释能力

续表

教学环节	活动线	问题线	知识线	素养线
环节四：练习、掌握缩醛反应	活动4：通过问题解决，检验所学知识的运用		巩固缩醛反应，进一步了解功能高分子材料	掌握缩醛反应，并了解其重要应用

三、单元教学反思

本单元是在学生已有乙烯聚合反应知识的基础上进行的拓展、深化，有较多学生难以理解的地方，如加聚反应单体的判断等，学生学起来也显得枯燥。所以单纯由教师讲授，学生的学习方式单一，容易产生大脑疲劳，学习效果较差。通过将教学内容与汽车发展相联系，充分利用教材中的思考与交流、学与问展开学生探究活动，教师的讲解与学生的活动相结合，使学生既能从教师的讲解过程中获取丰富的知识，又能亲自动手动脑，保持思维的活跃，进而提高了学习效率。同时教师在课堂上采用讲练结合的方式，及时将知识转化为能力。在整个教学活动中适当使用多媒体手段营造课堂氛围，归纳总结，提升了课堂质量。

本单元教学设计以真实的问题情境——汽车中的高分子材料合成与性能研究为主线展开，帮助学生在实际问题解决过程中逐步深化和完善对加聚反应、缩聚反应及高分子反应的认识，形成高分子合成路线的设计与评价的能力。具有如下主要特色：

（1）借助多种教学手段，发展学生的宏观辨识与微观探析能力。本单元教学充分借助实物演示、图谱分析、实验探究、模型拼插等手段，将高分子化合物的微观结构与宏观性质相联系，真正帮助学生理解"物质结构决定性质"的化学学科核心概念。

（2）注重认识思路的结构化和显性化。本单元教学以构建认识高分子化合物的多种合成方法为主要任务，帮助学生掌握分析高分子化合物合成原料、方法和路线的基本方法，并形成研究有机高分子材料的认识模型。

（3）单元整体设计，实现深度完整的学习。本单元教学通过层层递进的活动设计，让学生从简单的高分子化合物开始学习，最终形成设计复杂化合物的能力，教学内容相互衔接与铺垫，有利于学生对高分子化合物进行深度完整的探究学习。

参考文献：

[1] 中华人民共和国教育部制定.普通高中化学课程标准（2017年版2020年修订）[S].北京：人民教育出版社，2023.

[2] 杜宝山.普通高中教科书化学选择性必修3有机化学基础[M].北京：人民教育出版社，2023.

[3] 化学学科核心素养与教学设计[M]//江合佩.第八章第二节单元整体教学模式.福州：海峡出版发行集团/福建教育出版社，2020.

[4] 走向真实情境的化学教学研究[M]//江合佩.第六章第三节"生物大分子及合成大分子"主题教学研究.福州：海峡出版发行集团/福建教育出版社，2020.

[5] 核心素养下的化学单元整体教学设计[M]//江合佩，王春，潘红.第八章案例五合成高分子化合物.福州：海峡出版发行集团/福建教育出版社，2021.

[6] 马续莹，窦金雨，王广利.依托真实情境构建问题解决模型的教学——合成高分子复习课[J].化学教育（中英文），2023，44（15）：47-53.

[7] 宋兆爽，白建娥.以滑雪板材料贯穿始终的"合成高分子化合物"教学[J].中学化学教学参考，2023（13）：13-17.

[8] 王玲，邢东阳，郭晓琴，等.学科大概念统领下基于真实情境的"合成高分子"单元教学[J].化学教育（中英文），2023，44（05）：69-78.